마음을 여는 전도 대화

노만 가이슬러 / 데이비드 가이슬러

순 출판사

추천사

우리는 포스트모더니즘 시대를 살고 있습니다. 이 시대의 특징은 절대 진리를 거부하고 무엇이든지 상대화하려 한다는 것입니다. 교회와 그리스도인들은 '변하지 않는 복음'을 '변화하는 시대'에 어떻게 전할 것인가 고민해야 합니다. 포스트모더니즘 시대를 살고 있는 우리는 더욱 깊이 그 방법을 고민해야 할 것입니다.

과연, 모든 것이 상대화된 이 시대에, 예수 그리스도만이 길이요, 진리요, 생명 되심을 전할 방법은 없는 것일까요?

『마음을 여는 전도대화』는 전도의 출구를 찾는 한국 교회에 하나의 대안이 될 수 있을 것입니다. 포스트모더니즘 시대의 사람들은 진리를 거부하지만 또한, 사람들과의 관계-함께 웃고, 울 수 있는-에 목말라 있습니다. 이 책은 이러한 포스트모더니즘시대의 필요를 채우면서 복음을 전하려는 것입니다.

이 책은 '전도의 기술'을 이론적으로 소개하는 책이 아닙니다. 저자는 포스트모더니즘 시대를 사는 사람들과 자연스럽게 영적인 이야기를 나눌 수 있는 방법, 그리고 복음을 전할 기회를 얻을 수 있는 방법을 실생활에서 활용할 수 있는 구체적인 예를 들어 소개하고 있습니다.

우리는 공격적일만큼 적극적으로 전도를 계속 해나가야 합니다. 전도는 성령의 인도함을 받아 그들과 대화의 문을 연 후 복음을 전할 때 더욱 효과적으로 열매를 맺을 수 있을 것입니다. 또한, 우리도 마음을 열고 이웃의 이야기를 들어야 합니다. 그래야 이 시대가 가진 그리스도인과 교회에 대한 편견도 바꿀 수 있을 것입니다.

이 모든 것을 위한 구체적인 방법을 제시하고 있는 이 책을 포스트모더니즘 시대를 사는 모든 그리스도인들에게 적극적으로 추천합니다.

박성민 목사, 한국대학생선교회(CCC) 대표

세계 기독교 지도자들의 추천사

"모든 교회가 이 책에서 말하는 '마음을 여는 전도대화'의 개념을 기존의 전도 프로그램과 전략의 기초단계로 활용한다면 큰 유익을 얻을 것이다."

조쉬 맥도웰(조쉬 맥도웰 사역부)

"이 책은 회의주의자들이 복음을 깨닫게 하고 그들 스스로 진리를 발견할 수 있도록 돕는 방법을 제시하는 아주 신선하고 효과적인 복음제시법입니다. 이 책에서 가이슬러 부자(父子)는 성령님의 역동적이고 필수적인 역할을 인식하면서도, 마치 땅을 기경하듯이 전도 대상자에게 탐색질문을 하고 그들의 신앙과 행동 사이의 모순을 지적하며 복음을 받아들이지 못하도록 그들 속에 오랫동안 단단하게 뿌리를 박고 있는 걸림돌들을 어떻게 제거할 수 있는지를 설명합니다. 예비전도에 대한 이 책의 방법론을 적극 추천합니다."

래비 재커라이어스(래비 재커라이어스 국제 사역부)

"이 책은 이미 책의 목적을 달성한 것이라 할 수 있습니다. 구도자를 위한 소그룹 모임을 인도하는 것과 비슷하게, 적절한 질문을 해서 구도자들 스스로 성경적 진리를 찾을 수 있게 하는 이 책의 접근법은 구도자들이 믿음의 선 안으로 들어올 수 있도록 돕는 가장 효과적이고 능력 있는 방법들 중 하나입니다."

개리 푸울(윌로우크릭교회의 전도 대표, 『구도자를 위한 소그룹』의 저자)

"이 책은 그 구성과 내용 면에서 신선합니다. 대부분의 사람들이 복음에 귀를 기울이려면 그들 스스로 합당하다고 생각해 오던 신앙의 걸림돌들을 제거해야만 하는데 이 책은 지금까지 어떤 책도 다루지 못한 바로 그 부분에 대한 방법들을 다루고 있습니다."

에릭 케르(새들백교회 전도 목사)

"이 책은 믿지 않는 친구들, 동료들 그리고 이웃들에게 변증론을 제시하는 훌륭한 방법입니다. 변증학적 주제에 대한 기본 지식을 가진 사람들이라면 이제는 힘들이지 않고도 그런 지식을 얼마든지 즐기면서 적용할 수 있습니다. 이런 프로그램은 아직까지 없었을 것입니다."

마이크 리코나(변증학 그리고 믿음 전도 대표, 북아메리카 선교 위원회[SBC])

"진리는 사람들과 개인적인 관계를 맺는 가운데 가장 잘 전달됩니다. 그리고 관계를 형성하는 가장 좋은 연결점은 그 사람의 영혼을 탐색하기 위한 대화를 멋지게 이끌어가는 것입니다. 그런 면에서 이 책은 상대에게 위협을 느끼게 하지 않으면서도 관계를 형성해 복음을 전할 수 있는 필수적인 도구라고 할 수 있습니다. 이 '마음을 여는 전도 대화'는 구도자들의 필요에 민감하면서도, 말씀 중심이고, 목적을 이루도록 되어있습니다. 예수님께서 야곱의 우물에서 사마리아 여인에게 대화로 복음을 전하신 것처럼(요 4장) 이 책 역시 듣는 것을 통해 영혼을 구원하고자 하는 의도로 쓰여졌습니다."

에드문드 찬(싱가포르, 커버넌트 에반젤리컬 프리교회, 선임 목사,
『Built to Last』, 『Growing Deep in God』의 저자)

"대부분의 전도 코스는 우리에게 추수하는 법을 가르쳐줍니다. 그러나 그것은 이벤트적인 성격이 짙고 전도가 한번에 끝나는 것처럼 생각하게 합니다. 그러나 실생활에서 전도 대화는 삶의 과정 가운데 여러 번 거듭 되어야 하는 것입니다. 이 책은 실제로 복음을 제시하기에 앞서 한 사람을 이해하는 데 우리가 얼마만큼의 노력을 기울여야 하는지에 대해 새롭게 눈을 뜨게 해 줍니다. 우리 교회는 이것을 핵심 코스로 정해 전 교인들이 참석하게 할 생각입니다."

피터 린(싱가포르, 그레이스 침례교회, 회중 목사)

"목회자들의 큰 부담 중 하나는 어떻게 해야 성도들이 자신들의 신앙을 다른 사람들에게 전하도록 동기 부여할 수 있을까 하는 것입니다. 우리 주변에 있는 잃어버린 사람들을 전도할 수 있도록 사람들을 훈련시키고 자극을 주는 데 도움이 되는 노만과 데이비드 가이슬러 부자가 제시한 이 방법을 적극적으로 추천합니다."

단 프(싱가포르, 베데스다교회, 선임 목사)

"변증학이 개인적인 복음 전도의 중요한 도구로 사용되는 것을 이 책에서 처음 보았습니다. 또한 지금까지 내가 알고 있던 변증학과 전도에 대한 내용을 이 책을 통해 전부 재정립하게 되었습니다. 영혼 구원에 헌신된 그리스도인이나 교회에 이 훈련을 전심으로 추천합니다."

낭 쿤 쳉(싱가포르, 세인트앤드루성당, 성공회 목사)

감사의 글

이 책을 쓸 수 있도록 통합된 통찰력과 조언을 주신
아래의 모든 분들께 감사를 드린다.

오랜 시간 동안 초고를 성실하게 교정해 준 데이비드 오스트롯
유익한 제안을 해 준 에릭 패터슨
도움이 되는 의견을 준 데이비드 멘데즈
소중한 통찰력을 보여주고 본이 되어 준 데이브 몬토야
마음을 여는 전도대화 모델을 개발하는데 귀한 공헌을 해 준 그레그 미스,
스티브 모리슨, 지나 존즈, 켄트 반더왈, 그리고 제임스 코프만
나에게 감화를 주고 모범이 되어 준 글렌 맥고티
훌륭하게 편집을 해 준 하비스트 하우스 출판사의 로드 모리스
원고를 주의 깊게 교정해 주신 바바라 가이슬러

이 책을 나의 아내 찰린에게 바친다. 그녀의 사랑과 보살핌, 헌신이 없었다면 이 책을 펴낼 수 없었을 것이다.
―데이비드 가이슬러―

40년 동안이나 내 원고를 교정해 준 신실한 아내, 바바라에게 깊이 감사하며 이 책을 바친다.
―노만 가이슬러―

서문

처음에 설교를 하려고 강단에 섰던 그 당시에 나는 사업을 하려고 준비하는 중이었다. 그러나 설교를 마칠 때마다, 몇몇 사람들이 나에게 '확실히 전도의 은사가 있는 것 같다'고 말했다. 설교를 하면 할수록, 나는 그와 같은 말을 더 많이 듣게 되었다. 그런 말들이 격려가 되긴 했지만, 그 말 속에 숨겨진 뜻이 무엇인지를 나는 제대로 이해하지 못했다. 내게 설교는 아주 생소한 것이었기 때문에 그들이 내게 확신 있는 어조로 해 주는 말들에 대해 주의를 기울여 충분히 생각해 보지 못했던 것이다. 당시 나는 그리스도 안에서 변화받고 새로운 생활을 하게 된 인도 출신의 젊은 청년에 불과했고 전공 분야에서 일하려고 계획하고 있었다. 그래서 나는 그런 말을 들을 때마다 고개를 숙여 진심으로 예의를 갖춰 감사를 표했고 그 이상은 생각하지 않았다.

그러나 사실 나는 예수 그리스도의 아름다운 복음을 선포하려고 단에 설 때마다 특별한 사명의식과 확신이 생기곤 했다. 나는 설득하는 강한 힘을 가지고 있었다. 복음을 전하기 시작할 때부터 내 자신에게서 발견한 것은, 진리를 알고자 하는 사람들, 인생의 어려운 문제들에 마음이 답답한 사람들, 내면에 상처가 있어서 그 문제들에 대해 이야기하고 싶어하는 사람들과 대화하길 원한다는 사실이다. 하나님께서는 전도자의 일을 하는 것이 어떤 의미인지를 내가 깨닫게 하시려고 다른 사람들을 사용하셔서 내 안에 있던 그 부르심을 구체화하셨다.

전도란 말은 그리스도를 따르는 사람들에게조차 종종 강하고도 상충되는 감정을 일으킨다. 두려워 보이는 일에 다른 사람들을 참여시키는 것은 열정을 자극할 수도 있지만 부담감을 주기도 한다. 그러나 로잔 언약 제4조에 명시되었듯이 한 가지 사실은 분명하다. "그리스도인이 세상에 있어야 할 이유는 전도에 필수 불가결하기 때문이고, 상대를 이해하기 위해 귀 기울여 들을 목적으로 하는 대화도 역시 전도에 반드시 필요하다. 그러나 전도 그 자체는 사람들이 개인적으로 예수님께 나아와 하나님과 화목하도록 설득하기 위해서 역사적, 성경적 그리스도를 구세주와 주님으로 선포하는 것이다."

그런 면에서 적절하게 행해진 전도는 듣는 사람에게 자기 내면의 필요를 자각하게 하며, 설득력 있게 행해진 전도는 기독교가 진리라면 그 필요에 대한 해답을 줄 것이라는 점을 보여 주게 된다. 그리스도가 해답일 뿐 아니라 그의 말씀이 진리라는 것도 알려져야 한다. '거듭남'에 대한 기독교 신자의 독특한 주장이 다른 종교와 결정적인 차이를 가져온다. 다시 말하면, 어떤 불교 신자나 힌두교 신자, 또는 이슬람 신자가 심지어 자신이 그리스도인보다 더 언행이 일치된 삶을 산다 할지라도, 자신의 삶이 초자연적인 삶이라고는 주장할 수 없다는 말이다.

예수 그리스도를 따르는 사람들로서, 우리는 초자연적인 변화를 가져다주는 진리를 주장할 뿐만 아니라, 우리의 신앙을 변호하는 것은 우리가 변호하는 그 믿음대로 살아야 한다는 뜻임을 우리 자신에게 상기시켜야 한다. 베드로전서 3:15은 "너희 마음에 그리스도를 주로 삼아 거룩하게 하고 너희 속에 있는 소망에 관한 이유를 묻는 자에게는 대답(apologia 변증)할 것을 항상 준비하되 온유와 두려움으로 하라"고 우리가 져야 할 책임에 대해 말하고 있다. 그러나 이 말씀이 대답할 자격을 갖추기 위해서 우선되어야 할 것이 있음을 지적하고 있는 점에 주목하라. 그리스도를 따르는 사람들의 삶에서 그리스도의 주권은 우리가 다른 사람들에게 해 줄 모든 대답의 토대가 된다.

우리가 언행일치의 삶을 살게 되면, 정직하게 질문을 하는 사람은 물론 대화조차 회피하려는 사람에게도 말할 수 있는 기회가 우리 주변에 수없이 많이 있음을 보게 될 것이다. 그리스도를 따르는 삶의 출발점은 신앙과 행동이 일치되는 것이다. 그렇게 한 후에 정말 중요한 전도의 열쇠는 질문 뒤에 숨어있는 질문하는 사람의 말을 주의 깊게 들어주는 것이다. 질문하는 사람이 아니라 질문에만 답하는 것은 실제로 삶에서 살아내지 못한 믿음처럼 전도에 실패하는 것이다.

예수님이 하셨던 대화 중에 가장 포괄적인 대화인 우물가에서 하신 사마리아 여인과의 대화는 그의 제자들조차 깜짝 놀라게 했다(요 4:1~26). 그녀는 정말 자신에 관한 문제인 양 꼬리에 꼬리를 무는 질문을 했다. 주님께서는 얼마든지 책망하는 말투로 그녀의 허세를 몰아세우실 수 있었을 것이다. 그러나 예수님은 그렇게 하시지 않고 도리어 민첩한 손을 가진 금세공사처럼, 그녀 인생의 죄와 고통의 흔적들을 박박 문질러 닦아 그녀의 인생에서 멋진 금을 찾아 내셨다. 그것은 그녀조차 깜짝 놀라게 만들었다. 그녀가 어떤 사람이었는지를 아셨기 때문에 예수님은 그녀에게 소망을 주셨다. 예수님의 메시지에서 사람의 가치는 본질적인 것이었다. 이것은 우리에게도 마찬가지여야 한다. 그렇게 할 때 우리는 그들의 질문 내용이 무엇인지 이해하기 위해 귀를 기울여 듣고, 우리가 귀 기울여 듣는 그 사람들에게 복음을 전해서 그들 역시 우리의 말에 귀를 기울이게 할 수 있다.

흔히 우리는 어떤 사람의 영적 여정에 놓여있는 걸림돌을 제거할 수 있는 우리의 역할을 과소평가한다. 한 사람이 영적 여정에서 여기서 뿌려진 씨앗과 저기서 비춘 빛이 한 걸음 더 나아가게 하는 데 필요한 전부일 수도 있다. 대화는 보통 연막을 친 머릿속 질문에서 마음속의 진정한 질문으로 옮겨간다. 효과적인 전도는 이 두 질문을 연결하는 가교를 찾아내는 것이다. 최고의 변증은 머리와 가슴을 연결함으로써, 질문자와 그 여정을 함께할 수 있게 해 준다.

전도와 변증론 분야에 영향을 끼친 사람들을 생각하면 대개 프란시스 쉐퍼, C. S. 루이스, 노만 가이슬러 같은 이름들이 쉽게 떠오른다. 노만 가이슬러는 내 삶에 큰 영향을 끼쳤고 지대한 공헌을 했다. 나는 그분 밑에서 공부했다. 내 생각에 그는 지금까지 있었던 가장 훌륭한 변증학자들 중 한 사람이다. 뒤돌아 보건데 가이슬러 박사가 내 인생에서 했던 역할과 지금도 계속해서 하고 있는 역할에 대해서 나는 하나님께 깊은 감사를 드린다. 그의 훈련은 본이 되었고 그의 전문가적 지식은 광범위하다. 그의 말을 듣는 사람들은 누구든지 그가 인용하는 성경말씀의 범위와 그가 이해하고 있는 철학의 방대함에 정말 놀라게 된다. 그러나 그의 책을 접하는 독자들은 그의 훌륭한 철학적 재량이 절대로 성경에 대한 그의 깊은 헌신을 압도하지 못한다는 것을 알게 된다. 특별히 그는 반대가 심한 지역에서 설교하고 가르치는 나에게 꼭 필요한 것을 주었는데, 그것은 성경에 대한 사랑과 하나님의 말씀에 대한 엄격한 논증 사이의 균형이었다. 전도자요 변증학자로 살아온 나는 그의 글을 관찰하고 연구하면서 그가 끼친 영향력을 통해 큰 유익을 얻었다.

이 변증 사역에서, 그의 아들 데이비드가 아버지의 뒤를 이어 '온유와 진리 사역'(Meekness and Truth Ministries)을 통해 아버지 일과 함께 자신의 새로운 분야를 개척하는 것을 보고 감동을 받는다. 나는 동료들과 함께 싱가포르와 인도에서 그와 함께 사역하는 특권을 누렸으며, 그가 가지고 있는 자료들은 다양한 환경에서 유용하고 매우 가치있다는 것을 알게 되었다. 데이비드에게서 배웠던 학생들은 듣는 사람들을 이해하는 그의 태도와 질문하는 사람들이 실제로 느끼는 필요에 따라 진리에 근거하여 대답허 주는 그의 방식에 감탄을 금치 못한다.

각 세대마다 '과거'를 잊지 않고 '미래'를 대비할 수 있도록 현세대에게 말하는 가이슬러 부자와 같은 목소리들이 필요하다. 내가 이 책의 서문을 쓰게 된 것을 매우 기쁘게 생각한다. 이 책은 회의주의자들이 복음을 깨닫게 하고 그들 스스로 진리를 발견할 수 있도록 돕는 방법을 제시하는 아주 신선하고 효과적인 복음제시법이다. 이 책에서 가이슬러 부자(父子)는 성령님의 역동적이고 필수적인 역할을 인식하면서도, 마치 땅을 기경하듯이 탐색질문을 하고 그들의 신앙과 행동사이의 모순을 지적하며 복음을 받아 들이지 못하도록 그들 속에 오랫동안 단단하게 뿌리를 박고 있는 복음의 걸림돌들을 어떻게 제거할 수 있는지를 설명한다. 나는 가이슬러 부자의 예비전도에 대한 이해와 연구를 적극 추천한다. 고도의 회의주의 시대에 복음의 단순성과 고상함을 잃지 않고 복음을 전하기 원하는 사람은 누구나 이 책이 보배임을 발견할 것이다.

-래비 재커라이어스-

# 목차

추천사

세계 기독교 지도자들의 추천사

감사의 글

서문

	서론	*17*
01	포스트모더니즘 세상에서 예비전도의 필요성	*21*
02	'마음을 여는 전도대화'에 대한 소개	*39*
03	음악가의 역할 배우기	*61*
04	화가의 역할 배우기	*91*
05	고고학자의 역할 배우기	*125*
06	건축가의 역할 배우기	*149*
07	다른 세계관을 가진 사람에게 질문하는 기술	*177*

08	우리가 말하고자 하는 것을 멈추지 않고도 반대 의견에 대답하는 기술	199
09	전도에 영향을 미치는 공통적인 오해를 종식시키기	221
	결론	249
	복음 전도와 변증론 자료 목록	259
부록 I	예비전도 대화 전략	265
부록 II	예비전도 대화 훈련	271
부록 III	사람들의 신앙 안에 있는 불일치점 듣기	277
부록 IV	기독교 신앙 중에 음정이 틀린 부분이라고 주장되는 것들	283
부록 V	비그리스도인들에게 할 수 있는 핵심 질문들	288
	참고문헌	295
	미주	301

서론

> 많은 사람들이 그리스도께 나오는 것을 주저하게 만드는 것들, 즉 기독교 신앙을 이해하고 받아들이려고 할 때 부딪치게 되는 걸림돌들이 어떤 것들인지 나는 이해한다. 내가 친구들이나 동료들과의 대화에서 영적인 이야기를 끌어내기 위해 더 잘 준비되고 담대해질수록, 내가 예전에 생각했던 것보다 사람들이 훨씬 더 영적인 대화에 기꺼이 참여하려 한다는 것을 알게 된다.
>
> ─히안 치(HIAN-CHYE) 장로

당신이 무서워서 벌벌 떨고 있는데도, 당신의 친구는 그것이 잊지 못할 소중한 경험이 될 것이라고 말한다. 당신도 두려움을 떨쳐내고 괜찮을 거라고 스스로에게 말한다. 당신이 롤러코스터에 발을 들여 놓고 '한 번에 끝까지 잘 해낸다면, 그건 큰 성공'이라고 생각하며 안전벨트를 채운다. 당신은 롤러코스터를 타면서 그것을 즐길 수 있을 것이라고는 꿈에도 생각하지 못한다. 중요한 것은 어쨌든 마치고 나서 '난 해냈다'고 말하는 것이다.

오늘날 전도하는 것은 여러 면에서 롤러코스터를 타는 것과 아주 비슷하다고 할 수 있다. 꼭 하고 싶은 것도 아니고 그렇다고 그것을 반드시 즐길 수 있을 것이라고 기대도 하지 않는다. 설상가상인 것은, 오르락 내리락하는 것을 통해 당신은 항상 처음 시작한 곳으로 되돌아와 있다는 느낌을 받는 것이다.

그러나 만약 복음을 전하는 것이 이것과 다를 수 있다면 어떨까? 또한 실제로 당신이 즐길 수 있는 것이라면 어떨까? 나아가 이것이 의무일 뿐만

서론 17

아니라 당신이 그리스도께 순종함으로써, 복음을 전하기 위해 그렇게 애썼던 사람들의 인생이 달라진 것을 확실하게 알 수 있기 때문에 전도를 하게 된다면 어떨까? 그렇게 사는 것이 너무나 즐거워서, 평생을 날마다 그렇게 살고 싶어서 전도한다면 어떨까? 그리고 효과적으로 복음의 다리를 놓는 방법을 배웠기에 믿지 않는 친구들을 십자가 앞으로 나오게 하기 위해 그들과의 만남을 최대한으로 활용하여 전도한다면 어떨까?

이 책은 후기 기독교 세상(post-Christian world)에 살고 있는 사람들에게 전도하고자 할 때, 계속해서 어려움을 느끼고 있는 그리스도인들에게 그들의 삶에서 복음을 전할 수 있는 가능성이 있다는 것을 알려 주는 데 목적이 있다. 복음을 전하는 것이 무엇인지에 대한 올바른 틀을 갖게 하고, 반기독교 문화속에서 사람들과 어울려 소통할 수 있도록 준비시켜 준다면 복음 전도의 진보는 물론, 롤러코스터를 타는 것 같이 느껴지는 전도도 즐길 수 있다고 믿는다.

더 나아가 우리가 반드시 원하지는 않는 상황에서도 복음을 잘 전하는 사람이 될 수 있을 것이라고 확신한다. 우리가 열린 문을 찾을 수 없는 상황에서도 적어도 다음 두 가지를 기억한다면 우리는 규칙적으로 만나는 사람들에게 영향을 미칠 수 있다. 첫째, 성공적인 전도에 대한 정의를 확대해야 한다(이 점에 대해선 1장에서 더 얘기할 것이다). 둘째, 믿지 않는 친구들 앞에서 이미 드러나 있는 빛을 가리지 말아야 하고 하나님께서 주신 모든 좋은 기회들을 최선으로 활용해야 한다(벧전 3:15).

이 책에서 당신이 최대한의 성과를 얻도록 하기 위해 몇 가지 사항을 분명하게 말하고 싶다. 첫째, 나중에 살펴볼 각 장에 나온 여러 가지 개념들이 이해하기 어려워 보이거나, 심지어 기계적이고 비인격적으로 보일지라도, 각 순서대로 주의 깊게 익히고(건너뛰고 다음 장으로 넘어가지 말라), 각 장 끝에 나온 되짚어 보기와 적용하기의 모든 연습문제를 풀어보라. 그리고 필요할 경우에는 책 뒤에 나온 각 장과 관련된 해당 자료들을 참고하라. 이렇게 하면 다음 장에서 새로운 개념을 배우기 전에 각 장의 개념들을 더 잘 다룰 수 있을 것이다.

둘째, 새로운 기술을 익히는 것은 연습이 필요하다. 그러므로 과정을 단축하려고 하지 말라. 일상 속에서 잘 적용할 수 있도록 시간을 들여서 배우고 연습하라. 다른 사람들을 영적인 대화에 참여하게 하는 기술은 시간이 걸리고 연습이 필요하다. 이것은 밤샘을 해서 터득할 수 있는 것이 아니다. 그러므로 처음에 이 원칙을 적용하려고 하다가 생각처럼 되지 않는다고 낙심하거나 좌절하지 말라. 당신의 접근 방식에 대해 사람들이 긍정적으로 반응하지 않더라도 놀라지 말라. 우리는 걷기 전에 기는 법을 배워야 하고 자신 있게 달리기 전에 걷는 것부터 배워야 한다. 이 접근법을 배우는데 서두르지 말고, 더 빨리 진행하지 못한다고 낙심하지 말라.

마지막으로 복음을 전할 때 우리가 중요하게 생각 할 것은 주로 방법론에 대한 것이 아니라 성숙에 대한 것임을 기억하라. 당신은 하나님께 마음을 두고 하나님께서 관심을 가지시는 것(잃어버린 사람들)에 관심을 갖고 있는가? 하나님의 마음을 가지고 있다면, 믿지 않는 친구들과 대화할 때마다 하나님 나라의 목표를 앞당겨 달성하기 위해 할 수 있는 것은 무엇이든지 할 것이다.

우리의 주인이시며 구원자이신 하나님을 섬기는 올바른 자세와, 우리 주위에 있는 잃어버린 영혼들에 대한 열정을 가지고 있는 한, 이 책에 기술된 방법들은 다른 사람들과의 영적인 대화를 더 잘 할 수 있도록 도와준다는 것을 알게 될 것이다. 그러나 무엇이 최우선 순위인가에 대해서 절대로 혼동하지 말라. 무엇보다도 잃어버린 영혼들을 향한 마음과 열정을 우리 안에 주시길 하나님께 기도해야 한다. 이렇게 할 때, 이 책에 나온 원칙들을 적용하는 것이 더 쉬워질 것이다. 우리 마음이 하나님 앞에서 올바르기만 하면, 우리는 더욱 효과적인 방법으로 사람들에게 이야기할 수 있게 되고, 그렇게 되면 더 많은 사람들이 그리스도를 믿게 될 것이다(행 14:1).

믿음의 다음 단계로 나아갈 준비가 되었는가? 여정은 바로 오늘 시작된다!

Chapter 1

포스트모더니즘 세상에서
예비전도의 필요성

● 전도 패러다임에 대한 점검의 필요성

오늘날 전도에 대한 우리의 접근법에는 무언가가 빠져있다. 60~70년대에 사용했던 방법들과 도구들이 더 이상 예전과 같은 효과가 없다. 지금까지의 전도 모델은 점검이 필요하다. 복음을 선포하는 것은 단순하지만 선포된 복음을 이해하는 것은 그렇지 않다. 결과적으로, 성공적인 전도에 꼭 필요한 다른 요소들을 추가하기 위해서는 기존의 전도 모델의 수정은 피할 수 없다. 적어도 세 가지 이유에서 패러다임의 전환이 필요하다.

사람들은 단순한 복음 전도에는 관심을 보이지 않는다

패러다임 전환의 첫번째 이유는 복음의 메시지 자체에 대해 사람들의 관심이 점점 더 사라지고 있고 그 결과 우리는 전통적인 전도 접근법이 한계가 있다는 걸 알게 되었기 때문이다. 30~40년 전에는 복음을 전하는 데 간단한 전도지를 사용하는 것이 일반적이었다. 당시 대학가에서도 베이비 붐 세대들에게 이런 방식으로 누군가 복음을 전했었기 때문에 그들이 청년때에 그리스도를 믿게 되었다. 오늘날에는 단순한 4가지 영적인 원리로 사람들에게 복음을 전하는 것이 훨씬 더 어렵다. 이것은 동 서양 모두 마찬가지다.

미국에서 캠퍼스 사역을 하는 큰 기독교 단체의 책임자는 "지금은 그리스도께 나아오도록 돕는 일을 아주 가끔씩 하고 있다."고 고백했다. 지난 30년 동안 캠퍼스 사역자들 사이에서도 기대치가 달라졌다. 싱가포르에서 신학 공부를 했던 한 사람은 동양에서 학생들에게 전도를 위해 접근하는 방식에서 무언가 빠져 있다고 다음과 같이 말했다. "저는 캠퍼스 사역 간사로서, 복음을 단순하게 전하는 방법과 몇 가지 변증 기술을 사용하는 훈련을 받았습니다. 그러나 복음을 전할 때 그 두 가지를 통합해 사용하려고 했지만 문제가 생겼습니다. 사람들이 관심이 없다고 하면, 왜 관심이 없는지 이유를 묻고 나서, 복음을 전하기 위한 성경공부에 초대하거나 제 개인 간증을 나누는 것 외엔 달리 뾰족한 수가 없었습니다." 그녀는 자신이 받은 전도 훈련을 사용해서 그리스도에 대해 들을 준비가 되어있지 않은 학생들에게 다가가려고 할 때 자신의 능력에 한계를 느꼈다고 했다.

그렇다고 내가 기존의 모든 전도 도구들을 버리자고 주장하는 것은 아니다. 하나님께서 복음에 대해 열려있는 사람들에게 이런 도구들을 사용하실 수 있고 지금도 그것들을 사용하고 계신다. 그러나 오늘날 필요한 것은 기존의 전도를 보완할 수 있는 도구이다. 이것은 특별히 무관심하거나 회의적인 사람들, 심지어 그리스도의 말씀에 적대적인 사람들에게 복음을 전할 때 필요하다. 모든 사람들이 복음에 대해 똑같이 열려있는 것은 아니다. 그 사람의 영적 개방 정도에 따라 다른 접근법을 사용해야 한다.

우리가 사는 세상이 변했다

전도에 대한 새로운 모델의 개발이 필요한 두 번째 이유는 우리가 사는 세상이 바뀌어 복음에 대한 걸림돌들이 더 많아졌기 때문이다. 오늘날의 세계는 도덕적 절대성을 거부하고, 종교에 대해 대단히 회의적이며, 무관심하고, 객관적 진리에 대한 노골적인 거부감을 드러내는 특징이 있다.

도덕적 절대성의 거부 셰릴 크로우(Sheryl Crow)의 노래, "Every Day Is a Winding Road"(매일이 굽이진 길이네)는 오늘날의 상황을 잘 묘사해 준다. "지금은 무엇이든 가중한 시대라네.(These are the days that anything goes)"[1] 우리는 부모님이 살았던 세계와 다른 세계, 즉 색다르고 상대론적인 가치 체계를 가진 다른 세계에 살고 있다. 불행하게도, 젊은이들은 사회구조를 이루는 많은 도덕적 가치들을 저버렸다. 이러한 도덕적 신념의 거부는 전도의 효과에 대해 커다란 부정적 반응을 불러 일으켰다.

문화 인류학자 진 비스(Gene Veith)는 다음과 같이 갈했다. "도덕적 가치란 상대적인 것이기 때문에 용서받아야 할 죄가 없다고 믿는 사람들에게 죄 용서를 선포하기는 어렵다…(절대)진리의 개념을 거부하는 것은 극단적인 소수의 과격파가 아니라 미국인들의 2/3가 그렇게 하고 있다."[2] 또 다른 사람은 이렇게 말했다. "21세기에 들어서면서, 우리의 문화가 전반적으로 문제가 있다는 사실을 알기 위해 로켓 과학자를 데려올 필요는 없다. 우리는 장전된 총의 몸통을 보고 있으며, 더 이상 아무 것도 장전되지 않은 것처럼 행동할 수 없게 되었다."[3]

도스토예프스키(Dostoyevsky)의 소설 『카라마조프의 형제들』에 나오는 인물들 중 한 사람은 하나님이 없다면 모든 것이 허용된다고 주장했다. 불행히도, 이런 관점이 널리 퍼져 심각한 결과들을 낳았다. 신문은 도덕적 파탄에 흔들리고 있는 우리 문화의 고통스러운 모습들을 반영하고 있다.

상대주의 분위기 속에서 자라난 사람들에게 그리스도를 전하는 것은 특히 더 어렵다. 점점 더 늘어가고 있는 비그리스도인들은 우리의 메시지가 적절하지 않고, 정죄적이며, 다른 견해들보다 더 나을 것이 없다고 생각한다. 그 결과 많은 사람들이 그리스도의 메시지에 귀를 기울이려고 하지 않는다. 이것은 복음을 전하는 우리의 과제를 과거 그 어느 때보다 어렵게 만든다. '나쁜 소식' 같은 것이 있다는 것을 깨닫지 못한다면, 궁극적인 진리의 개념을 거부하는 사상에 물든 사람들은 '기쁜 소식'에 무관심해질 수 있다. 따라서 우리가 복음을 전하려고 하는 사람들에게 왜 기독교가 옳으며 다른 종교가 틀린지를 설명하려고 할 때 반드시 절대적인 진리의 개념을 분명하게 변호해야 한다.

진리에 대한 깊은 회의 우리는 객관적인 진리, 특히 종교적 진리에 대해 점점 더 회의하는 세상에 살고 있다. 이 회의주의는 특별히 학문분야에 널리 퍼져있다. 우리는 "잇사갈 자손 중에서 시세를 알고 이스라엘이 마땅히 행할 것을 아는 우두머리"(대상 12:32)의 지도를 따라야 한다. 우리가 살고 있는 시대를 이해하는데 있어서 중요한 것은 우리가 말하는 진리, 특히 종교적인 진리를 사람들이 액면 그대로 받아들이려고 하지 않는다는 것을 인식하는 것이다. 반복되는 관찰에 의한 과학적인 방법으로 증명될 수 없다면, 그 어떤것도 사실로 받아들일 수 없다고 믿는 것이 일반적이다. 더 나아가 많은 사람들은 종교적 진리에 관해서는 어떤 결론에도 도달할 수 없다고 주장 한다.

이 회의적인 경향 때문에 많은 사람들이 예수님에 관한 이야기가 2000년 전에 실제로 일어났었는지 의문을 제기했다. 내가 한 학생에게 그리스도의 부활에 관한 여러 가지 증거를 알려 주자, 그 학생은 이렇게 말했다. "만일 제가 그리스도가 살던 시대에 살았다면, 예수님이 누군지 결정할 수 있을 것입니다. 그러나 2000년이 지난 지금은 더 이상 그런 결정을 할 수 없습니다."

최근 『다빈치 코드』, 『유다 복음서』, 『잃어버린 예수의 무덤』과 같은 책이나 영화, 다큐멘터리 등의 맹공격과 함께, 기독교인의 신앙 역사에 대한 회의주의가 전례 없이 최고조에 달하고 있다. 일반적으로 1세기의 사람들은 신약 저자들이 그리스도의 생애에 대해 기록한 것을 믿는데 있어서 2000년 후에 우리가 갖게 되는 걸림돌들을 가지고 있지 않았다. 그 당시에는 비그리스도인 저술가들조차 예수님께서 놀라운 일을 행하신 분이라는 것은 인정했다.[4]

사도들과 제자들은 유대인이나 하나님을 경외하는 헬라인들에게 하나님의 존재나 기적의 가능성을 증명하려고 하지 않았다. 그들 중 많은 사람들이 이미 인격적인 하나님을 믿고 있었다. 그들은 또한 빈 무덤에 의해 그 증거가 드러난 것 같은 그런 기적적인 일들이 일어났다고 믿었다. 이것은 그 시대의 일반적인 지식이었다.

요즘 불신자들이 고민하는 것은 "진리가 정말로 존재한다면 그것을 알 수 있는가?"하는 점이다. 오늘날 어떤 사람들은, 나치 수용소에서 살아남아서 지금까지 살아있는 사람들이 있음에도 불구하고, 유대인 대학살과 같은 최근의 역사적 진실조차 알 수 있다는 사실을 부인한다.[5] 우리 사회에 이런 전반적인 회의주의는 이 21세기에 우리의 전도 과업을 더욱 어렵게 만든다.

진리를 향한 무관심 우리 사회는 진리와 도덕의 절대성을 거부하고 특별히 종교적인 문제에 관한 깊은 회의주의를 발전시켰을 뿐만 아니라, 일반적으로 진리를 향한 무관심을 발전시켰다. 오늘날 전도의 주된 문제는 "사람들이 자신의 관점을 아주 만족스럽게 여기기 때문에 예수님에 대해 듣는 것조차 흥미가 없는 사람들이 점점 많아지고 있다는 것이다."[6] 따라서 어떤 사람들은 "당신이 진리를 믿는다니 정말 좋은 일이군요." 또는 "당신에게는 효과가 있다니 좋은 일이지만 내게는 어떤 효과도 없고 아무 의미도 없어요. 당신에게는 분명한 진리겠지만 나에게는 아니에요." 라고 말한다.[7]

한 외국인 유학생은 이렇게 말했다. "종교가 사회에 좋은 영향을 미친다는 점에는 동의합니다… 그러나 어떤 종교인지는 그리 중요하지 않습니다. 사람들이 아무 것도 믿지 않는 것보다는 무엇인가를 믿는 것이 더 낫습니다. 미국에 온 이후 하나님을 믿는 사람들이 아무 것도 믿지 않는 사람들보다 더 잘 산다는 것을 알게 되었습니다. 그러나 종교는 하나님의 존재와는 관계가 없습니다. 그것은 일종의 사회심리학입니다.'

이런 현상은 디모데후서 4:3~4의 말씀에 의하면 그리 놀랄 일이 아니다. "때가 이르리니 사람이 바른 교훈을 받지 아니하며 귀가 가려워서 자기의 사욕을 따를 스승을 많이 두고 또 그 귀를 진리에서 돌이켜 허탄한 이야기를 따르리라." 이런 현상은 1세기 당시에도 있었지만, 오늘날 훨씬 더 심하다. 우리 사회의 도덕 구조가 타락하면 할수록, 단순히 복음의 메세지만 들려주는 전도를 보완하기 위해 더 많은 노력을 기울여야 한다.

이것은 전 세계적인 현상이다. 슬프지만 포스트모더니즘이라는 쓰나미가 파괴적인 힘으로 서양에서 동양으로 몰려오고 있는 것이 사실이다. 그리스도인 변증학자 래비 재커라이어스는 "지금 당신은 서양이 더 동양처럼 보이고, 동양은 소리 없이 서양을 모방하는 시대에 살고 있다."[8]고 말한다.

싱가포르에 있는 교회의 대학생 사역자이고 전에 아시아에서 신학교를 다녔던 한 사람이 대학생들에게 전도할 때의 어려움에 관해 다음과 같은 이메일을 급하게 보내왔다.

> (싱가포르에 있는) 많은 학생들은 옳고 그름의 표준이 있다고 생각하지 않습니다. 오히려 그것은 각 개인에게 달려있다고 생각합니다. 이것은 그들 자신이 옳고 그름의 잣대를 쥐고 있어서 각 사람마다 그 옳고 그름의 잣대가 다르다는 것을 뜻하는 것입니다. 개인적으로 어떻게 전도대화를 지속해야 할지 난감합니다. 이 음식이 나에게는 좋지만 너에게는 좋지 않다고 말하는 것 같습니다. 그들은 옳고 그름의 표준을 개인의 선호도에 맡깁니다. 내 자신이 흔들리고 있음을 느낍니다. 내 믿음 때문이 아니라, 그런 질문에 어떻게 대답해야 할지 모르기 때문입니다.

우리의 접근 방식에 대한 점검이 필요하다는 것은 명백한 사실이다. 교회는 특히 기존에 하던 방식으로 전도 하려 할 때 이런 포스트모더니즘의 영향에 대응할 준비가 되어 있는가?

절대적인 진리를 믿는 사람들을 향한 점증되는 반감

전도 방법에 패러다임이 전환이 필요한 세번째 이유는 절대적인 진리를 믿는 사람들에 대한 세상의 시각이 우리의 전도과업을 더욱 어렵게 하기 때문이다. 우리는 지금 도덕의 절대성을 거부하고, 종교에 대해 깊이 회의하며, 진리에 대해 무관심하거나 거부감을 드러낼 뿐만 아니라, 진리를 안다고 주장하는 사람들에 대해 관용하지 않는 세상에 살고 있다. 그리스도인으로서 우리가 그리스도만이 하나님께 이르는 유일한 길이라고 주장하는 것은 포스트모더니즘 시대의 비그리스도인에게는 오만하게 들리고 관용이 없는 것처럼 들린다.[9] 그들은 우리가 진리를 안다고 주장하는 것조차 오만하다고 생각한다. 더 좋지 않은 것은, 사람들이 우리가 우리 자신을 다른 사람들보다 더 낫다고 주장한다고 여기거나, 또는 우리가 다른 신앙에 대해 관용이 없다고 생각한다는 점이다.

이 모든 요소들을 종합해 보면, 오늘날 전도과업은 과거 그 어느 때보다 더욱 어렵다는 것이 확실하다. 이 21세기에 전도에 대한 우리의 접근 방식을 다시 점검해야 한다. 포스트모더니즘 세대에게 복음을 더욱 명료하게 전하기 위해서 예비전도(Pre-evangelism) 또는 소위 이 책에서 말하는 마음을 여는 전도대화(Conversational Evangelism)에 대한 훈련을 강조할 필요가 있다.[10]

• 예비전도에 대한 정의

　예비전도란 무엇인가? 전도가 복음의 씨앗을 심는 것이라면, 예비전도는 사람들의 생각과 마음의 밭을 경작하여 그들이 기꺼이 진리에 귀를 기울이도록 돕는 것이다(고전 3:6). 앞에서 말한 것과 같은 포스트모더니즘 시대에는 사람들의 생각과 마음의 밭을 기경하기 전까지는 복음의 씨앗을 심을 수 없게 될 것이다. 밭을 기경하는 것을 실패하면 오늘은 씨앗을 심는 문이 닫힐 것이고 장래에는 복음의 메시지를 아예 염두에 두지도 않을 것이다. 먼저 우리가 사는 현 시대를 이해하고 이 21세기에 더욱 효과적으로 그리스도를 전하기 위해 이 예비전도를 교회와 신학교, 선교단체에서 전도 훈련의 필수 코스로 만들어야 할 것이다.[11]

전도의 의미 재정의

　예비전도가 풍성해지도록 하기 위해서는 적어도 두 가지가 선행되어야 한다. 첫째, 전도의 의미를 재정의해야 한다. 우리들 대부분은 전도가 "복음을 선포하고 다른 사람들을 그리스도께 인도하는 것"이라고 배웠다. 그러나 이 정의에는 중요한 요소가 빠져 있는데, 그것은 전도는 과정이라는 것이다. 사도 바울은 "나는 심었고 아볼로는 물을 주었으되 오직 하나님께서 자라나게 하셨나니"(고전 3:6)라고 말했다. 당신과 나는 한 번의 대화로 믿지 않는 친구들에게 복음에 대한 모든 것을 전하여 그들이 그리스도를 믿게 할 수 없다. 그러나 그들이 그리스도를 만나기 위해 한걸음 더 가까이 나아올 수 있도록 도울 수는 있다.

　전도를 추수와 똑같다고 생각할 경우, 복음을 전하려고 우리가 말을 건넸을 때 그 사람이 처음에 관심을 보이지 않으면 낙심할 수 있다. '복음을 전하지' 못했기 때문에 우리가 실패한 것처럼 느낄 수도 있다. 따라서 실패감을 느끼고 싶지 않기 때문에 우리들 가운데 많은 사람들이 복음을 전하는 일에 한발 물러서게 된다.

저술가이며 대학생선교회(CCC) 간사인 팀 다운즈(Tim Downs)는 전도에 대한 이런 잘못된 생각에 동의하여 다음과 같이 말한다. "우리는 두 종류의 그리스도인들, 즉 추수하는 사람들과 순종하지 않는 사람들만 있다고 믿게 되었습니다. 모든 일군들은 추수하는 것을 배워야 하며, 어떤 사람들은 이런 일만 하도록 하나님께서 부르신다는 것을 우리는 시급하게 가르쳐야 합니다. 그러나 사람은 누구나 바로 지금, 그들이 있는 그 자리에서 씨 뿌리는 것을 배울 수 있습니다."[12]

오늘날 우리가 사는 세상에서는, 어떤 사람이 그리스도라는 분을 진지하게 생각해 보게 될 때까지 우리는 오랜 시간에 걸쳐 영적인 씨앗을 많이 심지 않으면 안 된다. 씨를 심기에 앞서서 땅부터 기경해야 한다. 우리는 모든 사람들을 그리스도께 데려오라는 부름을 받은 것이 아니라 모든 사람들에게 그리스도를 소개하라는 부름을 받았다.

이런 점을 고려해 전도를 재정의해 보면 다음과 같다. 전도는 매일 모든 방법으로 믿지 않는 친구들이 예수 그리스도께 한 걸음 더 가까이 나오도록 돕는 것이다.[13] 믿지 않는 친구들이 그리스도의 주장을 진지하게 생각해 보고, 그들의 삶 가운데 그분을 초청함으로써(요 1:12) 그들이 전적으로 변화되는 데는 시간이 걸린다(빌 2:13). 이 말은 실제로 우리가 우리 자신에게 매일 "믿지 않는 친구들이 예수님께 한걸음 더 가까이 나아올 수 있도록 돕기 위해 오늘 나는 무엇을 해야 할까?" 하고 물어야 한다는 것을 의미한다.

전도만남에 대한 우리의 전략 바꾸기

　전도를 위한 만남에서 한 번에 복음 메시지 전부를 다 전하는 것을 목표로 삼을 필요는 없다(그것은 어쩌면 우리가 복음을 전하려는 대상들을 도리어 멀어지게 할 수도 있다). 때로는 성령님께서 많은 이야기를 하게 하실 수도 있지만 상대방이 대화에서 방어적 태도를 가지고 뒤로 물러나지 않게 하면서 그 사람이 한 번에 얼마나 귀를 기울일 수 있는지를 판단해야 한다. 되도록이면 장기적인 안목에서 그 사람이 대화를 계속하고 싶어 할 여지를 남겨 두는 것이 좋다.

　이것은 지금까지의 전도와는 다르게 생각하는 것이다. 하지만 모든 그리스도인들이 지금의 포스트모더니즘 세대에게 더욱 효과적으로 복음을 전하기 위해서는 반드시 배워야 할 것이라고 생각한다. 직장에서나 학교에서 또는 이웃 사람들과 영적인 토론을 할 때 다음번 만남에서도 영적인 대화를 계속 나누고 싶어 하도록 대화를 해야 한다. 우리는 공격적으로 전도하는 방법을 너무 많이 배웠다. 그 결과 처음부터 달가워하지 않는 상황에서 복음을 접했기 때문에 그리스도인들이나 기독교 메시지와 어떤 관계도 맺고 싶어 하지 않는 불신자들이 많다는 것은 충분히 이해된다.

　그렇다고 예비전도 접근법으로 그리스도에 관해 얘기하려고 할 때 적대적인 사람들과 결코 부딪히지 말라는 뜻은 아니다. 사도행전 17장에서 사도 바울이 예비전도의 시간을 가졌는데도 불구하고 그의 메시지는 세 가지 다른 반응을 얻게 되었다. 예수님에 대한 진리를 말할 때, 때로는 사람들이 화를 내면서 반응할 수도 있다는 것을 예상해야 한다(요 15:18~21). 그러나 복음의 메시지가 어떤 사람들에게는 거리끼는 것이라고 해도(고전 1:23~24; 벧전 2:8) 가능하면 무례하지 않게 전도하기 위해 최선을 다해야 한다.

전도 방식을 바꾸는 것이 사람들이 듣기 어려워 하는 (우리가 말하기 어려울 수 있는) 말을 하게 하시는 성령님의 강권하심을 막는 것은 아니다. 때로 역사 속에서 순교자들이 흘렸던 피는 우리가 그분의 대사로서 목숨을 잃으면서까지도 복음을 전해야 함을 보여 준다. 그러나 외인들에 대해서는 "지혜로 행하라"(골 4:5)고 하시고 또한 "뱀 같이 지혜롭고 비둘기 같이 순결하라"(마 10:16)고 하신 성경 말씀을 기억해야 한다. 이것은 사람들이 받아들일 수 있는 가장 적절한 방법으로 복음의 메시지를 전달해야 한다는 것을 뜻한다. 이런 관점은 예수님과 그의 제자들이 다른 사람들에게 기쁜 소식을 전했던 방식과 일치한다.

어떤 사람들은 '영적인 대화를 계속할 수 있는 관계를 유지해서 그리스도에 대해 얼마나 깊이 대화를 해야 할지 어떻게 결정하는가?'라고 물을 수 있다. 사람들은 경험을 통해 구원받지 못한 친구들, 가족들, 사회나 직장에서 같이 일하는 사람들과 교제하는 기회가 많으면 많을수록 "말을 적게 하는 것이 더 낫다"는 격언대로 하는 것이 더 현명하다고 배웠다. 그러나 계속 대화할 수 있는 기회가 거의 없는 상황에서는 때때로 "더 많이 말하는 것이 더 낫다." 때로는 성령님께서 강권하신다고 느끼고, 그리스도에 대한 좋은 소식을 나눌 또 다른 기회가 없다면 사람들과 영적인 대화를 더 많이 하는 것이 더 현명하다.

"당신이야말로 사람들이 읽을 수 있는 유일한 성경이다."라는 말을 들었을 것이다. 구원받지 못한 가족들에게는 우리가 입으로 말하는 것을 듣기 전에 우리 삶에 나타난 복음(기쁜 소식)을 보는 것이 더 중요하다.

탐색 질문을 통해 그들 스스로 진리를 명료하게 알게 하기

예비전도가 결실을 맺도록 하기 위해서는 믿지 않는 친구들이 스스로 진리를 명료하게 알 수 있게 해 주는 질문을 하고, 그 질문을 통해 그들의 신념의 장점을 스스로 평가해 보게 할 필요가 있다. 우리는 분명한 진리조차 듣기 어려워 하는 세상에 살고 있다. 그럼에도 불구하고 사람들은 거울을 들여다보듯이[14] 선명하게 자신들이 믿고 있는 것의 모순점을 스스로 기꺼이 들여다 보고 싶어 할 수도 있다. 이런 일이 일어나게 되면 우리는 그들과 함께 공유하고 있는 신념을 토대로 해서 복음으로 이어지는 다리를 그들이 놓을 수 있도록 도울 수 있다(고전 9:22).

예수님의 질문법은 우리가 따라야 할 본보기이다. 탐색 질문을 하는 것이 전도 접근법에만 유일하게 있는 것은 아니다. 신약성경을 보면, 예수님과 그의 제자들은 말씀을 듣는 사람들에 따라 다른 종류의 질문과 접근법을 사용했음을 알 수 있다. 그래서 예수님은 위대한 선생님이셨고, 다른 사람들과 대화할 때 효과적으로 질문을 할 줄 아셨던 위대한 변증학자셨다.[15] 사실, 복음서는 예수님께서 하셨던 200가지 이상의 질문을 기록하고 있다. 예수님은 질문에 정통하신 분이었다.

또한 예수님께서는 다른 사람들이 그들 스스로 진리를 명료하게 알 수 있도록 하는 것이 얼마나 중요한지 알고 계셨다. 예수님께서 우물가의 여인에게 말씀하실 때(요 4장), '회개하지 않으면 지옥 불에 떨어진다' 고 말씀하시지 않았다. 그 대신 예수님은 그녀가 생각해 볼 수 있는 질문을 통해 여인의 호기심을 불러 일으키셨다. 그는 자신이 주는 물을 마시면 그녀가 결코 다시는 목마르지 않을 것이라고 말씀하셨다(요 4:14).

때로는 사람들에게 직접적으로 말하지 않는 것이 좋다는 것을 예수님은 알고 계셨다. 많은 경우에 비유로 말씀하셨고 그 비유를 모두가 다 이해할 수 있었던 것은 아니다(마 13:11~13). 비유로 말씀하신 것은 관심 있는 사람들에게 더 큰 영적인 갈급함을 갖게 하기 위해서였다. 또한 예수님은 모든 것을 전부 다 말해 주는 것이 항상 최선은 아니라는 것도 아셨다. 공생애 사역의 막바지 무렵에 예수님은 제자들에게 "내가 아직도 너희에게 이를 것이 많으나 지금은 너희가 감당하지 못하리라."(요 16:12)고 말씀하셨다. 우리 역시 믿지 않는 친구들에게 예수님에 관해 많은 것을 말하고 싶어 할 수 있다. 하지만 우리가 말하는 것들 가운데 믿지 않는 친구들이 한 번에 이해할 수 있는 것은 얼마 되지 않을 수도 있다.

사람들과의 공통분모를 찾아내는 데 있어서도 예수님과 그의 제자들은 우리가 따라야 할 본보기이다. 예수님과 그의 제자들은 자신들이 말하고 있는 대상들의 관점을 알고, 그 관점에서 진리로 이어지는 다리를 놓는 것이 얼마나 중요한지를 이해하고 있었다. 예를 들면 예수님께서 마가복음 2:1~13에서 중풍 병자를 낫게 하셨을 때 바리새인들이 오직 하나님 한 분만이 죄를 사하실 수 있다(6~7절)고 생각하고 있음을 알고 계셨다. 이것을 아시고 예수님께서 그들에게 이렇게 말씀하셨다. "그러나 인자가 땅에서 죄를 사하는 권세가 있는 줄을 너희로 알게 하려 하노라…" 그리고 중풍병자에게 말씀하셨다. "내가 네게 이르노니 일어나 네 상을 가지고 집으로 가라"(10~11절).

사도 바울도 다른 사람들과의 관계에 대해 이와 같은 이해를 하고 있다. 사도행전 28:23에서 유대인과 하나님을 경외하는 이방인들을 향한 바울의 접근법은 예수님의 삶과 죽음이 그들이 이미 받아들인 구약 말씀의 성취라는 것을 알게 하려는 것이었다. 그러나 바울은 사도행전 17:22~29에서 에피쿠로스학파(무신론자)와 스토아철학자들(범신론자)에게 말할 때는 다른 접근법을 썼다. 여기에서 그는 그리스도가 아니라 하나님에 대한 잘못된 믿음에 대해 먼저 말했다. 마찬가지로 다신론자들에게 말할 때는 자연의 창조에서 시작해 창조자에게로 돌아가야 한다는 논리를 펴는 또 다른 전략을 썼다(행 14장). 따라서 우리도 복음을 전하려는 대상들이 알아듣기 가장 좋은 접근법을 선택하는 것이 중요하다(고전 9:22).

전도에서 예비전도를 활용하는 것에 관한 핵심

예비전도를 활용하면 할수록 우리는 전도할 수 있는 기회를 더 많이 얻게 될 것이다. 그리고 복음을 전할 수 있는 기회가 많아지면 많아 질수록 더 많은 사람들이 그리스도를 알 가능성도 커진다. 우리 시대의 회의주의자, 다원주의자, 상대주의자들에게 복음을 전하기 위해서는 새 포도주를 새 가죽부대에 넣어야 한다(마 9:17).

질문을 하고 관심을 불러일으켜 십자가에 이르는 다리를 놓는 이 결합된 접근법은 예비전도의 핵심이다. 이것은 사람들이 자신들의 신앙 가운데 있는 불확실성을 겉으로 드러내게 하고 예수님에 대해 더 듣고 싶은 마음을 갖게 하여 사람들의 생각과 마음의 밭을 편안하게 해 준다.[17] 우리가 사는 세상과 심지어 몇몇 그리스도인들이 어떤 종류의 객관적인 진리를 받아들이려고 하지 않을지라도[16] 우리가 이 접근법을 사용한다면 복음을 전할 때 그리스도인의 증거가 중요한 역할을 단다는 것을 해야 할것이다.[17]

때때로 우리는 사람들이 가진 불확실성을 해소할 수 있을 만큼 그들을 돕지 못하거나 더 듣고자 하는 흥미를 유발하지 못할 수도 있다. 그러나 우리는 불신자들과의 대화에서 오늘 복음의 씨를 뿌리고 하나님의 손에 맡겨 훗날에 그들이 열매를 맺게 해야 한다. 믿지 않는 친구들이 예수 그리스도께 한 걸음 더 가까이 나아올 수 있도록 날마다 우리의 책임을 다해야 한다(고전 3:6).

잇사갈 자손들처럼 우리 모두가 우리가 사는 이 시대를 이해하게 되기를, 그리고 우리 자신을 구비시키는 데 필요한 희생을 할 수 있는 용기와 힘을 갖게 되기를, 그것을 통해 우리가 이 21세기에 어떻게 예비전도를 해야 하는지 알게 되기를 기원한다.

 되짚어 보기

1. 당신 자신에게 물으라. 전통적인 접근법을 사용해 전도할 때 어려움을 겪은 적이 있는가? 앞으로 대화를 나눌 때 이 과에서 배운 것을 바탕으로 해서 어떻게 다른 방법으로 대화할 수 있겠는가(요 16:12)?

2. 사람들을 대할 때 예비전도를 위한 대화를 하는 것이 오늘날엔 반드시 필요하다고 내가 정말로 믿는다면 나는 _____ _____ _____ 을/를 하겠다.

 적용하기

1. 당신이 가장 복음을 전하고 싶은 세 사람을 정하라(식구가족들, 친구들, 이웃들, 함께 일하는 사람들, 같은 반 학생들이 될 수 있다). 부록 1의 연습용지에 그들의 이름을 적어라. 앞으로 몇 달 동안 그들과 대화하면서 어떻게 예비전도의 다리를 놓아야 할지 방법을 알려 달라고 하나님께 지혜를 구하라(약 1:5).

2. 그 세 사람을 위해 기도하고 하나님께서 그들의 삶을 움직이셔서 영적으로 더 열린 마음을 갖게 해 달라고 간구하라. 영적인 대화에 대해 민감하게 더 열린 마음을 가지고 날마다 대화할 수 있게 되도록 기도하라.

3. 당신이 생활 속에서 만나는 사람들에게 긍정적이고 지속적으로 복음을 전할 수 있는 힘을 주시기를 기도하라. 당신이 그들과 함께 어울릴 때 그리스도께서 당신 안에 계신다는 사실이 날마다 명료하게 드러나게 해 달라고 기도하라(빌 1:14).

4. 일상적인 삶을 살아가면서 매일 당신 주변의 사람들에게 그리스도의 복음의 씨를 뿌릴 수 있도록 열린 문을 주시도록 기도하고 하나님의 진리를 말할 때에 잘 증거할 수 있도록 지혜와 힘을 주시길 기도하라(행 14:1). 골로새서 4:2~6을 묵상하라.

Chapter 2

마음을 여는
전도대화에 대한 소개

Conversational Evangelism

몇 년 전 미국에서 열린 수련회에 가는 비행기 안에서 나는 정말 말이 많은 사람 옆에 앉게 되었다. 적극적인 전도자가 되기 위해서 나는 그와 영적인 대화를 하려고 노력했다. 놀랍게도 그는 몰몬교 신자였고, 워싱턴 주에서 몰몬교도를 가르치는 수장 격 인물이었다. 나는 "요셉 스미스의 예언은 성취된 게 없는데 어떻게 몰몬교를 믿을 수 있습니까?" 등의 적대적인 질문을 할 수도 있었다. 그러나 나는 그 사람이 위협을 느낄 수 있는 질문을 하지 않고, 나의 질문과 관심사에 대해 그 사람이 생각해 볼 수 있는 질문을 하기로 마음먹었다.

그래서 나는 "몰몬교엔 약간 이해하기 어려운 내용이 있더군요. 제가 몰몬교를 좀 더 잘 이해할 수 있도록 도와주시겠습니까?"라고 물었다.

"얼마든지 도와 드리죠." 그가 말했다.

"몰몬교도들은 어떻게 신들이 무한히 진보한다고 믿는 거죠?"

"무슨 말씀이세요?"

"당신은 엘로힘 신이 한 때는 사람이었으며, 그 엘로힘 신 이전에 다른 신들이 있었고, 그 신들이 있기 전에 신들의 진보가 있었다는 것을 믿지 않습니까? 어디서든 한분 하나님에서 시작해야 하는 것 아닌가요?"

원인의 무한 퇴보가 가진 문제점들에 대해 철학적인 관점에서 그에게 설명을 했을 때 나는 그가 '허를 찔렸구나' 하는 표정을 짓는 걸 볼 수 있었다. 비행 시간 동안 우리의 나머지 대화는 다음과 같은 식으로 진행되었다. 내가 몰몬교에 대한 질문을 했고 그는 어떻게 답해야 할지 몰라 주저했다. 이런 식의 대화를 어느 정도 하다가, 난 내 질문에 답을 해 줄 수 있는 사람을 그가 알고 있는지 물었다. 잠시 생각하더니 그는 자신이 알고 있는 브리검 영 대학의 교수가 대답할 수 있을 것이라고 말했다.

그는 워싱턴 주에서 몰몬교도들을 가르치는 지도자들 중 한 사람임에도 불구하고 내 질문에 혹시 답을 해 줄 지도 모르는 사람을 고작 한 사람만 알고 있었다. 나는 다정하면서도 지적으로 꿰뚫어 보게 하는 우리의 대화가 그에게 영향을 끼쳤다는 것을 직감할 수 있었다.

더 나아가 그에게 나는 진리를 찾는 사람이고, 잘못된 것은 믿고 싶어 하지 않는 사람이기 때문에, 내가 믿고 있는 것이 혹시라도 잘못된 것이 있다면 그것을 알려달라고 말했다. "고린도전서 15:14에서 바울 사도도 그리스도께서 만일 다시 살아나지 못하셨으면 우리의 전파하는 것도 헛것이라고 말했거든요."라고 내가 말했다.

비행기를 내리기 직전 그는 나와의 대화가 무척 즐거웠다고 말했다. 그 다음에 그가 한 말을 듣고 난 깜짝 놀랐다. 그는 내가 '적대적이지 않으면서' 종교적인 문제에 관해 그에게 말을 건 첫 번째 개신교도였다고 했다.

그때 이후로, 나는 그리스도인으로서 우리의 대적이 아니고 대적의 희생자가 된 사람들에게 전도하려면 전도할 때에 다른 접근법이 필요하다는 것을 더욱 더 확신하게 되었다(고후 4:4). 우리는 믿지 않는 친구들 스스로 분명하게 진리를 알게 되고 예수님에 대해 더 듣고자 하는 호기심을 유발하기 위해 재치 있게 탐색을 하는 질문법을 배워야 한다. 이런 유형의 접촉은 마음을 여는 전도대화의 핵심이 반영되어 있다.[18]

예비전도에서 사용되는 마음을 여는 전도대화법의 4가지 유형에 대한 개관

마음을 여는 전도대화법은 믿지 않는 친구들과 하기 원하는 중요한 네 가지 유형의 대화법으로 구성된다. 듣기대화(Hearing Conversations), 조명하기대화(Illuminating Conversations), 드러내기대화(Uncovering conversations), 다리놓기대화(Building conversations)(이 내용들은 여러 장에 걸쳐 자세히 알아보게 될 것이다) 이것들이 전도대화 코델의 주된 요소들이다. 이 네 가지 유형의 대화법은 우리의 친구들, 특별히 회의주의자, 다원주의자, 그리고 우리 시대의 포스트모더니즘 추종자들을 복음으로 이어 주는 중요한 가교 역할을 할 수 있다(요 8:32).

이 각각의 대화법 유형은 믿지 않는 친구들의 삶에서 우리가 해야 할 역할과 상응한다. 그것은 음악가, 화가, 고고학자 그리고 건축가의 역할이다.[19] 우리는 음악가로서 그들의 말을 더욱 주의 깊게 듣고, 그들의 노래에서 음정이 틀린 부분을 구별해야 한다. 화가로서 우리는 질문을 사용해서 다른 사람들이 참된 빛 가운데서 그들 자신을 볼 수 있도록 그림을 그려야 한다. 고고학자로서 우리는 그들의 내력을 조사해 그들을 얽어매고 있는 걸림돌이 무엇인지를 찾아내야 한다. 건축가로서 우리는 복음으로 이어주는 다리를 놓아야 한다.

다른 사람들이 그리스도를 향해 발걸음을 옮길 수 있도록 도우려면, 이 네 가지 종류의 대화를 어떻게 불신자들과 나누어야 하는지를 이해하는 것은 물론 실제로 우리가 이 네 가지 역할을 감당해야 한다.

예수님께서 복음서에서 사용하신 질문

어떤 사람들은 이것을 독특한 접근법이라고 생각할 수 있다. 그러나 이것은 예수님께서 사람들을 향해 사역하실 때 사용하신 것과 같은 방법이다. 아래에는 예수님께서 사용하신 질문의 예들이 나와 있다.

마태복음 12:9~14   예수님께서 회당에 들어가셔서 손 마른 사람을 보셨다. 유대인 지도자들은 안식일에 일을 해서 십계명의 제4계명을 어겼다는 죄목으로 예수님을 고소할 명분을 찾고 있었다. 그래서 그들은 "안식일에 병 고치는 것이 옳으니이까?" 라고 예수님께 물었다(10절). 예수님께서는 그들에게 이렇게 말씀하셨다. "너희 중에 어떤 사람이 양 한 마리가 있어 안식일에 구덩이에 빠졌으면 끌어내지 않겠느냐? 사람이 양보다 얼마나 더 귀하냐? 그러므로 안식일에 선을 행하는 것이 옳으니라"(11~12절). 질문을 통해 예수님은 안식일이라도 곤경에 빠진 양을 구하기 위해서는 누구나 기꺼이 일해야 한다는 것을 보여 주셨다. 동물이라도 구하려고 사람이 나선다면 하나님의 형상대로 만들어진 사람을 회복하기 위해서는 사람들이 더 노력해야 하지 않겠는가!

요한복음 7:21~24 유대인들에게 질문을 하심으로써 예수님은 안식일에도 사람을 고쳐주는 것이 옳다는 것을 변호하신다. "모세의 율법을 범하지 아니하려고 사람이 안식일에도 할례를 받는 일이 있거든, 내가 안식일에 사람의 전신을 건전하게 한 것으로 너희가 내게 노여워하느냐?"(23절). 구약 율법에 따르면 사내아이는 태어난 지 8일 만에 꼭 할례를 받아야 했다. 혹시 그날이 안식일이라 해도 율법을 지키기 위해서는 반드시 그날 아기가 할례를 받게 해야 했다. 그렇다면 예수님께서 안식일에 사람을 고쳐주고 온전하게 한 것이 왜 잘못한 일이란 말인가?

요한복음 10:22~41 예수님이 스스로를 하나님의 아들이라고 선언하셨기 때문에 예수님은 신성모독죄로 고소되었다. 예수님은 자신이 베푼 기적을 증거로 내보이며 그를 대적하는 무리들에게 물으신다. "내가 아버지로 말미암아 여러 가지 선한 일로 너희에게 보였거늘 그 중에 어떤 일로 나를 돌로 치려느냐?"(32절) 유대인들은 이 주장에 몹시 화가 나서 말한다. "유대인들이 대답하되 선한 일로 말미암아 우리가 너를 돌로 치려는 것이 아니라 신성모독으로 인함이니 네가 사람이 되어 자칭 하나님이라 함이로다"(33절).

예수님은 그에 대한 대답으로 다시 질문하셨다(시 82편에 근거하여). 이스라엘의 사사들은 '신들'(gods)이라 불렸는데 그것은 그들이 신적인 존재여서가 아니라 하나님을 대신해서 말하는 하나님의 대언자들이었기 때문이었다. 이렇듯 사사들이 그들에게 위임된 하나님의 권위 때문에 신들로 불렸다면 예수님 자신은 위대한 기적들을 행했고 그것은 곧 하나님의 권위가 그에게 임했다는 것을 증명해 보인 것이므로 자신이 얼마든지 하나님의 아들이라고 불릴 수 있지 않겠느냐고 물으신 것이다.

마태복음 7:11 "너희가 악한 자라도 좋은 것으로 자식에게 줄줄 알거든, 하물며 하늘에 계신 너희 아버지께서 구하는 자에게 좋은 것으로 주시지 않겠느냐!"고 예수님께서 말씀하셨다. 이 말씀은 가정적 용법의 포르티오리(fortiori, 논지에 더 큰 힘을 실어서) 논법을 쓰고 있다. 1) 악한 자라도 자기 자녀에게 좋은 것을 줄줄 안다면 하나님은 더욱 더 그렇게 하시고도 남는다. 2) 악한 자들도 자기 자녀에게는 좋은 것을 줄줄 안다. 3) 그러므로 하나님은 더욱 더 자기 자녀들에게 좋은 것으로 주실 줄 아신다.

마태복음 22:41~46 이 말씀에서 예수님은 반대자들의 모든 질문을 단번에 중지시켜버리는 질문을 하셨다. 그들은 메시아를 하나님의 아들로서가 아니라 다윗의 아들로 받아들였다. 그러나 예수님은 이렇게 말씀하셨다. 1) 만일 다윗이 성령에 감동되어 메시아를 그의 '주'라고 불렀다면(시 110:1), 메시아는 단순한 다윗의 아들(즉 다윗의 자손)이 아닌 그 이상이 확실하다. 2) 다윗은 메시아를 '주'라 불렀다. 3) 그러므로 메시아는 다윗의 자손 그 이상이었다. 그는 또한 다윗의 주님(하나님)이었다.

누가복음 6:6~11 예수님께서 안식일에 손이 마른 사람을 고쳐주셨다. 그러나 예수님은 그 사람을 고치시기 전에 바리새인들에게 이렇게 질문하셨다. "안식일에 선을 행하는 것이 옳으냐?"(9절) 그들은 옳다는 것을 알았다. 1) 안식일에 선을 행하는 것이 옳다. 2) 그 사람의 손을 고치는 것은 선하다. 3) 그러므로 안식일에 그 사람의 손을 고치는 것은 옳다.

예수님의 질문 논리는 누구도 당할 수가 없는 것이었다.

위협을 느끼지 않게 질문하는 기술

우리가 탐색질문을 하되 상대가 위협을 느끼지 않도록 질문하는 법을 배우게 되면, 우리가 그들에게 무엇을 믿어야 한다고 말하기 보다는 그들 스스로 진리를 표면으로 끌어올려 생각해 보게 만든다. 많은 비그리스도인들은 절대진리를 믿고 있다는 그리스도인들의 생각조차도 싫어한다. 어떤 사람들은 우리가 그렇게 생각하는 것을 오만하다고, 그리고 다른 종교에 대해서 관용이 없는 태도라고 여긴다. 이 사실은 우리가 예수님에 관해 말하는 것에 다른 사람들이 귀 기울이도록 열린 환경을 만들려면 그들과 절제된 영적 대화를 해야 한다는 것을 말해준다.

영적인 대화를 하면서 그들의 흥미를 유발시키는 것은 터득하기 쉬운 방법이 아니다. 친구들이 그들 스스로 진리를 표면으로 끌어올려 생각해 보도록 바르게 질문하는 방법뿐만 아니라 상대방에게 최대한 위협적이지 않은 말투로 질문하는 법을 배우는 것도 중요하다. 이를 위해서는 다음 세 가지를 기억해야 한다.

1. 그들이 가진 견해의 불확실성을 그들 스스로 표면으로 끌어올려 생각해 보게 하는 방식으로 질문하라.
2. 그들의 방어를 최소화시켜라.
3. 그들 안에 더 듣고자 하는 호기심을 유발하라.

다른 사람들의 방어를 최소화하면서 그들의 신앙에서 불확실한 것을 표면으로 끌어올려 생각해 보게 하는 것은 쉬운 일이 아니다. 상대의 모순점을 지적하는 것은 잠재적으로 그들을 매우 방어적으로 만들 수 있다. 이것은 회의주의자, 다원주의자, 그리고 우리 시대의 포스트모더니즘 추종자들에게 복음을 전할 때 특히 더 그러하다.

우리의 배우자나 사랑하는 사람과 의견 충돌이 있을 때 우리가 어떤 식으로 말하는가를 살펴봄으로써 불신자와의 대화 방식에 대한 힌트를 얻을 수 있다. 우리가 이해할 수 없는 그들의 사소한 말이나 행동 하나하나를 지적하지 않아야 한다. 그런 행동은 그들이 방어적인 태도를 갖게 하고 감정적으로 우리에게서 멀어지게 한다. 도리어 우리는 우리의 주된 관심사를 부드럽게 표현해 그들의 말이나 행동 중에서 제일 눈에 띄는 차이점들에 초점을 맞추고 그들 역시 이 점에 주목하게 해야 한다.

마찬가지로 다른 사람들에게 복음을 증거할 때, 그들이 반드시 생각해 보았으면 하는 몇 가지 핵심적인 것들만을 말해 주는 지혜가 필요할 때도 있다. 마치 덤프트럭에 가득 화물을 한번에 쏟아 붓듯 해서는 안 된다. 전에 여호와의 증인 신자였던 한 사람도 비슷한 결론을 말하고 있다. "그리스도의 용사가 여호와의 증인 신자를 궁지에 몰아놓고 따발총을 쏘듯이 꼼짝 못하게 한다면 그 결과는 실망스러울 수밖에 없을 것이다."[20]

질문법에 정통하신 예수님의 본보기

예수님은 오랫동안 제자들을 가르치시면서 제자들이 한번에 조금씩밖에 못 받아들인다는 것을 아셨다. 예수님은 요한복음 16:12에서 "내가 아직도 너희에게 이를 것이 많으나 지금은 너희가 감당하지 못하리라."고 하셨다. 이것은 우리가 다른 사람들에게 예수님에 관해서 이야기해 주려 할 때도 마찬가지다. 우리는 한꺼번에 많은 얘기를 해 주고 싶어 하지만, 사람들은 한번에 조금씩밖에는 감당할 수 없다.

우리가 다른 사람들의 신앙에 대해 통찰력 있는 질문을 하는 것이 중요한 이유가 바로 이 때문이다. 데이비드 베이커(David Baker)는 "사람은 듣고 싶지 않은 사실에는 귀를 닫아버릴 수 있다. 그러나 명쾌한 질문 때문에 자기 속에서 답을 찾게 된다면 - 스스로 도달한 결론이기 때문에 - 그 결론으로부터는 도망칠 수 없다."21)고 말한다.

실제적인 걸림돌 드러내기

우리는 불신자들의 신앙체계를 재구성하는 것 그 이상의 것을 하려고 한다.22) 또한 그들이 그리스도를 믿지 못하도록 가로막고 있는 실제적인 걸림돌을 드러내기를 원한다. 불신자들이 그리스도인들에게 지적인것처럼 보이는 질문을 하는 것은 대개 복음 메시지를 전하지 못하게 하려는 위장술이다. 우리는 그들의 질문이나 관심사가 지적인 걸림돌인지, 감정적인 걸림돌인지, 의지적인 걸림돌인지, 또는 이 세 가지가 다 결합된 것인지를 구분해야 한다.

걸림돌을 드러내는 것은 믿지 않는 친구들이 그리스도를 향해 한 걸음 내디딜 수 있도록 도울 수 있다. 이런 걸림돌들을 제거하지 않는다면, 우리가 전하는 단순한 복음 메시지조차 사람들에게 들려주기 어렵게 될 것이다. 우리가 그들이 가진 신앙에 대한 모순점을 알게 해 주고 그들이 가진 실제적인 걸림돌들을 드러내도록 도와준다면 우리는 그들이 그리스도를 향하여 적극적인 발걸음을 내디딜 수 있도록 돕게 될 것이다.

복음을 나누기 위한 전략 수립

이런 방법으로 사람들과 관계를 맺고 나면 우리는 그들에게 복음을 전할 수 있는 가장 효과적인 방법에 대한 전략을 찾아낼 수 있다. 여기서 우리의 목표는 가장 효과적으로 다른 사람과 대화하는 방법을 찾아내 더 '많은 사람들이 믿게 하는 것'이다(행 14:1). 우리가 사람들을 격려해서 그들이 예수님에 대해 더욱 알고자 하는 마음을 가질 수 있도록 어떻게 다리를 놓을 수 있는지 생각해 보아야 한다.

　이것을 위해서 몇 가지 전략적인 계획이 필요하다.²³⁾ 장기간에 걸쳐 복음으로 이어지는 다리를 놓기 위해 시간을 들여 전략을 수립하는 것이 중요하다. 전통적인 일회성 복음 제시가 아니라 불신자들과 장기간 교제하기 위한 방안을 생각해야 한다. 한마디로 우리가 그리스도를 전하려는 사람들에게 최대한의 영향을 미치기 원한다면 예비전도가 의도적이고 전략적이어야 한다는 것이다.

　포스트모더니즘 사상에 영향을 받은 사람들에게 복음을 전하기 위해 효과적으로 접근하는 예비전도의 방법은 먼저 그들의 말을 아주 주의 깊게 듣는 것이다. 그렇게 해야 우리는 그들의 신앙에 내재된 모순점을 들을 수 있게 된다. 일단 우리가 여러 가지 차이점과 모순점을 파악한 후에는 믿지 않는 친구들이 그것들을 분명하게 깨달을 수 있도록 그것들 위에 빛을 비춰 주어야 한다. 생각을 자극하는 질문을 하고 자연스럽게 진리를 표면으로 끌어올려 생각해 보게 함으로써 그렇게 할 수 있다.

　그런 모순점들을 분명하게 알게 한 후, 이들이 그리스도에 대해 진지하게 생각하지 못하게 가로막고 있는 진정한 걸림돌들을 제거하기 위해 표면에 나타나 있는 걸림돌들을 드러내야 한다.

　그런 다음에 복음으로 이어지는 다리를 놓아야 한다. 우리의 궁극적인 목표는 걸림돌들을 제거해 사람들이 그리스도께 한걸음 더 가까이 나오게 하는 데 있다(고전 3:6).

일단 믿지 않는 친구들이 그리스도가 신뢰할 만한 대상이고 자신들이 그를 필요로 한다는 것을 확신하고 나면 그때 우리는 그들에게 복음을 전해 그리스도를 믿으라고 초청할 수 있다. 예비전도를 통해 직접 복음을 전할 수 있는 기회로 인도해 가는 것이다.

예비전도 모델의 핵심적인 구성요소들

예비전도 접근법은 여덟 가지 중요한 요소로 구성된다. 1) 적극적인 경청 2) 긍정적인 해체주의(Positive deconstructionism)[24] 3) 사람들에게 진리를 분명하게 알게 해 주는 질문 접근법 4) 부메랑 원리(Boomerang principle)[25] 이 원리는 증명해야 하는 부담을 우리에게서 그들에게 옮기는 것을 포함한다. 5) 복음에 대한 진정한 걸림돌 판별하기 6) 공통점 발견하기 7) 복음으로 이어지는 다리 놓는 전략(이성적 가교와 감성적 가교) 8) 기독교 신앙과 그리스도의 유일성에 대한 기본 지식. 이 핵심 요소들을 숙지하는 것이 중요하다는 사실은 앞으로 우리가 이 요소들을 하나하나 설명할 때 더욱 분명해질 것이다.

예비전도 모델의 효과적인 사용법

예비전도 모델이 공식을 따라 하는 것이라고 이해되어서는 안 된다. 비록 우리가 항상 1단계에서 시작해서 다른 사람들이 정말로 믿고 있는 것이 무엇인지 귀를 기울이며 그들의 노래에서 음정이 틀린 부분을 듣는다 해도 그 다음에 어느 단계로 가야 하는가는 복음을 듣는 사람의 필요를 더 깨닫게 해 주시는 성령님께 달려 있다.

예를 들어, 일정 기간 동안 어떤 사람의 말을 주의 깊게 듣고 그 사람의 세계관과 그 세계관에 담긴 음정이 틀린 노래를 듣고 난 후, 때로는 2단계로 넘어가서 그의 신앙에 대한 모순점을 들춰내는 질문을 하기 보다는 3단계로 가서 그 사람의 내면의 걸림돌들을 제거해 주는 것이 최선일 때도 있다. 때때로 그 걸림돌들을 제거하지 않는다면 불신자들이 현재 자신들의 신념에 어떤 모순이 있다는 것을 깨닫거나 기독교에 대한 진리를 찾도록 도울 수 있는 기회를 우리는 도무지 얻을 수 없게 될 것이다.

위에서 살펴본 것처럼 C 모델을 효과적으로 사용하는 데는 성령님으로부터 오는 지혜와 분별력이 필요하다. 이런 방법으로 다른 사람들을 예비전도에 참여시키는 법을 배우는 것은 과학이라기보다는 하나의 예술에 더 가깝다.

예비전도는 제자화처럼 이론적으로 가르침 받기보다 체득되는 것이다. 당신이 처음 자전거 타기를 배울 때 여러 번 무릎이 깨지고 나서야 잘 타는 요령을 배웠을 것이다. 마찬가지로, 당신이 처음 예비전도를 하려고 했을 때 실패한 것처럼 보일 수 있다. 어쩌면 당신은 '완전히 잘못된 시간에 완전히 잘못된 것만 말하고 잘못된 순서로 잘못된 단계들간 밟았구나' 하는 느낌을 가지게 될 수도 있다. 그러나 예비전도를 생활 속에서 더욱 지속적으로 해 나간다면, 당신이 복음을 전할 때 다른 사람들과 풍성한 대화를 하고 더욱 마음문을 열게 하는 방법을 '체득' 하게 될 것이다.

불확실성을 표면화시키는 것과 예수님에 대한 관심을 갖게 하는 것 사이에 균형 찾기

이 모델을 효과적으로 사용하기 위해서 우리는 예수님의 이야기에 사람들이 관심을 더 많이 갖도록 하는 한편, 그들의 신념에 대한 불확실성을 표면화시키는 것 사이의 균형을 모색해야 한다. 다른 사람들의 신념을 무조건 해체하는 것은 그들이 더욱 방어적인 태도를 갖게 하고 우리가 예수님의 이야기를 할 때 전혀 경청하지 않으려는 장애물을 만들게 한다. 그러므로 우리는 '무엇을 이야기할 것인가', '얼마나 이야기할 것인가', '언제 불확실한 것들을 부드럽게 드러낼 것인가'를 알아내는 훌륭한 기술을 사용할 때 성령님을 의지해야 한다.

우리가 불신자들에게 그리스도에 대해 말할 때 그들의 신념과 그들이 삶의 기반이라고 생각하는 것들이 불확실함을 알게 해 주는 방식으로 말하는 법을 배워야 한다. 그러나 동시에 우리는 그들이 불편해하지 않고 계속해서 대화를 해나가고 싶어 하는 방식으로 대화해야 한다. 이것이 바로 바울이 우리에게 도전하고 있는 내용이다. "외인에 대해서는 지혜로 행하여 세월을 아끼라. 너희 말을 항상 은혜 가운데서 소금으로 맛을 냄과 같이 하라. 그리하면 각 사람에게 마땅히 대답할 것을 알리라"(골 4:5~6).

마음을 여는 전도대화 접근법을 사용해서 얻을 수 있는 유익

우리가 포기 하지 않고 또 왜 해야 하는지를 잊어버리지 않도록 예비전도 접근법을 배우면 많은 유익이 있다는 것을 상기해야 한다.

첫째, 이 접근법은 가능한 위협적이지 않은 방법으로 그들의 삶의 토대에 있는 결함을 자세히 보도록 한다. 그렇기 때문에 그리스도의 주장에 대해서 무관심하고, 회의적이거나 적대적인 사람들에게 전도할 때 특히 효과적일 수 있다. 이것은 비판적인 시각에서 그들의 신념을 다시 생각해 보도록 촉진시킬 것이다. 그렇게 되면, 그들은 우리 그리스도인들이 믿고 있는 것에 대해, 또 왜 그것을 믿는지에 대해 듣고자 하는 더욱 열린 마음을 갖게 될 것이다.

둘째, 이 접근법을 효과적으로 사용하기 위해서 변증법에 대한 철저한 지식(이것이 도움이 되더라도)을 갖출 필요는 없다. 단순히 불신자들이 하는 말을 듣는 것만으로도 우리는 그들의 종교적 용어 가운데 어떤 것들을 분명하게 분별해 주어야 할지 알 수 있다. 용어를 명확하게 정의하게 하는 것은 그들 자신의 신념을 더 분명하게 생각해 보도록 돕는다. 이것은 예비전도에서 직접적인 전도로 가는 문을 여는 역할을 할 수 있다.

셋째, 변증법에 대한 지식이 거의 없어도 음정이 틀린 그들의 노래를 듣는 것만으로도 그들이 믿고 있는 것 즉, 그들의 신념 안에 있는 모순점을 분명하게 알아낼 수 있다. 우리는 그들이 자신들의 신념에 관해 더 분명하게 생각해 보도록(그들이 말한 신념에 근거해서) '생각을 불러 일으키는 질문'을 할 수 있다.

넷째, 이 접근법은 우리가 전도할 때 인지요소와 비인지요소 사이의 올바른 균형을 찾도록 해 준다. 때로는 실질적인 걸림돌들이 지적인 것이라기보다 감정적이거나 영적인 경우가 있다. 따라서 우리는 성령님께 민감하려고 애쓰고 어떤 종류의 접근법이 그들에게 가장 도움이 되는지를 분별하기 위해 지혜를 구해야 한다.

다섯째, 우리가 친구가 되리라고 생각하지 않았던 사람들과도 영적인 대화를 계속하고자 마음을 연다면 그들과도 진전을 이룰 수 있을 것이다.

여섯째, 이 접근법은 또한 음악가, 예술가, 고고학자 그리고 건축가의 역할을 사용해 다른 사람들이 쉽게 배울 수 있는 예비전드 방법론을 제공한다. '마음을 여는 전도대화' 모델은 4영리나 네비게이토의 다리예화, 또는 '전도폭발' 같은 다른 좋은 전도 수단들을 대체하려는 것이 아니라 그런 훈련들을 보충해서 도와주는 전수 가능한 개념이다.

예비전도의 기술 배우기

예비전도를 위한 접근법을 사용할 때에 한 가지 문제점은 그것이 기계적이고 비인격적으로 보일 수 있다는 것이다. 우리들 가운데 많은 이가 복음 전도지를 처음 사용할 때 비슷한 경험을 했을 것이다. 그러나 시간이 지나면서 다른 사람들에게 전도할 때 대상에 따라 전도지로 복음을 제시하되 매끄러운 의사소통 방식을 결합할 수 있다는 것을 알게 되었다.

예비전도를 배우는 데도 똑같은 것을 적용할 수 있다. 처음에는 이렇게 하는 것이 비인격적이고 기계적으로 보일 수 있다. 그러나 얼마 동안 이 접근법을 사용하다 보면 우리의 특성에 맞는 자연스러운 방법으로 사람들과 사귀는 법을 알게 되고 그런 방법들로 인해 사람들은 영적인 대화에 더욱더 열린 마음을 갖게 될 것이다.

또 다른 예를 들어보면 어떤 사람들은 수동 기어 자동차 운전하는 법을 배우기가 얼마나 어려운지 기억할 것이다. 그러나 얼마간 연습을 하다보면 클러치를 밟으며 운전하는 것이 자연스런 운전 습관이 된다. 마찬가지로, 우리가 '마음을 여는 전도대화' 기술을 배우고 나면, 그 기술을 직접적으로 복음을 전하는 전도 접근법과 무리 없이 통합할 수 있다.

전도에서 성령님이 하시는 역할의 중요성

예비전도 모델에 관해 자세히 논의하기 전에 우리에게 능력을 주셔서 사람들의 삶을 완전히 바꿔놓으시는 성령님의 역동적인 역할을 이해하는 것이 필수적이다. 성령님은 여러 가지 방법으로 역사하신다.

첫째, 그분은 우리가 능력있게 말할 수 있도록 역사하신다. 성경은 사도 바울과 그의 제자들이 아주 효과적으로 말해서 유대와 헬라의 허다한 무리가 믿었다(행 14:1)고 기록하고 있다. 그러나 바울은 자신의 메시지와 설교에 대해 "내 말과 내 전도함이 설득력 있는 지혜의 말로 아니하고 다만 성령의 나타나심과 능력으로 하여"(고전 2:4)하고 말하면서 성령님의 역사를 철저하게 의존하고 있음을 분명하게 밝히고 있다. 바울이 전한 말을 사용하여 사람들이 자신들의 죄를 깨달을 수 있도록 성령님께서 역사하셨던 것이다.

따라서 우리가 성령의 능력을 받는다면 우리가 하는 말도 그들의 삶에 강한 영향을 미칠 수 있다. 우리의 말이 설득력이 있으면 있을수록 성령님께서는 다른 사람들에게 더 큰 영향력을 끼치게 하기 위하여 그 말들을 사용하실 것이다. 간단히 말하면, 변증적인 예비전도는 말을 물가로 몰고 가는 것이며 말이 물을 마시게 하는 분은 성령님이라는 말이다.

둘째, 성령님만이 사람의 죄를 깨닫게 하실 수 있다. 예수님께서 말씀하시기를 "그(성령님)가 와서 죄에 대하여, 의에 대하여, 심판에 대하여 세상을 책망하시리라."(요 16:8)고 하셨다. 예비전도에서 최고의 변증법을 사용했을지라도, 변증법 자체는 어떤 사람도 구원하지 못한다. 구원은 하나님만이 하실 수 있다. 변증법은 기껏해야 성령님께서 사람들을 그리스도께로 데려오는 데 쓰이는 도구일 뿐이다.

셋째, 예수님께서 "진실로 진실로 네게 이르노니 사람이 물과 성령으로 나지 아니하면 하나님의 나라에 들어갈 수 없느니라. 육으로 난 것은 육이요 영으로 난 것은 영이니."(요 3:5~6)라고 말씀하신 것처럼 오직 성령님만이 사람을 죄인에서 구원 받은 자로 변화시키실 수 있다.

넷째, 성령님은 우리에게 능력을 주셔서 거룩한 삶을 살게 하시며, 성령님께서 역사하실 수 있는 더 나은 통로가 되도록 우리를 도우신다. 바울이 감옥에 갇혀 있을 때, 그로 인하여 많은 사람들이 겁 없이 하나님의 말씀을 더욱 담대히 전하게 되었다(빌 1:14)말한다. 바울의 삶은 많은 사람들에게 하나님이 실존하시며 예수님이 진정한 메시아라는 강력한 징표였다. 그러므로 우리는 복음의 진리를 명확하고 조리 있게 표현해야 할 뿐만 아니라 거룩하고 매력적인 삶을 살아야 할 책임이 있다.

이것은 포스트모더니즘 사고에 영향을 받은 사람들에게 복음을 전할 때 특히 중요하다. 오늘날 사람들은 우리가 얼마나 그들에게 관심을 갖고 있는지 알기 전에, 그리고 그들이 우리를 신뢰하고 싶은 마음이 들기 전에는 우리가 복음에 대해서 얼마나 잘 알고 있는지에 대해서는 관심이 없다. 따라서 우리는 하나님께서 능력을 주셔서 특별히 '외인들'(믿음 밖에 있는 사람들)을 향해 '지혜로 행할 수 있도록'(골 4:5) 기도해야 한다. 그들은 우리의 신앙이 말과 일치하는지 알아보려고 우리를 지켜보고 있으며 우리의 대화에 크게 귀를 기울이고 있다. 우리의 행동과 태도는 그들이 우리의 신앙의 진정성을 평가하는 데 사용하는 유일한 잣대다. 결국, 우리의 말과 행동이 우리 신앙의 진실성을 입증하거나 또는 무용지물로 만들 수 있다.

우리는 단지 하나님께서 사용하기 원하시는 도구들이라는 것을 늘 기억해야 한다. 바울은 "하나님께서 세상의 미련한 것들을 택하사 지혜 있는 자들을 부끄럽게 하려 하시고 세상의 약한 것들을 택하사 강한 것들을 부끄럽게 하려 하시며"(고전 1:27)라고 말한다. 당신과 나는 단지 평범한 사람이지만, 하나님께서는 잃어버린 바 되어 죽어가는 세상에 사람들에게 그분의 진리를 보여 주기 위해서 우리를 특별히 사용하시기를 기뻐하신다. 우리는 반드시 결과를 얻어야만 한다는 압박감을 갖지 말아야 한다. 궁극적으로 일하시는 분은 성령님이시고 우리는 단지 그분의 도구에 지나지 않기 때문이다. 우리가 할 일은 그 일을 할 자격이 있다고 느끼든지 그렇지 않든지 간에 그저 하나님께서 우리에게 하라고 부르신 일에 순종해야 할 책임을 지는 일이다.

하나님께서는 우리의 능력보다 우리가 그분의 도구로 사용되고 싶어 하는지 그 여부와 그 일을 하되 기꺼이 하고자 하는 태도에 관심을 가지신다. 결론적으로, 중요한 것은 성령님께서 우리에게 능력을 주셔서 우리로 하여금 진리를 말하게 하고, 우리가 진리를 좇아 살아가도록 한다는 사실이다. 회의주의자, 다원주의자 그리고 포스트모더니즘을 추종하는 이 세대 사람들에게 복음을 전하려면 진리를 말하는 것과 진리를 좇아 사는 것, 이 두 가지 모두 중요하다.

 되짚어 보기

1. 내가 함께 대화를 나눴던 그 몰몬교도가 내가 몰몬교도가 아니라는 것을 알고 그 사람과 내가 많은 부분에서 서로 일치하지 않는다는 걸 눈치챘으면서도 왜 마음을 열고 나와 대화하기를 원했다고 생각하는가?

2. 방어적인 태도를 보이거나 영적인 대화는 더 이상 하고 싶지 않다는 사람이 있을 경우, 우리가 그 사람에게 어떤 종류의 이야기를 했기 때문이라고 생각하는가? 당신과 나는 앞으로 친구들이나 지인들과 대화할 때 어떻게 해야 영적인 걸림돌들을 피해 대화를 할 수 있겠는가?

3. 당신과 다른 믿음을 가진 사람이 당신과 영적인 대화를 나누며 즐거워하는 것처럼 보인 적이 있는가? 무엇 때문에 그 사람은 당신과 계속해서 대화를 하고 싶어 했다고 생각하는가?

4. 당신이 간단한 책자를 사용해서 전도하는 법을 배웠던 그때를 회상해 보라. 어쩌면 당신은 '자연스럽고 자발적인 방법으로 복음을 전할 수는 없는 거구나' 하고 느꼈을 수도 있다. 그러나 처음 전도할 때보다 지금은 '내가 더 편안하게 복음을 전하고 있구나' 하는 느낌을 갖도록 당신을 변화시킨 것이 있다면 그것은 무엇인가?

5. 처음에 예비전도를 위한 접근법이 어렵고, 비인격적이고, 기계적으로 보였지만, 당신이 그 방법을 배우도록 동기를 부여한 것은 무엇이었는가? (대상 12:32)

6. 이 문장을 완성하라. 내가 단지 하나님의 도구에 지나지 않는다는 것을 아는 것은 내가 _____
_____ 의해 복음을 증거하도록 도와준다(고전 1:27).

7. 이 장에서 배운 예수님과 그분이 사용하셨던 질문의 예들을 복습해 보라. 그 예들 가운데 당신 기억에 뚜렷이 남아 있는 것은 어떤 것이며 그 이유는 무엇인가?

8. 최근에 당신이 친구의 영적인 여정을 도와주는 질문을 사용한 적이 있다면 떠올려 보라. 그들을 도와주었던 질문은 무엇에 관한 것인가?

 **적용하기**

1. 부록 II 의 1~4단계 요약 도표를 읽어라.

   이것은 '마음을 여는 전도대화' 모델의 큰 그림을 보여 준다. 이 책의 각 장을 살펴볼 때 도표를 참조해 각 모델의 요점을 새롭게 이해하라. 이것은 각 모델의 중요한 개념들을 더 빨리 기억할 수 있게 도와줄 것이다. 그리고 당신의 우선순위 명단에 있는 세 사람 (부록 I)에게서 들은 것을 기록할 때도 도움이 될 것이다.

2. 개인서약 문장을 완성하라. 예수님께서 사용하신 질문법을 이해하고 있는 나는, 이번주에 내 친구들에게 전도할 때 _____ _____ 을 하겠다.

3. 개인서약 문장을 완성하라. 내 친구들에게 더욱 설득력있게 말하고(행 14:1) 하나님을 의지하기(요 6:65)위해서, 나는 _____ _____ 을 시작할 것이다.

Chapter 3

음악가의 역할 배우기

취재기자 : 우리가 '무엇을 믿느냐'가 정말로 중요하다고 생각하세요?

학생 : 예. 사람들은 그들의 믿음을 기반으로 산다고 저는 생각해요. 그러니 당신도 뭔가 믿고 따를 게 있어야 하는 셈이죠.

취재기자 : 개인적으로 옳고 그름을 어떻게 결정하지요?

학생 : 저는 그 기준이 사람마다 다르다고 생각해요. 어쩌면 다수결 원리가 기준이 될 수 있겠죠. 세상 사람들은 히틀러에 대해 자기 나름대로 평가를 하죠. 사실 우리도 그렇게 해 왔구요.

취재기자 : 좋습니다. 다수결 원리가 옳고 그름을 결정하는 기준이라면, 우리가 노예를 두는 건 아무 문제가 안 된다고 생각했던 시대에 대해서는 어떻게 생각하세요?

학생 : 맞는 말이에요. 다시 말하지만 그건 인생의 철학에 관한 문제예요. 음... 그러니까 어떤 상황이든 모순이 없을 수는 없다고 봅니다. 그러니 그 질문에 대해 정해진 답은 없는 것이죠. 그러니까 그것은 사람에 따라 다 다른 것이란 말입니다.

취재기자 : 그러면 절대적인 것 같은 그런 것은 없다는 말이죠?

학생 : 예. 없어요.

취재기자 : 절대적으로 확신합니까?

학생 : 예.

전도에서 경청 능력을 키우는 것이 대단히 중요한 이유

　불신자들이 그리스도라는 분에 대해 관심을 기울이게 하기 위해서 그들과 관계 맺는 법을 배우는 것은 예비전도에서 아주 유용하다. 이를 위해서 우리는 경청 능력을 더 키우고 사람들에게 진리를 선포하기보다는 진리를 표면으로 끌어올려 그들 스스로 생각해 보게 해야 한다. 우리는 그들이 자신들의 신념을 더 신중하게 생각해 보도록 그들 자신의 견해에 내포된 불확실성을 표면화시킬 수 있는 질문들을 찾아내야 한다. 이렇게 할 때 그들이 더욱 마음을 열고 우리가 그리스도에 대해 말하는 것을 들을 수 있게 될 것이다.

불행히도, 우리는 다른 종교적 관점을 가진 친구들이 얘기할 때 항상 귀담아 듣는 것은 아니다 그러다보니 실제로 그들이 뭘 믿고 있는지를 알기가 어렵다. 우리는 그들의 질문과 관심사를 먼저 잘 들어야 한다는 것을 망각하는 것이다. 그 결과, 바른 정보를 갖지 못하게 되고 우리가 말하는 내용에 대해 그들이 흥미를 갖게 하는 질문을 할 수가 없다. 우리는 친구들의 마음 속에 있는 중요한 문제와 전혀 상관없는 질문을 해서 그들로 하여금 불필요한 방어를 하게 만들고, 나중에 우리가 나눌 수 있는 대화마저 가로막게 된다. 어떤 사람이 하는 말을 충분히 잘 경청하지 않을 때 그들은 우리의 그런 태도를 금방 눈치 챌 것이다. 이것은 우리와 그들과의 관계와 미래의 교제에도 좋지 않은 영향을 끼칠 것이다.

사람들에게 더 효과적으로 복음을 전하기 위해, 그리고 어떻게 복음을 전해야 할지 더 잘 알기 위해, 또 그들이 무엇을 믿고 있는지 알기 위해, 우리는 경청하는 훈련을 해야 한다. 모든 것은 주의 깊은 경청에서 시작된다.

좋은 대화는 좋은 경청으로부터 시작된다. 그러므로 마음을 여는 전도대화의 첫 번째 단계는 다른 사람들이 실제로 무엇을 믿는지 잘 들어서 그들의 관점이 가진 모순점을 찾아내는 것이다. 그러나 우리는 모순점을 찾기 전에 먼저 더 잘 경청하는 사람이 되고 명료하게 듣는 것을 배우는데 주의를 기울여야 한다.

어릴 때 어머니들이 "내 말 잘 듣고 있니?"라고 말씀하신 것을 기억할 것이다. 그 때, 우리는 너나할 것 없이 정말로 어머니 말씀을 경청하지 않았었다. 마찬가지로, 우리 역시 믿지 않는 친구들이 말하는 것을 항상 잘 듣는 것은 아니다. 야고보서 1:19은 "내 사랑하는 형제들아, 너희가 알지니 사람마다 듣기는 속히 하고 말하기는 더디 하며 성내기도 더디 하라."고 말씀한다.

경청은 포스트모더니즘 시대의 사람들에게 복음을 증거하는데 필수적인 것이다

다른 믿음을 가진 사람들은 흔히 자신들의 종교적 관점을 일관성있게 지키지 않고 심지어 여러 관점들을 뒤섞어 가지고 있다. 그렇기 때문에 주의 깊게 듣는 것이 특히 더 중요하다. 한번은 불교 신자라고 말하는 택시 기사를 만났다. 내가 '독실한 불교 신자냐'고 묻자, 그는 자신은 '자유로운 사상가'에 더 가깝다고 말했다. 또 한번은, 자기 스스로 모슬렘이라고 공언하는 사람을 만났는데 그는 모든 종교가 기본적으로 다 같은 것을 가르치고 있다고 생각한다고 말했다. 이것은 이슬람교의 가르침과 아주 상반되는 견해다. 따라서 불신자들의 신념에 대해 아무런 선입견 없이 귀담아 듣는 것이 매우 중요하다. 그렇게 할 때 우리는 그 사람이 어떤 종교를 믿는다고 말하는 것을 액면 그대로 받아들이지 않고, 실제로 그 사람이 믿고 있는 것이 무엇인지를 이해할 수 있게 된다.

우리가 다른 사람들의 말을 주의 깊게 경청해야 할 또 다른 중요한 이유는 우리가 들려주는 복음에 귀를 기울이는 사람들이 종종 친숙한 기독교 용어를 사용하는데, 자세히 들어보면 그들이 쓰는 그 친숙한 용어들은 우리가 사용하는 뜻과 다른 뜻을 가지고 있는 경우가 많기 때문이다. 우리가 듣고 싶은 것만 듣거나 또는 그들이 쓰는 용어가 우리가 쓰는 용어와 같은 뜻이겠거니 하고 지레 짐작하지 않고, 먼저 그들이 말하는 것을 주의 깊게 경청하는 법을 배우는 것이 중요하다.

우리가 때로 다른 사람들의 말을 정말로 잘 경청하지 못하는 것은 '대답할 것을 준비하라'(벧전 3:15)는 성경의 명령을 잘못 적용하고 있기 때문이다. 우리는 어리석게 보이지 않기 위해서 또는 일종의 자신감을 보여주기 위해서 빨리 대답하고자(때론 아무 답이나!) 하는 덫에 빠질 수 있다.

우리는 다른 사람이 말하는 것을 경청하기보다 다음에 무슨 말을 해야 할 것인지에 집중하는 나쁜 버릇을 버려야 한다. 자신이 해야 할 말에 집중하다보면 상대방이 말하는 것들을 잘못 이해할 수도 있고, 그들과 대화하는데 도움이 될 수 있는 것들을 경청하지 못하고 놓쳐버릴 수도 있다. 진정으로 그들이 말하는 것들을 듣고 그들의 신념에 대해 이해하려는 시간을 갖지 않는다면 우리는 그들에게 적절한 대답을 해주지 못하거나, 그들 스스로 진리를 확실하게 알아가도록 도울 수 있는 통찰력 있는 질문을 하기 어려울 것이다.

경청 기술을 키우는 데 도움이 되는 제안이 하나 있는데 그것은 되새김 기술을 사용하는 것이다. 즉, 다른 사람들이 우리에게 말한 것을 '뒤로 돌아가 되새겨 보는 것'이다. 그들이 말한 것을 우리 자신의 말로 바꾸어 말해서 그 내용이 맞는지 그 사람들에게 확인해보라. 이것은 우리가 배우자들과의 대화법을 개선하려고 할 때 쓰는 것과 비슷하다. 즉, 이렇게 반응해 보는 것이다. "그러니까 당신 말은…라는 거지요? 제가 제대로 이해한 건가요?"

경청의 기술이 갖는 실질적인 가치

경청은 예비전도에서 대단히 중요한 단계다. 이것이 중요한 이유로 다음의 세 가지를 들 수 있다. 첫째, 다른 사람들과 더 좋은 관계를 갖도록 돕는다. 사람들은 우리가 그들의 관심사를 잘 이해하고 그들과 대화하는데 인내를 보이면 고맙게 느낀다. 둘째, 상대방을 편안하게 해준다. 사람들은 당신이 진정으로 그들을 이해하려고 한다는 것을 느끼면, 방어하기 보다는 경계를 풀고 정직하게 대화하게 된다. 셋째, 믿지 않는 친구들과 대화할 때 주의 깊게 잘 듣는 습관을 개발하면 그들이 가진 신념에 대한 모순점을 알게 되고 더 깊은 대화로 이끄는데 적합한 질문을 할 수 있게 될 것이다. 이것은 그들이 그리스도께 나오지 못하게 하는 걸림돌들이 지적인 것이든, 감정적인 것이든, 또는 영적인 것이든, 그 무엇이든지 간에 그 걸림돌들의 본질을 우리에게 드러내 줄 것이다. 성경은 우리가 주의 깊게 듣는 것이 얼마나 중요한지 다음과 같은 말로 상기시켜주고 있다. "사연을 듣기 전에 대답하는 자는 미련하여 욕을 당하느니라"(잠 18:13).

그러므로 마음을 여는 전도대화 모델 중에서 '듣기대화'가 예비전도에서 항상 첫 번째 단계다. 우리의 목표는 믿지 않는 친구들이 마음 깊이 믿고 있는 것에 대한 실마리를 얻기 위해 그들의 말을 잘 경청하는 것이다.

음정이 틀린 부분 듣기

다른 사람들의 말을 주의 깊게 들으면서, 우리는 그들의 노래에서 '음정이 틀린 부분'을 찾아내야 한다. 음정이 틀렸다는 것은 무엇을 뜻하는가? 어떤 사람이 틀린 음정으로 노래하는 것을 들어본 적이 있는가? 우리는 그 사람의 음조가 너무 높은지 낮은지 확실히 알지 못할 수도 있다. 그러나 음정이 바르지 않다는 것은 분명히 알 수 있다. 마찬가지로, 우리가 믿지 않는 친구들과 대화할 때도, 우리는 음정이 틀린 부분을 들을 수 있다. 만약 어떤 사람이 "절대적인 것은 절대로 없다"라고 한다면 그 말이 우리 음정이 틀린 노래처럼 들리지 않는가?

포스트모더니즘 시대의 친구들이 가장 많이 표현하는 '음정이 틀린 부분'은 "언어는 뜻을 제대로 전달할 수 없다. 이것이 내가 말하려는 의미이다."라는 말이다. '음정이 틀린 부분'이 들리는가? 우리가 요즘 더 많이 듣게 되는 또 다른 말은 "우리가 알고 있는 현실은 실제가 아니다. 인생은 하나의 사회 조직에 지나지 않는다."라는 말이다. 동양 사상의 영향을 받은 사람들의 '음정이 틀린 부분'의 예는 독실한 불교 신자라고 주장하면서도 복권에 당첨되고 싶다는 강한 열망을 표현할 때다. 어떤 것을 간절히 소유하고 싶어서 열망하는 것은 부처의 가르침의 원칙에서 벗어나는 것이다.

오늘날 우리가 가장 흔히 듣는 '음정이 틀린 노래'는 "모든 종교의 관점은 본질적으로 다 진리다."라는 생각이다. 그러나 모든 면에 핵심이 있다는 말은 전혀 핵심이 없다는 뜻이다. 그러므로 실재하는 관점이 모두 진리일 수는 없다. 만약 당신이 모든 방향을 가리키고 있다면 당신은 어느 특정한 한 방향을 가리키고 있는것이 아니다. 당신이 모든 것을 다 포용한다면 당신은 그 어떤 것도 지지하지 않고 있다는 뜻이다. 따라서 모든 관점이 다 진리라고 선포하는 것은 불합리하며, 그것은 특정한 어떤 진리도 지지하지 않는다는 것을 뜻한다. 결국, 그 사람은 실제로는 아무 것도 믿지 않고 있는 것이다.

또한, 어떤 관점들은 서로 모순되기 때문에 모든 관점이 다 옳을 수는 없다. 예를 들어 예수님은 유일한 '길이요 진리요 생명'(요 14:6)이거나 혹은, 유일한 길과 진리와 생명이 아닐 것이다. 둘 다 옳은 주장이 될 수는 없다. '구원'의 진리에 대해서도 모든 종교가 서로 모순되는 주장을 한다. 기독교는 구원은 오직 그리스도를 믿는 믿음으로 얻는다고 주장한다. 이슬람교는 구원은 알라와 그의 예언자 마호메트 그리고 선행을 통해서 얻는다고 주장한다. 힌두교는 업보를 극복하고 선행이 구체화되어야 구원을 얻는다고 주장한다. 불교는 팔정도를 통해 욕심을 끊어버림으로 구원을 얻는다고 주장한다. 구원에 대한 이 모든 관점이 옳을 수는 없다. 따라서 우리가 정기적으로 만나는 사람들의 신앙에서 '음정이 틀린 부분'을 분별하여 그들에게 올바른 질문을 할 수 있기 위해서는 주의 깊게 경청하는 것이 중요하다.

어떤 사람들은 자신들의 '음정이 틀린 부분'을 정확하게 듣지 못할 수도 있다

'음정이 틀린 부분'은 그 크기와 형태가 다양하다. 어떤 것들은 쉽게 구분이 된다. 예를 들면, 어떤 사람들은 "하나님은 우리에게서 너무나 멀리 떨어져 있기 때문에 그에 관해서는 어떤 것도 실제로 알 수 없다."는 말이 '음정이 틀린 부분'이라고 생각하지 않는다. 그러나 이 말을 잘 생각해 보면 '하나님에 관해 어떤 것도 알 수 없다'는 주장 그 자체가 이미 하나님이 어떠하신 분인지를 나타내고 있다는 것을 알 수 있다.

리처드 도킨스(Richard Dawkins)같은 무신론 과학자는 우주가 물질과 에너지로부터 진화되었을 것이라고 주장한다. 이것은 '음정이 틀린 부분' 같지 않다. 그러나 어떤 생명의 실존 개연성을 크게 열어 놓을 경우 – 과학적 관점에서 – 선택할 수 있는 입장은 세 가지 중 하나다. 그 생명은 항상 존재했거나, 무로부터 생겼거나, 또는 영원한 어떤 것에 의해 생겨났을 것이다. 그러나 만약 그 생명체가 우발적인 것이라면 선택권은 두 가지 밖에 없다.[26] 그것은 어떤 것에서부터 왔던지 아니면, 무에서 그리고 무에 의해 왔던지 둘 중 하나다. 그러나 합리적인 사람치고 인격적인 것이 비인격적인 것에서 왔다거나, 비물질적인 것이 물질에서 왔다거나, 또는 실제로 존재했던 어떤 것이 무로부터 만들어졌을 것이라는 이야기를 믿는 사람이 있겠는가? 분명히 이것은 우리 모두가 일률적으로 하는 경험이 아니다. 그러나 무신론 과학자들의 과학적 원리들은 바로 그 경험에 근거하고 있다. 결과적으로 이 신념도 '음정이 틀린 부분'이다.

모순점을 드러내는 것은 복음을 전하는데 중요한 역할을 한다

다른 사람들과 대화하면서 '음정이 틀린 부분'에 귀를 기울여 듣는 것은 신약성경에서 발견되는 중요한 개념이다. 하나님은 논리를 교정해 주는 것을 높이 평가하신다. 실제로 '(진리를) 거슬러 말하는 자들을 책망하는 능력'(딛 1:9)이 교회 장로들이 갖춰야 할 자질 가운데 하나라고 쓰여 있다.

모순되는 것의 문자적 의미는 동시에 같은 의미로 예와 아니오를 말하는 것이다. 바울 사도는 십자가의 메시지에는 모순되는 믿음이 있을 수 없다고 지적한다. 바울은 "하나님은 미쁘시니라. 우리가 너희에게 한 말은 예 하고 아니라 함이 없노라."(고후 1:18)고 말했다. 하나님께서는 모순되지 않는 신앙을 중요하게 여기신다. 우리는 바른 사고를 할 수 있어야 하고, 어떤 사람이 모순되는 것들을 말할 때 모순점을 간파할 수 있도록 주의 깊게 들어야 한다. 이런 '음정이 틀린 부분'들을 우리는 구별해 내야 하는 것이다.

만약 어떤 사람이 자신의 아내가 임신을 했는데 동시에 임신을 하지 않았다고 말한다면 어떤 생각이 들겠는가? 이것이 의미가 통하는 말이라고 할 수 있는가? 이것은 현실에 맞지 않기 때문에 '음정이 틀린 부분'의 한 예다. 우리는 믿지 않는 친구들과 대화할 때 이런 종류의 말에 귀를 기울여야 한다.

우리는 적어도 네 종류의 '음정이 틀린 부분' 또는 모순점에 귀를 기울여 들어야 한다. 그것은 신앙 대 마음의 열망, 신앙 대 행동, 신앙 대 신앙, 그리고 불합리한 신앙이다. '음정이 틀린 부분'들의 예를 하나씩 좀 더 구체적으로 살펴보자.

'신앙 vs 마음의 열망'이라는 음정이 틀린 부분

'신앙 대 마음의 열망'은 한 사람의 세계관과 그 마음의 열망 사이의 고순점을 이야기하는 것이다. 포스트모더니즘 문화에서, 특히 젊은 사람들 사이에는 소속감에 대한 강한 열망이 있다. 그들은 자신들보다 더 큰 어떤 것의 일부가 되고 싶어 하면서도, 그들의 세계관은 삶에 대한 궁극적인 의미와 목적을 거부한다.

9·11 사태 직후의, 어느 날 한 학생이 나에게 자신은 사후의 삶이나 천국과 지옥을 믿지 않는다고 고백했다. 그러면서도 그는 터러리스트들은 그들이 저지른 짓에 대해 내세에서 책임을 져야 할 것이라고 믿고 있었다. 그의 마음속 외침은 정의가 행해져야 한다고 말하면서도 그의 무신론적 세계관은 그것과는 다르게 말하고 있는 것이다. 9·11 사태 이후 또 다른 한 학생은 자신의 삶이 너무도 소중하다는 것을 깨달았다고 고백했다. 그는 더 이상 9시에 출근해서 5시면 퇴근하는 세속적이고 판에 박힌 듯한 일상의 삶을 살 수 없었다. 그는 자신의 삶이 무언가 위대한 것의 일부가 되기를 원했다. 솔로몬 왕은 하나님께서 "사람들에게는 영원을 사고하는 마음을 주셨느니라. 그러나 하나님이 하시는 일의 시종을 사람으로 측량할 수 없게 하셨도다."(전 3:11)라고 우리에게 상기시켜주고 있다.

종교에 상관없이, 사람이라면 누구나 다른 사람들을 알고-의식적으로 인정하지 않으려고 할지라도-다른 사람들에게 알려지며, 궁극적으로는 자신이 하나님께 알려지기를 소원하는 마음을 가지고 있다. 유명한 프랑스 수학자요 철학자요 물리학자였던 블레이즈 파스칼(Blaise Pascal)은 "인간은 그 내면에 빈 공간이 있어서 온갖 것들과 관계들로 채우려 하지만, 오

직 하나님만이 그 빈 공간을 채울 수 있다."고 주장했다.[27]

무신론자 월터 카우프만(Walter Kaufmann)조차 인간을 '하나님께 중독된 유인원'이라고 묘사했다. 그러나 무신론은 그 자체로 이 같은 인간의 하나님 중독 현상을 설명할 수 없다. 한 때 무신론자였으며 현재 방대한 인간 유전자 게놈 연구 프로젝터의 대표인 프란시스 콜린즈(Francis Collins)는 이렇게 말하고 있다.

> 채워질 목적이 아니라면 왜 그렇게 보편적이고 독특한 인간의 굶주림이 존재하겠는가? C. S. 루이스는 이해하기 쉽게 다음과 같이 말한다. "욕망에 대한 충족이 존재하지 않는다면 피조물은 욕망을 가지고 태어나지 않는다. 아기는 배고픔을 느낀다. 그래서 음식과 같은 것이 있다. 아기 오리는 수영을 하기 원한다. 그래서 물과 같은 것이 있다."…채워질 목적이 아니라면 왜 우리 마음과 가슴에 '하나님이 만드신 빈 공간'이 있겠는가?[28]

세상의 많은 종교는 사람들이 가진 마음속 열망과는 모순되는 관점을 가지고 있다. 힌두교는 사람들이 그저 비인격적인 신과 관계를 가질 수 있을 뿐이라고 가르치지만 인간의 마음은 그 이상의 것을 갈망한다. 불교에서는 추상적인 무의 상태인 열반에 도달하는 것을 목표로 삼는다. 그러나 열반에 도달하는 것은 사람됨의 특질을 잃어버릴 것을 요구하기 때문에 우리 마음의 외침에 반하는 것이다. 게다가 열반은 우리가 결코 완벽하게 지킬 수 없는 규율과 규칙을 따르는, 삶의 무거운 짐을 통해서만 달성될 수 있다.[29] 마찬가지로 이슬람교의 가르침도 하나님과 친밀하고자 하는 인간 내면의 외침을 저버린다. 우리 마음의 외침에 대한 정말 만족스러운 성취는 오직 그리스도를 통해서만 발견할 수 있다. 래비 재커라이어스는 우리에게 다음과 같이 상기시켜주고 있다.

> 산소와 뇌의 관계는 예수님과 우리 마음의 관계와 같다고 할 수 있다. 다른 어떤 것과 달리 그는 우리의 가장 깊은 곳에 있는 열망을 만족시키신다. …만일 우리의 모든 갈망들을 적어본다면 정말 우리가 얼마나 많은 것을 갈망하고 있는지 놀라게 될 것이다. 몇 가지를 나열해 보면 진리, 사랑, 지식, 소속감, 자기 표현, 정의, 상상력, 배움, 그리고 중요성을 갈망하고 있다. 도서관이나 서점에 있는 책들을 뒤져보면 이런 갈망이나 필요들을 하나하나 설명하기 위해 방대한 심리학 이론들이 등장한 것을 볼 수 있다. 그런 필요가 중요하고 당연하지단 예수님을 향한 우리의 필요는 헤아릴 수 없이 더욱 더 크다. …예수님은 우리 삶에서 그분이 최고의 자리를 차지해야 함을 강조하셨다. "내게 오는 자는 결코 주리지 아니할 터이요 나를 믿는 자는 영원히 목마르지 아니하리라"(요 6:35).[33]

서양에서 점점 더 많이 들리는 '음정이 틀린 부분'은 "난 내 물질적인 필요가 충족되면 믿을 거예요. 그것이 제가 정말로 중요하다고 여기는 전부이기 때문이죠."라는 말이다. 그러나 우리 모두가 진리, 사랑, 지식, 정의, 그리고 의미에 굶주릴 때가 있다. 불교에서는, 일반적으로 우리가 우리의 자아를 포기하면 열반의 상태에 도달할 수 있다고 가르친다. 그러나 실제로 그렇게 하는 것은 자신이 누구인가 하는 의식적 자각을 모두 잃어버리는 것을 의미하기 때문에 불교 신자조차 자신의 자아를 포기하려 하지 않을 것이다.

'신앙 vs 행동'이라는 음정이 틀린 부분

'신앙 대 행동'의 불일치는 사람들이 믿는다고 말하는 것과 실제로 그들이 살아가는 방법이 서로 다른 것을 보여주는 것이다. 갈라디아서 2:11~21에서 사도 바울은 베드로의 모순되는 행동에 대해 정면으로 비판을 한다. 베드로는 안디옥에서 이방 그리스도인들과 함께 음식을 먹곤 했었지만 예루살렘에서 어떤 유대인들이 내려왔을 때는 그렇게 하지 않았다. 그 결과, 그의 신앙과 행동이 일치하지 않았기 때문에 바울은 베드로를 책망했다.

마찬가지로 많은 사람들이 종종 자신들이 믿는다고 말하는 것에 일치하지 않는 삶을 산다. 그들의 신앙 체계 안에 이런 결점들이 있다는 것을 그들이 알 수 있도록 돕는 것은 예비전도에서 복음으로 이어지는 다리를 놓는데 중요한 역할을 할 수 있다.

예전에 어느 대학의 학생 한 명이 '히틀러가 6백만 명의 유대인들을 학살한 것이 반드시 옳지 않은 것은 아니라고 생각한다'고 말했다. 나는 그 학생의 말을 정면으로 반박하기 보다는 이렇게 말했다. "만약 자네가 실제로 그런 삶을 살았다면 그건 너무나 힘든 삶이 아니었을까, 그렇지?" 난 그가 한 제스처에서 내 말이 그의 방어망을 뚫었다는 것을 알 수 있었다. 나의 말은 마치 돛에 순풍을 불게 한 것과 같았다. 그 이유는 그는 자신이 믿는다고 공언한 그대로 자신이 살 수 없다는 것을 어느 정도는 솔직하게 시인했기 때문이다. 그가 한 마지막 말들 가운데에는 "언젠가는 저도 교회로 돌아갈 거라고 생각합니다."라는 말도 있었다.

이런 모순에 대한 대화의 또 다른 예는 불교 신자였던 어느 자동차 정비사와의 대화에서 찾아볼 수 있다. 나는 "불교의 주된 목적 중 하나가 욕심을 그치는 것이 아닙니까?"라고 그에게 물었다. "그렇지요."라고 그가 대답했다.

"불교의 목적 중 하나가 욕심을 그치는 것이라면 부모로서 자녀를 가지려는 욕심을 어떻게 그치실 수 있으신지요?"라고 나는 다시 물었다. 잠깐 동안의 시간이 흐른 후에 그가 말했다. "그것이 문제입니다." 그러고 나서 그는 불교에 대한 몇 가지 다른 관심사들을 더 말하기 시작했다. 그는 한 가지 종교를 믿고 있었지만 자신의 행동이 신앙과 일치되지 않고 있어서, 자신이 가진 불교 신앙에 대해 의문을 갖게 되었다고 했다.

우리가 종교 문제에 대해서 모슬렘과 이야기할 때 종종 "적어도 하루에 다섯 번 기도하십니까?"라고 물을 것이다. 그러면 그 물음에 많은 사람들은 아니라고 대답할 것이다. 그러면 우리는 다시 이와 같이 질문할 수 있다. "천국에 가기 위해서는 선행이 악행보다 훨씬 더 많아야 한다고 모슬렘들은 믿고 있지만, 만일 적어도 하루에 다섯 번 기도하라는 최소한의 요구 조건도 지키지 못한다면 어떻게 천국에 가기를 소망할 수 있겠습니까?"

그러므로 불신자들의 신념과 그들의 행동 사이에 있는 모순점을 확인하는 것은 그들이 가진 믿음의 취약점을 드러내는데 중요한 역할을 할 수 있다.

아래 내용은 '신앙 대 행동'이라는 '음정이 틀린 부분'의 또 다른 예들이다.

- "나는 자연선택설을 주장하는 진화론을 믿고 있지만, 선한 삶을 살아가려고 애쓰고 있습니다."
- "나는 사람들을 존경하는 태도로 대하지만 그러나 옳고 그름 같은 건 없다고 생각합니다.'

● "나는 사후의 삶은 믿지 않지만, 제사 중에 향을 피우고 죽은 조상들의 굶주린 영혼들을 위해 지전(죽은 조상에게 저승길을 갈 때 노자 돈으로 바치는 것으로 불로 태우는 돈-역자 주)을 주는 공경의 행위는 해야 한다고 믿습니다."

'신앙 vs 신앙'이라는 음정이 틀린 부분

'음정이 틀린 부분'의 또 다른 예는 두 가지 또는 그 이상의 상호 모순되는 신앙을 유지하려는 것이다. 음정이 틀린 이런 노래의 예를 사도행전 17:28~29에서 볼 수 있다. 바울이 아덴의 철학자들에게 말했다. "'우리가 그를 힘입어 살며 기동하며 존재하느니라.' 너희 시인 중 어떤 사람들의 말과 같이 '우리가 그의 소생이라.' 하니 이와 같이 하나님의 소생이 되었은즉, 하나님을 금이나 은이나 돌에다 사람의 기술과 고안으로 새긴 것들과 같이 여길 것이 아니니라."

바울은 그들의 신앙에서 두 가지 중요한 모순점을 발견해냈다. 그들은 금이나 은이나 돌로 신들을 만들었음에도 불구하고 그 신들이 자신들을 창조했다고 믿었다. 여기에서 바울이 강조하고 있는 '이 두 가지 관점이 모두 사실일 수 있는가?' 하는 것이다. 아덴 사람들은 세가지 다른 방법으로 바울에게 반응했다. 어떤 사람들은 "바울, 당신은 미쳤소."라고 했고, 또 어떤 사람들은 "우리는 당신 말을 좀 더 듣고 싶소."라고 말했다. 나머지 사람들은 그리스도를 믿었다(행 17:32~34).

결과적으로, 성령님은 사람들이 예수 그리스도께 한걸음 더 가까이 나오게 하고 심지어 그리스도를 영접할 수 있도록 그들이 가진 신앙의 모순점들을 사용하실 수 있다.

우리가 대학의 캠퍼스에서 대학생들에게 전도할 때도, 이런 모순점들에 대해 들을 수 있는 기회들이 많았다.

"예수 그리스도는 누구라고 생각하세요?"라고 한 학생에게 물었다.

"예수님은 하나님의 아들이었어요."라고 그가 말했다.

"어떤 면에서든, 예수님이 당신의 구세주이신 것을 믿습니까?"

"예."

"당신이 어떻게 살아가는가에 대해 당신이 책임져야 한다고 믿습니까?" 그는 책임져야 한다는 데 동의했다.

"당신은 당신이 그런 평가 기준에 도달할 수 있다고 생각하세요?"

"음, 전 꽤 괜찮은 사람이니까…"

"당신이 기준에 도달할 수 있다면, 당신은 왜 당신을 구원해 줄 예수님이 필요하죠?"

잠시 후에 그는 "아무래도 전 기준에 못 미칠 것 같네요."라고 대답했다. 이렇게 인정하게 하는 것은 예비전도에서 중요한 부분이다. 만일 우리가 사람들로 하여금 제시된 기준에 그들이 부합하지 못한다는 걸 인정하게 할 수 없다면, (그들이 보기에)그리스도가 그들을 구원해야 할 이유가 어디 있겠는가?

또 다른 한 예로 한 여대생이 '성경은 믿을 수 있는 것이긴 하지만 구원을 받으려면 선한 행동도 해야 한다고 믿는다'고 했다. 당연히 이것은 성경의 가르침과는 반대다(엡 2:8~9; 딛 3:5). 이것들은 우리가 잘 경청하기만 한다면 충분히 파악할 수 있는 '신앙 vs 신앙'이라는 모순점의 몇 가지 예들이다. 다음은 '신앙 vs 신앙'이라는 '음정이 틀린 부분'들에 대한 또 다른 예들이다.

- "문화를 초월해서 옳고 그른 것들이 있다는 것은 믿습니다만, 하나님이

계신다고는 믿지 않습니다."
- "내 삶에 궁극적인 의미와 목적이 있음을 믿습니다. 하지만 내가 자연의 우연적인 산물임을 믿습니다."
- "인간의 삶을 개선하기 위해서 동물로 실험하는 것은 잘못된 것이라고 생각하지만 태어나지 않은 아이를 낙태하는 것은 괜찮다고 믿습니다."

  (포스트모더니즘의 불신자들에게 흔히 있는 일이다)
- "나는 그리스도인이지만 왜 예수님이 십자가에서 죽으셨는지는 확실히 모릅니다."

'음정이 틀린 부분'에 대한 이슬람교의 한 예는 '마호메트는 가장 위대한 최후의 선지자이지만 예수님은 단순히 한 위대한 선지자에 지나지 않는다'는 말이다. 그러나 그들의 경전인 코란은 '예수님이 죄가 없으시고(수라 3:45~46), 동정녀에게 나셨지만(수라 3:47), 마호메트는 죄가 있고(수라 40:55; 48:1~2) 동정녀에게서 태어 나지 않았다'는 것을 인정하고 있다.

힌두교인들 사이에 흔히 있는 '음정이 틀린 부분'은 '모든 인간은 사후에 윤회하며, 살아있을 때 행실이 나쁘면 동물로 다시 태어난다.'는 신앙이다. 그러나 만약 윤회가 사실이라면, 범죄의 증가와 인간의 인구 증가를 어떻게 설명할 수 있는가?

'불합리한 신앙'이라는 음정이 틀린 부분

'음정이 틀린 부분'의 마지막 예는 불합리한 신앙이다. 이런 유형의 모순은 서로 다른 두 신앙 간에만 있는 것이 아니라 한 신앙 안에서도 있다. 예를 들어, '절대적인 것은 절대로 없다.'라고 선언하는 것은 누군가 걸터앉아 있는 바로 그 나뭇가지를 톱으로 자르는 것처럼 불합리하다.

A. A. 밀네(Milne)의 이야기들 중 하나에서, 곰돌이 푸우(Winnie-the-Pooh)가 토끼(Mr. Rabbit)네 집의 문을 두드리며 "안에 누구 있어요?"하고 묻는다. 토끼는 프우가 대식가여서 자기 집에 있는 것들을 모조리 먹어치울 것이라는 걸 알기 때문에 문을 열어주고 싶어 하지 않는다. 그래서 토끼는 닫힌 문 뒤에서 "안에 아무도 없어요."라고 말한다. 곰돌이 푸우는 머리를 긁적이며 '잠깐, 집에 아무도 없다고 말한 누군가가 집안에 있을 텐데' 하고 혼잣말을 한다. 왜냐하면 "안에 아무도 없는데요."라고 한 토끼의 말은 불합리한 말이기 때문이다.

영어를 모국어로 사용하는 사람이 "나는 영어로 말을 한 마디도 할 수 없어요."라고 말할 수는 있다. 그러나 그 말을 하기 위해서는 영어를 써야하기 때문에 그 말은 닿지 않다.

얼마나 많은 사람들이 이 범주에 속하는 말을 하고 있는지 알면 당신은 놀랄 것이다. 불합리하거나 스스로 무효화 시키는 말들의 예문을 몇 가지 살펴보자.

- "당신은 모든 것에 대해서 회의적인 태도를 가져야 합니다."
- "하나님은 너무 멀리 떨어져 계셔서 실제로 우리가 그에 관해 알 수 있는 것은 아무것도 없습니다."
- "정말로 절대적인 진리란 없습니다."
- "모든 것이 상대적입니다."
- "당신은 어떤 것도 정말로 알 수는 없습니다."
- "나는 당신이 어떤 것도 확실히 알 수 없다는 것을 확실히 압니다."
- "옳거나 틀린 것에 관해서는 어떤 결론에도 도달하지 않아야 한다는 것을 절대적으로 확신합니다."

- "절대적인 말을 하는 것은 항상 피하십시오."
- "당신은 관용을 베풀지 않는 사람들을 제외하고 항상 다른 종교의 신앙을 가진 사람들에게 관용을 베풀어야 합니다."

마음을 여는 전도대화 모델에서 이 부분을 정리해 보자. 먼저 우리는 믿지 않는 친구들이 자신들이 믿고 있다고 생각하고 있는 것들을 진지하고 주의 깊게 듣는 것에서부터 시작한다. 그렇게 한 다음에야 비로소 우리는 귀에 거슬리는 '음정이 틀린 부분'이나 모순점을 경청할 준비를 갖추게 된다. 여기에는 네 종류의 모순점들이 있는데 그것은 신앙 대 마음의 열망, 신앙 대 행동, 신앙 대 신앙, 그리고 불합리한 신앙이다.

일단, 이 '음정이 틀린 부분'를 알아내기만 하면, 우리는 그런 말을 하는 사람들이 스스로 그들 자신과 그들의 신앙을 더 진실한 빛으로 비추어 볼 수 있도록 도울 수 있다. 이것은 예비전도 과정에서 중요한 부분이다. 왜냐하면 많은 사람들이 자신들의 삶의 토대가 되는 신앙에서 문제를 발견하지 못하면, 자신들의 관점을 다시 깊게 생각해보려는 – 동기 그리스도라는 분에 대해 생각해 보려는 동기 – 가 거의 생기지 않기 때문이다. 특별히 예수님과 사도 바울이 이것을 효과적으로 이용했기 때문에, 우리도 이 접근법을 기존의 우리의 복음주의적인 방법론과 결합시켜야 한다.

다른 사람들의 신앙에서 '음정이 틀린 부분'를 찾아내려거든 그것들을 진지하고 주의 깊게 듣는 것이 얼마나 중요한지를 잊지 말아야 한다.

예비전도에서 그들의 신앙을 분명하게 파악하는 것은 성령님의 인도하심과 능력을 의지하는 것 다음으로 중요한 단계이다.

기독교 신앙에서 음정이 틀린 부분이라고 주장되는 것들

어떤 사람들은 "기독교 신앙 내에서 소위, '음정이 틀린 부분' 들은 어떻게 해야 하죠? 다른 신앙에도 있듯이 기독교 신앙에도 '음정이 틀린 부분' 들은 있을 것 아닙니까?"라고 물을 것이다. 공정한 태도로 답을 듣고 싶어 하는 독자들의 간절한 소원에 부응하기 위해, 여기서는 기독교 신앙에 대해 생각해 보고, 일반적으로 도전을 받고 있는 기독교의 많은 항목들 중에서 몇 가지를 토론하려고 한다. 부록 4에서 관련 항목들을 추가로 다루고 있다.

음정이 틀린 부분으로 주장되는 과학에 대치되는 창조론

대부분의 불신자가 생각하는 가장 큰 과학적인 걸림돌은 성경에서 하나님이 우주와 생명을 창조하셨다고 가르치는 것이다. 현대 과학은 모든 것이 진화 과정을 통해서 자연의 힘에 의해 생겼다고 주장한다. 어떤 사람들은 하나님이 우주를 창조하셨지만 모든 것이 자연스럽게 진화했다고 주장해서 이런 난관을 극복하려고 하기도 했다. 그러나 여기에는 두 가지 문제점이 있다. 첫째, 무신론자들은 하나님이 우주를 창조했다는 것을 인정하지 않을 것이다. 둘째, 유신론적 진화는 하나님이 모든 생물을 그 종류대로 직접 창조하셨다는 창세기 말씀에 들어맞지 않고(창 1:21), 흙으로 아담을 만드시고 아담의 갈빗대로 여자를 만드신 직접적인 창조에도 맞지 않는다. '음정이 틀린 부분'으로 주장되는 것들은 실상 틀린 것이 아니다. 손꼽히는 많은 과학자들이 우주와 생명이 순전히 자연적인 원인으로만 생기지 않았을 것이라고 주장한다. 여기에는 알버트 아인슈타인(Albert Einstein), 프레드 호일 경(Sir Fred Hoyle), 제임스 콜린즈(James Collins) 같은 학자들이 포함된다. 뛰어난 천재 물리학자 로버트 자스트로우(Robert Jastrow)는 다음과 같이 선언한다.

> 이제 우리는 천문학의 증거가 세상의 기원에 대한 성경적 관점으로 어떻게 귀결되는지를 확인할 수 있다. 세부적인 내용은 다르지만 그 본질적인 요소에 대한 설명에 있어서는 천문학의 설명과 창세기의 설명이 같다. 인간에 이르기까지 사건들의 사슬은 시간의 어떤 특정한 순간에 빛과 힘의 섬광 속에서 갑자기 그리고 찬란하게 시작된다. …과학자들의 과거 추적은 창조의 순간에 끝이 난다. …이것은 신학자들 외에는 아무도 예상치 못한 아주 이상한 전개다. 그들은 항상 "태초에 하나님이 천지를 창조하시니라."는 성경 말씀을 받아들였다.[31]

자연선택설을 주장하는 과학자들은 모든 것에는 자연적인 원인이 있기를 바라는 반면, 자스트로우는 확신있게 주장 한다. "나 또는 다른 누군가가 주장하는, 초자연적인 것이라고 부를 수 있는 어떤 것이 지금 역사하고 있다는 것은 과학적으로 증명된 사실이라고 생각한다."[32]

음정이 틀린 부분으로 여겨지는 제일 원인(First Cause)

많은 불신자들이 듣기 싫어하는 또 하나의 '음정이 틀린 부분'은 소위 제일 원인으로서의 하나님, 원인 없는 원인자(uncaused Cause)라는 생각이다. 모든 원인에는 어떤 원인이 필요하듯이, 하나님도 그래야 한다는 것이다. 그러나 이것은 잘못된 전제에 근거한 것이다. "모든 원인은 원인이 필요하다."는 법칙은 없다. 인과관계의 법칙은 단지, "모든 결과는 원인이 필요하다."고 말한다. 단지 결과들 – 또는 결과로 바뀔 수 있는 것들 – 만

원인들이 필요하다.

다시 말하면, 시작이 있는 것은 반드시 시작자가 있어야 한다. 그러나 모든 것에 시작자가 필요한 것은 아니다. 예를 들어, 모든 조각품(결과)은 조각가(원인)가 필요하지만 모든 조각가(원인)가 다른 조각가(원인)를 필요로 하지는 않는다.

예전에는 무신론자들도 한 때, 우주는 영원하기 때문에 원인이 필요하지 않다고 주장했었다(어떤 이들은 여전히 이것을 주장하고 있다). 우주가 영원하기 때문에 원인이 없이 존재할 수 있다고 한다면 – 빅뱅우주이론에 의한 것이 아닌 – 왜 하나님은 원인 없는 제일 원인자가 될 수 없는가? 영원한 것은 무엇이든지 시작이라는 원인이 없다. 그리고 영원하지 않는 것은 어떤 것이든지 시작하는 원인이 필요하다. 그러나 빅뱅이론이 내세우는 증거로 보면 우주는 영원하지 않다. 그렇다면 자연스럽게 우주는 원인이 필요하다. 하지만 우주의 원인자는 시작이 없기 때문에 원인에 의한 것이 아니다.

기독교인들 안에서 '신앙 vs 행동' 간의 음정이 틀린 부분

믿지 않는 친구들에게 반복해서 들려지는 기독교의 가장 큰 걸림돌들 중 하나는 그리스도인들의 위선적인 신앙고백이라 할 수 있다. 그리스도를 따른다고 말하는 사람들 가운데 일부가 신앙고백과 다른 삶을 살기 때문에, 불행히도 어떤 사람들은 그리스도인의 메시지에 흥미를 잃게 되었다. 예수님을 죽음에서 부활시킨 그 능력을 힘입어 그리스도인들이 변화된 삶을 산다면(빌 3:10), 그때 세상은 그리스도인의 삶에서 세상과는 다른 어떤 것을 보게 될 것이다. 이것은 1세기 그리스도인들에게 확실하게 해당되는 말이었다. 그리스도인들이 비그리스도인들과는 확연히 다른 삶을 살았다

는 것을 말해주는 일반 세상의 자료들도 있다.[33]

그러나 우리가 사는 이 시대에는 그리스도인들이라고 말하면서도 세상의 관점에 따라 그들 자신을 위해 사는 그리스도인들이 생겨났다. 그 때문에 성경은 그리스도인이라고 말하는 사람들은 자신들을 시험해보고 정말로 자신들이 믿음 안에 있는지 확증하라고 경고한다(고후 13:5). 어떤 사람이 그리스도인이라고 주장한다고 해서 그들이 한 마음을 가지고 있다고 생각할 수는 없다.

중세의 십자군처럼 그리스도의 이름으로 행한 여러 가지 일들이 예수님을 항상 기쁘시게 한 것은 아니었다. 어떤 사람들이 예수님의 이름으로 기적을 행했더라도 예수님은 그런 사람들을 전혀 모른다고 선언할 것이기 때문에 내세에 가서 맞을 그들의 운명에 놀라게 될 것이라고 예수님은 경고하셨다(마 7:23).

그러나 진정한 그리스도인들도 실수를 한다. 하나님의 기준은 말할 것도 없고, 우리 자신의 기준에도 못 미치는 생활을 한다는 것을 우리는 인정해야 한다(마 5:48; 약 2:10). 우리는 누구나 삶에서 우리를 변화시킬 그리스도의 구속 사역이 필요하다. 비록 죄의 형벌에서 구원을 받긴 했지만(칭의), 매 순간 죄의 유혹에 저항하고(고전 10:13), 우리의 삶을 향한 하나님의 계획에 따라 살기로 선택하지 않으면 안 된다. 우리가 죄의 유혹에 저항하는 순간마다 우리는 점점 더 죄의 세력에서 구원을 받는다(성화). 언젠가 마지막 때 우리가 죄의 실존에서 구원받게 될 때(영화) 우리는 이런 유혹에서 완전히 자유롭게 될 것이다.

그러므로 우리는 믿지 않는 친구들에게 그리스도인들도 죄의 형벌에서 해방되긴 했지만, 여전히 죄를 지을 수 있는 가능성이 있으며, 실제로 죄를 짓는다는 것을 상기시켜야 한다. 하나님은 우리 각자가 원하는 방식의 삶을 살도록 선택할 기회를 주신다. 그리고 그의 뜻에 순종하도록 우리를 강요하시지 않는다. 하나님은 우리에게 강요된 의무감보다 자발적인 순종을 바라신다.

생각 정리하기

'음정이 틀린 부분'은 비그리스도인들의 신앙 체계에 존재하는 것으로, 그것들이 어떤 것인지를 그들이 확실히 알도록 우리가 드러내야 한다. 이 방법을 배우는 것은 마음을 여는 전도대화의 중요한 부분이다. 그리고 이 방법은 흔히 우리가 직접 모순점을 알려주는 것보다는 그들 스스로 진리를 표면화시켜 깨달아 알게 하는 것이 더 도움이 된다. 이를 위해서 우리는 불신자들의 관점에서 불확실한 것이 무엇인지를 그들이 확실히 알게 해주는 데 도움이 되는 유형의 질문들을 찾아내야 한다. 이렇게 하는 것은 증종 그리스도에 대해 말할 수 있는 기회를 제공해 준다.

 이 방법은 다른 사람들과 대화할 때 경청 능력을 개발시킬 것을 요구한다. 불행히도 우리는 사람들이 말하는 것을 항상 경청하지는 않기 때문에, 사람들이 실제로 무엇을 믿고 있는지를 알아내는데 어려움을 겪는다. 그 결과, 우리가 말하는 것에 그들이 관심을 가지도록 해줄 통찰력 있는 질문을 하기 위한 올바른 정보를 얻지 못하게 된다. 그렇게 되면 우리는 핵심 문제를 분명히 다루기보다는 도리어 그들이 방어적 태도를 갖게 해서 나중에는 대화마저 못하게 하는 질문만 하게 된다.

 성공적인 예비전도를 하는 전도자는 음악가의 역할 즉 그리스도인이 아닌 사람들의 신앙 체계에 불가피하게 생기는 '음정이 틀린 부분'을 주의 깊게 듣는 – 을 해야 한다. 사실, 그는 음정이 틀린 부분을 듣는 것 그 이상을 해야 한다. 즉 그는 사람들이 어디에서 왔는지를 경청하고 그들과 의미 있는 대화를 나누기 위해 그들의 관점을 보다 더 분명하게 이해해야만 한다.

 되짚어 보기

1. 그리스도인인 우리가 믿지 않는 친구들이 자신들의 신념과 가치에 대해 말할 때 경청하는 것을 왜 그렇게 어려워한다고 생각하는가?

2. 당신이 전혀 동의하지 않는 사람들과 종교적인 본질에 관해 대화할 때, 그들이 말하는 것을 진실로 이해하기 위해 당신은 늘 인내하며 집중해 듣는가? 아니면, 그들의 주장을 저지하기 위해 마음속으로 대답할 말을 생각하느라 별로 주의 깊게 경청하지 않는 경향이 있는가?

3. 어떻게 하면 믿지 않는 친구들과 대화할 때 우리가 듣기 원하는 것만을 듣지 않고 더 나은 대화를 할 수 있겠는가? 우리가 하는 관찰이 좀 더 확실하고 객관적이 되도록 하기 위해 우리가 취할 수 있는 긍정적인 조치에는 어떤 것들이 있겠는가?

4. 당신은 다른 사람들이 그들의 도덕성, 가치 또는 믿음에 관해 말하는 것을 정확하게 예상하고 그에 상응하는 대답을 한 적이 얼마나 있는가?

5. 다른 사람이 하는 말의 문제점을 지적하기 위해 당신이 믿는 것을 즉각 말해버리는 것에서 비롯되는 부정적인 결과들은 어떤 것들이 있는가?

 적용하기

1. 대화하는 동안 사람들이 서로 끼어들어 자신들의 말을 하는 것이 일반적인 습관이다. 당신 차례도 아닌데 말하려 하지 말고, 상대방이 말을 마칠 때까지 인내하며 기다리는 습관을 들이라.
　이번 주에 주의 깊게 경청하는 법을 적극적으로 실천하라. 그리고 다른 사람들이 말할 때 끼어들지 않으려고 노력하라.

2. 이번 주, 당신의 친구들과 대화하면서 늘 상대방이 말한 것에 관련된 반응을 보이라. 또한 믿지 않는 친구들에게 복음을 전할 때, 대답할 말을 찾아내기 위해 상대방이 사용한 중심 단어나 구절을 늘 주의 깊게 경청하라.

3. 좋지 않은 경청 습관이나 간단한 오해는 종종 의견 충돌과 상한 감정으로 대화를 끝내게 한다. 대화를 하는 동안 다른 사람들이 말하는 것을 당신이 완전히 이해했는지 여부를 늘 생각하라. 이해가 안 되거든, 논지를 명료하게 하는 질문을 하거나, 그 사람이 말했다고 생각하는 것을 말하라. 그리고 당신이 제대로 이해하고 있는지를 물으라. 너무 많이 끼어들지 말고, 그들이 믿고 있는 것에 관해 더 많이 나누려고 하는 사람들에게는 그렇게 할 수

있도록 해주는 것이 특히 중요하다.

4. 당신이 생각하는 것이 그들의 믿음, 가치 체계를 구성하고 있는 중요한 것들 중 하나라고 말하거든, 혹시 전에 그들이 믿는다고 말한 것에 모순되는 어떤 말을 했는지 생각해 보라. 이렇게 하는 것은 그들의 사고 속에 있는 모순점들을 그들 스스로 표면화시켜 깨닫게 하거나 그들로 하여금 더욱 정직하게 자신들을 돌아보고 열린 마음으로 대화하게 만들 수도 있다.

5. 부록 Ⅲ에 나열된 '여러 가지 음정이 틀린 부분'들을 판별해 보라(이 연습은 다른 사람들과 대화할 때 더 빨리 '음정이 틀린 부분'을 찾아낼 수 있도록 도와줄 것이다).

6. 우선순위 명단에 있는 세 사람에게 들은 내용을 부록 Ⅰ에 기록하라. 그 쟁점들 가운데 장차 할 대화에서 초점이 될 만한 것들이 어떤 것들인지 정하라. 이 시점에서는 당신이 무엇을 말해야 할지 염려하지 않아도 된다. 단지 그들이 그리스도께 한 걸음 더 가까이 나올 수 있도록 도울 수 있는 좋은 대화 주제가 무엇이 될 수 있을지 생각하라.

7. 그들의 종교적 신념을 확인하기 위해서는 그들이 사용하는 어휘들에만 귀를 기울이려 하지 않아야 한다는 것을 기억하라. 그들이 진짜로 믿는 것이 무엇인지, 그리고 그들이 다른 세계관과 자신들의 세계관을 뒤섞고 있지는 않는지를 판별하기 위해 그들이

사용하는 말을 집중해서 잘 경청하라.

Chapter 4

화가의 역할 배우기

모순점 비춰 보이기

취재기자 : 성경이 믿을만하고 정확하다고 생각하세요?

학생 : 예. 믿을만하고 정확하다고 생각합니다.

취재기자 : 왜 그렇다고 생각하시는 거죠?

학생 : 음, 저는 교회를 다니고 있고요. 사실 청년부 담당 사역자 중 한 분이 성경이 틀리다는 것을 증명하겠다고 직접 나섰죠. 그분이 성경이 틀렸다는 것을 증명해 줄 것이라 생각하고 자료들마다 도리어 자신의 주장과는 상반되고 정확하다는 것을 알게 되었죠.

취재기자 : 그래서 당신은 '성경은 진실한 것이구나' 하고 확신하게 되었단 얘긴가요?

학생 : 예

취재기자 : 성경에서 예수님이 누구라고 말하고 있는지 아세요?

학생 : 아니요. 모르겠는데요.

취재기자 : 요한복음 14:6, 사도행전 4:12 그리고 디모데전서 2:5에서 예수님은 하나님께 이르는 유일한 다리 또는 유일한 길이라고 말씀하고 있어요. 그 사실을 아셨나요?

학생 : 아니요. 몰랐어요.

취재기자 : 그렇다면 성경은 믿을 수 있는데 예수님은 하나님께 이르는 유일한 길이라는 것을 믿지 않는다는 것이 가능할까요?

학생 : 음, 저는 그것이 개인의 견해 문제라고 봅니다. 나는 예수님이 하나님께 이르는 유일한 길이라고 생각하지 않습니다. 다른 길들도 있다고 생각하죠. 그게 제 개인의 신념이죠. 방법은 모르겠지만 그것은 내가 스스로 내린 결론입니다. 예수님 외에도 하나님께 이

르는 다른 길들이 있다고 생각해요.

취재기자 : 그렇다면 성경이 완전히 믿을 만하지는 않다는 말이군요.

학생 : 아니요. 성경은 믿을만해요. 단지 그것은 성경을 따르기로 작정할 것인지 아닌지의 문제죠.

취재기자 : 좋습니다. 그러나 만약 성경이 믿을만하고 사도들이 말한 것들을 기록하고 있으며, 그 사도들이 예수님은 자신이 유일한 길이라고 주장했다고 말했다면, 사도들이 틀렸든지 아니면 예수님이 옳든지 둘 중 하나겠군요.

학생 : 제 생각엔, 어… 예수님이 옳죠. 어쩌면 제가 틀렸을 수도 있겠네요.

●복음에 대한 흥미를 느끼게 할 필요성

우리가 사는 이 시대는 주위에 있는 사람들에게 복음을 선포하는 것만으로는 충분하지 않다. 복음에 대한 관심을 갖게 하는 것이 또한 필요하다. 게다가, 우리가 사람의 궁극적인 죄 문제는 그리스도를 믿는 믿음으로만 해결될 수 있다고 제시하는 것은 많은 사람들에게 마음이 좁고, 오만해 보이며, 관대하지 않은 것처럼 들린다. 결과적으로 오늘날 복음을 전하는 스타일을 바꾸어야 할 필요가 더욱 크게 대두되고 있는데, 대화를 통한 접근법을 더 많이 사용하고 사람들에게 복음을 강요하기 보다는 그들 스스로 진리를 표면화시켜 볼 수 있게 해야 한다. 질문이 도움이 되는 이유가 바로 이 때문이다.

그림 그리는 기술 배우기

마음을 여는 전도대화 모델의 첫 번째 단계는 음악가처럼 다른 사람들이 무엇을 믿고 있는지를 경청하는 것이다. 그렇게 할 때 우리는 비로소 다른 사람들이 부르는 노래에서 '음정이 틀린 부분'을 찾아낼 수 있다.

두 번째 단계는 마치 화가가 사물을 있는 그대로 그림으로 그려 보여주듯이 질문을 사용해서 사람들이 자신들이 믿는다고 말하는 것이 과연 무슨 의미인지를 명확히 알 수 있도록 해주는 것이다. 화가로서, 우리는 그들이 더 진실한 빛으로 자신들을 볼 수 있도록 도와주기 위한 탐색 질문을 함으로써 우리가 전도하려는 사람들에게 마음의 그림을 그려주어야 한다. 그들이 믿어야 할 것을 직접적으로 말하지 않고 우리가 보는 것을 그들도 보기를 원한다. 그러나 자신들에 대한 이 이미지가 왜곡되어 있을 수도 있다. 따라서 탐색을 위한 질문을 통해 그들이 자신들의 모습에서 다 그리지 못한 빠져 있는 부분들을 우리가 하나하나 채워주고자 하는 것이다.

우리는 믿지 않는 친구들에게 그들이 믿고 있는 것에 대해 어떤 것은 확실히 옳지 않다는 것을 깨닫게 해주고, 그들이 스스로 진리를 탐색해 볼 수 있도록 하는 방식으로 질문을 해야 한다. 그들 스스로 진리를 탐색해 보게 해서 스스로를 찾아가는 여행으로 그들을 인도하려는 것이다. 이는 두 종류의 질문을 통해서 할 수 있다.

첫째, 우리는 그들에게 불명료한 용어들의 의미를 명확히 하는 질문을 할 수 있다. 둘째, 우리는 불확실성을 탐색하게 하거나 또는 잘못된 신념을 드러내 주는 질문을 할 수 있다. 이 각각의 질문에 포함되어 있는 내용들을 더 자세하게 알아보자.

● 명료하게 하는 질문하기

명료하게 하는 가장 좋은 질문 방법은 "당신이 말한…든/는 무슨 뜻입니까?"³⁴⁾라고 묻는 것이다. 흔히 사람들이 주요 용어들을 다 같은 뜻으로 이해하고 있는 것은 아니기 때문에 이 질문은 그런 용어들의 의미를 명료하게 해 주는 데 도움이 된다. 예를 들면, 어떤 사람이 "나는 꽤 괜찮은 사람이야. 그러니까 난 천국에 갈 수 있을 거야."라고 말한다면, "당신이 말한 '괜찮은' 이란 단어는 무슨 뜻입니까?"라고 물어야 한다. 어떤 사람이 "예수님은 나의 구세주예요."라고 말한다면, "말씀하신 '구세주' 라는 단어는 무엇을 뜻합니까?"라고 물어야 한다. 어떤 사람이 "나는 예수님이 하나님이시라는 것을 믿어요."라고 말한다면, "당신이 말씀하신 '예수님이 하나님이시다' 라는 말은 무슨 뜻입니까?"라고 물어야 한다(동양에서 어떤 사람들은 다른 신을 화나게 하지 않으려는 의도에서 예수님을 포함한 여러신들을 함께 섬기고 있다

명료하게 하는 질문들은 신념을 명확하게 하도록 돕는다

용어들을 명료하게 하는 것은 일반적인 종교적 용어들을 사용하되 정통 그리스도인들과 똑같은 방식으로 그 용어들을 사용하지는 않는 사람들에게 복음을 증거할 때 특히 중요하다. 예를 들어, 여호와의 증인들은 "우리는 하나님의 아들이신 예수 그리스도를 믿습니다."라고 말하지만, 그들은 '하나님의 아들' 이란 용어를 정통 그리스도인들이 이해하는 것과 다른 의미로 사용하고 있다. 여호와의 증인들은 예수님을 피조된 존재인 천사장 미가엘이라고 생각한다. 마찬가지로, 몰몬교도도 예수님을 믿는다고 말하지만 그들은 예수님을 복음서에 계시된 분이 아니라 루시퍼의 형제였던 영적인 존재로 믿고 있다.

용어를 명료하게 정의하는 것은 과학적 사고를 가진 회의적인 친구들에게 복음을 전할 때도 중요하다. 예를 들어, 지적 설계론(Intelligent Design)

의 주창자 필립 존슨(Phillip Johnson)은 어떤 다원주의자들이 진화란 단어를 애매하게 사용하고 있다고 지적한다. 자연도태설을 주장하는 대부븐의 다원주의자들은 우리의 입장을 심각하게 받아들이지 않으며 진화론을 믿지 않는다고 우리를 조롱한다. 그러나 그들은 자신들이 진화라는 단어의 의미를 애매하게 쓰고 있다는 점을 주목한다. 우리는 자연계에서 소진화의 증거가 발견된다는 것을 긷는다(예를 들면 길이를 변화시키는 참새과의 새인 피리새라든가 특정한 살충제이 대한 저항력을 갖는 벌레의 경우).[35] 우리가 자연계에서 증거를 찾아볼 수 없다고 믿는 것은 대진화이다(무기물에서 시작해서 현재의 당신에게 까지 이르렀다고 주장함).

자연선택설을 주장하는 다원주의자들에게 명료하게 해주면 도움이 될 또 다른 용어는 증거라는 단어이다. 논쟁 하는 양쪽은 무엇이 증거가 될 수 있는가에 대해 서로 다른 기준을 가지고 있다. 자연선택설을 주장하는 다원주의자는 다윈이 주장한 경위에 대해서 완전한 설명을 해야 하는 것은 아니라고 생각한다. 도리어 그는 다윈이 주장한 경위가 이론적으로 가능한 – 또는 생각을 할 수 있는 – 것이라는 점만 보여주기만 하면 된다고 생각 한다.[36] 반면에, 지적 설계론자는 자기 주변에서 고도의 복잡성을 찾아볼 수 있고 자연선택설 이상으로 자연계가 개방되어 있기 때문에 그런 경위가 실제화 되어 나타나기까지에 대한 설명이 부족하다고 말한다.

더 나아가 다원주의자들은 과학이라는 단어를 애매하게 사용한다. 그들은 현재 관찰 가능하고 반복적인 사건들에 대한 경험론적 관점에서 볼 때 모든 것의 기원(基源)에 대한 창조론자의 관점은 과학이 아니라고 단언한다. 그러나 그런 의미에서 보면 대진화론 역시 과학에 근거하지 않고 있다. 그들은 창조론이나 대진화론 모두 관찰된 적이 없고 반복될 수 없었던 과거 사건의 기원을 설명하려는 시도임을 잊고 있는 것이다. 오히려 우리는 모든 – 사건은 원인을 가진다 – 는 인과 관계의 원리나 – 과거의 사건들은 현재의 사건들과 같다 – 는 유추 또는 균일론(uniformity)을 통해 간접적으로만 그것을 이해할 수 있다. 예를 들면, 인간 언어의 복잡성을 설명하기 위해서, 현 시점에서 어떤 지적인 존재로 인한 원인이 있기 때문이라는 점을 받아들인다면, 최초에 출현했던 살아있는 세포의 복잡성을 설명하는데 있어서도 지적인 원인이 있었기 때문이라고 추론하는 것은 당연한 것이다.[37]

용어를 명료하게 하는 것은 의미 있는 토론을 이끄는데 중요한 역할을 할 수 있고 어떤 문제에 대해 쌍방이 가질 수 있는 모호함을 분명하게 할 수 있다. 그러므로 우리가 믿지 않는 친구들과 토론할 때, 그들이 어떤 식으로 특정한 용어들을 쓰고 있는지 우리가 알고 있다고 생각할지라도, 그런 용어들을 명료하게 하기 위한 질문은 필수적이다.

'명료하게 하는 질문'들은 걸림돌의 본질을 파악하도록 도와 준다

'명료하게 하는 질문'을 하는 습관은 그 사람의 영적 상태의 본질을 어떻게 파악해야 할지를 아는데 특히 도움이 된다. 예를 들어, 몇 년 전에 텍사스의 테크 대학교에 다니는 학생 하나가 예수님은 "하나님의 아들이고 우리를 위해 죽었습니다."라고 말했다. 처음에는 그 학생이 마치 그리스도인인 것처럼 들렸다. 그러나 내가 그 학생에게 "'우리를 위해 죽었다'는 것은 무엇을 뜻하지?"라고 '명료하게 하는 질문'을 던지자, 그의 대답은 놀라웠다. 그는 예수님은 우리가 어떻게 살아야 할지를 보여주기 위해서 도덕적인 본보기로 죽었다고 했다. 예수님이 우리를 위한 본보기라는 것은 명확한 사실이지만 그는 단순한 본보기 그 이상이시다. 그는 우리의 유익을 위해서, 우리를 대신해서 죽었다(롬 5:8; 고후 5:21). '명료하게 하는 질문'을 하지 않았다면 아마도 우리는 이 학생이 그리스도인이 아니라는 것을 몰랐을 것이다.

'명료하게 하는 질문'들은 더 솔직한 토론을 하게 해 준다

'명료하게 하는 질문'은 우리가 대화하고 있는 사람들에게 그들이 정말로 믿고 있는 것에 대해서 그들 자신에게 그리고 우리에게 더 솔직해지도록 도움을 준다. 이것은 다른 사람들에게 복음을 전하는데 중요한 이점이 된다. 예를 들어, 한번은 동양의 한 택시 기사에게 그가 가진 종교적 신앙이 무엇인지 물었다. 처음에 그는 불교 신자라고 대답했다. 그러나 내가 "'불교 신자'란 무슨 뜻입니까? 당신이 독실한 불교 신자라는 뜻입니까?"라고 묻자, 그 사람은 "글쎄요, 사실 저는 자유사상가입니다."라고 대답했다. 그의 뚜렷한 대답은, 일반적으로는 종교에 대해, 구체적으로는 기독교에 대한 종교적 신념들에 대해 그가 가지고 있는 걸림돌들이 어떤 것들인지를 더 솔직하게 이야기 하도록 해 주었다.

'명료하게 하는 질문'들은 영적인 대화에 더 열린 마음을 가질 수 있도록 도와 준다

'명료하게 하는 질문'들은 영적인 대화를 더 활발하게 해 주거나 직접적으로 복음을 전할 수 있는 문을 열어준다. 앞의 택시 기사의 경우, 그는 솔직하게 자신은 자유사상가라고 대답했다. 그래서 "'자유사상가'란 무슨 뜻입니까?"라고 물었고 놀랍게도 이 단순한 질문이 영적인 대화를 할 수 있도록 이끌었다. 그에게 복음을 전할 수 있는 기회를 갖게 된 것이다.

'명료하게 하는 질문'들은 불필요한 방어를 최소화하도록 돕는다

사람들의 신앙에 대해 '명료하게 하는 질문'을 할 때 얻을 수 있는 또 다른 유익은 상대방이 불필요하게 방어하지 않는 상태에서 영적인 대화를 할 수 있는 아주 좋은 기회를 만들어 주는 것이다. 우리의 목표가 그들이 잘못되었다는 것을 증명하기보다 그들의 신앙을 더 잘 이해하도록 돕기 위한 것임을 깨닫게 되면, 그들은 우리의 탐색을 위한 질문에 더욱 더 긍정적인 반응을 하는 것 같다. 우리가 실제로 그 사람이 무엇을 믿고 있는지를 모른다는 사실을 활용하면 그 사람이 반응할 때 거의 방어 하지 않을 것이라는 것을 확신할 수 있다.

'명료하게 하는 질문'들은 증명의 부담을 상대가 지게 한다

용어의 명료화는 증명의 부담을 우리가 아니라 상대방이 지게 해준다. 이것을 부메랑 원리라고 한다. 어떤 사람이 당신에게 어려운 질문을 하거나 비난을 할 때, 그 즉시 대답하는 대신 그 질문을 되받아 그 대답을 그들에게 맡기는 것이다.

예를 들어, 누가 당신에게 "기독교는 목발과 같은 거예요."라고 한다면 당신은 그 질문을 되받아서 "목발과 같다는 것은 무슨 뜻입니까?"하고 물을 수 있다. 어떤 사람이 "저는 신약성경이 예수님의 말씀과 행적에 대한 믿을 만한 기록이라고 생각하지 않아요."라고 말한다면, 당신은 "믿을 만 하다는 것은 무슨 뜻입니까?"라고 물을 수 있다. 더 나아가 당신은 이렇게 물어볼 수도 있다. "왜 신약성경은 거의 같은 시기에 요세푸스나 플라톤이 쓴 문헌들만큼 신뢰할 수 없을까요? 만일 플라톤이 쓴 것을 정확하다고 믿는다면, 예수님의 생애에 대해 신약성경이 말하는 것이 사실이라고는 왜 믿을 수 없을까요?"[38] 우리가 신약성경이 진리라고 가르치고 있는 모든 것들을 진리로 믿고 있다 하더라도, 여기서 그 모든것들을 증명하려는 것은 아니다. '예수님의 삶에서 일어난 몇 가지 기본적인 사건들이 사실이라는 것을 왜 믿을 수 없는지' 구체적으로 묻고 있는 것이다.

따라서 사람들이 우리에게 질문하며 수세로 몰아가려 할 때, 우리는 그들이 논쟁을 일으키는 질문이나 진술에서 사용한 용어들에 관해 간단하게 질문을 던지는 부메랑 원리를 사용해서 그들의 덫에 걸리는 것을 피할 수 있다.

이 부메랑 원리는 새로운 아이디어가 아니다. 종교 지도자들과 말을 주고 받으실 때, 예수님은 자주 그와 비슷한 접근법을 사용하셨다.

> 하루는 예수께서 성전에서 백성을 가르치시며 복음을 전하실새, 대제사장들과 서기관들이 장로들과 함께 가까이 와서 말하여 이르되, "당신이 무슨 권위로 이런 일을 하는지 이 권위를 준 이가 누구인지 우리에게 말하라." 대답하여 이르시되, "나도 한 말을 너희에게 물으리니 말하라. 요한의 세례가 하늘로부터냐 사람으로부터냐?" 그들이 서로 의논하여 이르되, '만일 하늘로부터' 라 하면 어찌하여 그를 믿지 아니하였느냐? 할 것이요 만일 '사람으로부터' 라 하면 백성이 요한을 선지자로 인정하니 그들이 다 우리를 돌로 칠 것이라.' 하고 대답하되. "어디로부터인지 알지 못하노라." 하니 예수께서 이르시되, "나도 무슨 권위로 이런 일을 하는지 너희에게 이르지 아니하리라" 하시니라(눅 20:1~8).

'명료하게 하는 질문'을 하는 것은 우리가 평소에 복음을 전할 때 하던 것과는 매우 다르기 때문에 오랜 습관을 깨고 이 접근법을 사용하는 것이 쉽지는 않을 것이다. 우리가 이 접근법을 익숙하게 사용할 수 있도록 도움을 주는 전략은 먼저 그리스도인 친구들과 연습을 해보는 것이다. 일단 이것을 하는 것이 익숙해지면 그와 비슷한 방법으로 믿지 않는 친구들에게 더 쉽게 활용할 수 있을 것이다.

불확실성을 표면화 하여 잘못된 신념을 드러내는 질문하기

애매한 용어들의 의미를 명료하게 하는 질문 외에도, 불확실한 것을 표면화하여 잘못된 신념을 드러내는 질문을 해야 한다. 여기서 우리가 목표로 하는 것은 사람들이 그들의 세계관의 밑바탕에 깔려 있는 결함을 볼 수 있도록 도와주는 질문을 하는 것이다. 우리가 지향하는 것은 사람들이 가진 신앙이 과연 그들 인생의 토대가 될 만큼 견고한 것인지 그들 스스로 의문을 갖게 해 보는 것이다. 사람들은 자신들의 삶을 안착시킬 더 나은 토대를 발견하고 나서야 비로소 자신들의 기존 신앙 체계를 버린다.

이 단계는 서로 다른 두 단계로 나눠질 수 있다. 첫 번째 단계에서는 우리의 친구들이 자신들의 신앙에서 불확실한 것들을 분명하게 알게 해주는 생각을 불러 일으키는 질문을 하는데 집중한다. 비록 이렇게 하는 것이 그들의 관점을 바꾸도록 도전하지는 못할지라도, 시간이 지나면서 어떤 의구심이 들게 하고, 그들의 토대에 있던 결함을 드러내고, 결국엔 신앙의 다른 측면을 깊이 있게 다시 생각해보도록 이끌어 줄 것이다.

잘못된 신앙을 드러내는 것은 대개 하룻밤 사이에 일어나지 않는다. 시간이 걸린다. 그러나 건물의 기초에 생긴 금이 오늘 당장 심각한 해를 입히지는 않지만 시간이 지나면서 건물의 심각한 구조적인 문제로 번질 수 있는 것처럼, 오늘 믿지 않는 친구들이 가진 세계관의 토대에 생긴 작은 균열은 나중에 큰 변화를 가져올 것이다.

설계론적인 증거 때문에 앤토니 플루(Anthony Flew)가 무신론에서 이신론으로 개종한 것이 이것의 좋은 예다. 이 일은 하룻밤 사이에 일어난 것이 아니다. 지적 설계론을 지지하는 증거들을 그가 면밀히 생각해보는 데에는 수년의 시간이 걸렸다. 그의 마음에 '과연 무신론에 대한 과학적 증거가 있는가?' 하는 작은 의심의 씨앗이 자라서, 시간이 흐르는 동안 우주의 설계에 대한 자연선택설적 설명은 적합하지 않기 때문에 무신론을 배척해야 한다는 결론에 이르게 된 것이다. 마찬가지로, 우리의 사려 깊고 조심스럽게 표현된 질문은 오늘 우리의 친구들에게 영향을 미쳐서 내일 열매를 맺게 할 수 있다.

불확실한 것을 명료하게 해주기 위해 우리가 사용할 수 있는 여러 종류의 질문들은 다음과 같은 것들이 있다.

- "우리가 무엇을 믿느냐가 중요하다고 생각하십니까? 아니면 우리를 더 나은 사람으로 만들 수 있는 어떤 종류의 종교를 갖는 것이 더 중요하다고 생각하십니까?"
- "모든 종교적인 신념은 근본적으로 같은 것을 가르친다고 생각하십니까?"
- "삶에 목적이 있다고 생각하십니까?"
- "인간의 삶이 가치가 있다고 생각하십니까?"
- "어떤 것들은 옳든지 그르든지 둘 중 하나라는 것을 믿으십니까?"
- "모든 사람들은 그들이 어떻게 살았는지에 대한 책임을 지게 될 것이라 생각하십니까? 그렇다면 그 기준은 무엇이라고 생각하십니까?"
- "예수님이 말씀하신 것과 행하신 것에 대해 우리에게 보여주는 성경의

내용을 믿을 수 있다고 생각하십니까?"

두 번째 단계는 첫 번째 단계에서 끝냈던 지점에서 시작한다. 일단 우리의 친구들이 자신들의 신앙에 무엇인가 불확실한 것들이 있다는 것을 인정한다면, 이제 우리는 그들의 잘못된 신앙을 깊이 있게 드러내는 탐색 질문을 함으로써 다음 단계를 진행해 나갈 수 있다. 최소한 우리는 이런 질문으로 그들이 자신들의 신앙에 대해 더 큰 의구심을 갖게 할 수 있다.

이 탐색을 위한 후속 질문은 대화를 해 나가는 동안 첫 단계의 생각을 자극하는 질문과는 달리 제기되지 않을 수도 있다. 물론 탐색질문을 할 수도 있지만, 그것은 상대방이 영적인 대화를 하면서 얼마나 자신을 개방하느냐에 달려 있다. 당신의 탐색 질문은 성령님의 강권하심과 해답을 찾으려는 그 사람의 개방 정도에 따라 하루나 일주일, 한 달 또는 그 이상이 지난 후에 할 수도 있다. 당신의 질문들이 점점 더 많은 의문점을 표면화시킬 때 그 사람은 나중의 대화에 더 마음을 열게 될 것이다. 이것이 바로 오늘날 왜 전도가 하나의 과정이 되어야 하는지를 보여주는 좋은 예다(고전3:6).

후속 질문에는 다음과 같은 것들이 있다.

- "어떤 종교들의 경우 신앙의 핵심 내용이 서로 다른데, 어떻게 모든 종교가 다 똑같다는 것이 가능할 수 있습니까?"
- "당신이 믿는 종교의 관점에서 예수님을 어떻게 생각하십니까?"
- "우리 삶에는 의미와 목적이 있다고 믿는 것과 동시에, 하나님이 없다고 믿는 것이 가능합니까?"
- "인간의 삶이 가치가 있다고 믿으면서도 생명은 그저 어쩌다 생긴 자연의 부산물이라고 믿는 것이 가능합니까?"

- "하나님이 없다고 믿으면서 진리나 사랑 같은 비물질적인 것을 믿는 것은 어떻게 가능합니까?"
- "당신은 어떻게 절대적으로 절대적인 것이 없다고 주장합니까?"
- "우리 자신에게서 모든 욕망을 비우는 것이 어떻게 가능할까요?"
- "다른 역사적인 고문헌들은 받아들이면서, 어떻게 성경은 신빙성이 없다고 말할 수 있습니까?" (예수님의 메시아 주장과 신약의 역사성을 의심하는 회의적인 친구들에게 할 수 있는 중요한 질문)
- "자연계와 우주는 어떤 다른 조건 아래에서도 지적인 원인에 의해서 생겨났다고 할 수 밖에 없는 특성들을 보여줍니다. 그런데 당신은 무신론적인 과학자들이 왜 그런 자연계와 우주가 비지성적인 원인들에 의해 생겨난 것이라고 주장한다고 생각하십니까?" (자연선택설을 주장하는 다윈주의자들의 영향을 받은 사람들에게 할 수 있는 질문)

  예를 들어, 러쉬코어 산에 조각된 대통령 얼굴들이 지적인 원인에 의해서만 만들어질 수 있다는 것을 의심할 사람이 있겠습니까?(여기서 우리는 원인이 초자연적이냐 아니냐 하는 데 관심을 갖는 것이 아니라 단지 그 원인이 지적인 존재라는 것에 관심을 갖는다는 것을 주목하라)

- "만약 당신이 생의 마지막 순간에 예수님과 다른 위대한 종교 지도자들을 만났는데, 그들이 각기 다른 길을 제시한다면 당신은 누구의 충고를 들으시겠습니까? 당신은 죽음 이후의 다른 세상에도 다녀온 적이 있는 분의 충고를 듣는 것이 낫지 않겠습니까?" (예수님의 유일성에 대해 사람들이 더 생각해보도록 하는데 도움이 되는 질문)
- "사람들이 섬기고 있는 신이 올바른 신이라는 것을 어떻게 알 수 있을까요?" 또는 "당신은 어떤 신들을 섬기지 않는다는 이유 때문에 그 신들이 당신에게 질투하지 않고 당신을 고난에 빠뜨리지 않는다는 것을 어떻

게 믿을 수 있습니까?"(정령 숭배 신앙을 받아들이는 동양에 사는 어떤 사람들을 위한 두 가지 실제적인 질문)

● "당신과 내가 우리 둘을 창조하신 창조주보다 더 못한 영들을 왜 두려워 해야 하나요?"(악령들을 두려워해서 종교적 관습을 바꾸는 것을 꺼리는 사람들에게 도움이 되는 또 다른 질문)

근본적인 신념에 담긴 결함을 드러내야 할 중요한 필요성

우리가 다른 사람들의 신념에 담긴 잘못된 근거를 드러내지 못한다면, 많은 사람들은 그리스도라는 분과 그분이 그들의 삶에 요구하시는 것들을 깊이 생각해 볼 여지를 전혀 갖지 못할 것이다.

서양의 상당수 대학생들은 선행으로 천국에 갈 수 있을 것이라고 믿는다. 이러한 신념을 근거로 그들 대부분이 선하고, 나쁜 행실보다는 선한 행실을 하며, 높은 기준을 가지고 있고, 십계명을 지키고, 다른 사람들에게 잘해주고, 최선을 다하고, 겸손하며 또 그들이 행한 잘못을 후회한다.[39] 사람들의 이런 잘못된 신념을 표면화시키는데 도움이 되는 핵심 질문은 "히틀러가 천국에 갈 거라고 생각하십니까?"라고 묻는 것이다. 대부분의 사람들은 히틀러가 천국에 갈 것이라고 믿지 않을 것이다. 히틀러가 갈 것을 믿지 않는다면, 그들은 다른 사람들은 천국에 갈 자격이 있지만 히틀러는 천국에 가지 못할만한 어떤 기준이 있다는 것을 인정한 셈이다. 우리가 그들에게 할 수 있는 후속 질문은 "그렇다면 다른 사람들은 도달할 수 있지만 히틀러는 도달할 수 없다는 그 기준은 무엇입니까?"라고 묻는 것이다.

성경은 마태복음 5:48에서 그 기준은 완전함이라고 가르치고 있으며, 인간은 어느 누구도 하나님의 기준에 완벽하게 도달할 수 없다(약 2:10)는 것을 우리 모두가 알고 있다. 그러나 그들이 의존하고 있는 잘못된 토대를 폭로하지 않는다면, 많은 사람들은 자신들의 접근 방법으로 천국에 갈 수 있다고 생각할 것이다. 따라서 바른 질문을 하는 것은 다른 사람들이 솔직하게 진리에 직면해 보도록 돕는다.

레이 컴포트(Ray Comport)의 복음 전도 자료인 주님의 길(The Way of the Master)은 이런 면에서 유익한 자료다.[40] 십계명에 근거한 '선한 사람 테스트'는 서양의 종교 배경을 가진 많은 사람들에게 유익하다. 십계명을 믿는다고 말하는 사람들도 대부분 십계명의 서너 개 항목밖에는 말하지 못한다.[41] 그리고 그들에게 거짓말 한 적이 있는지, 저주한 적이 있는지, 또는 마음에 탐욕을 품은 적이 있는지에 대해 질문하면, 그들은 그 기준에 자신들이 미치지 못한다는 것을 인정한다.

다음은 도움이 되는 추가적인 두 가지 후속 질문이다.

- "당신은 항상 당신 자신의 이상에 맞게 살고 있습니까?"
- "당신은 항상 다른 사람들이 당신에게 해주기 원하는 대로 그들을 대하십니까?"

우리 모두는 우리 스스로 세운 기준에도 도무지 미치지 못한다.

무신론자에게 마음을 여는 전도대화 접근법 사용하기

다음은 무신론자나 회의주의자라고 공언하는 사람들과 대화할 때 할 수 있는 예리한 질문이다. "종교적인 문제에 대한 진리를 당신이 깨달을 수만 있다면 – 이 시점에서는 아직 당신이 그것을 알 수 없다고 생각하고 있다. – 당신은 알기 원하십니까?" 어느 날 내가 한 대학생에게 이 질문을 했는데, 그 학생은 한동안 아무 말도 않고 있다가 마침내 "예, 알고 싶습니다."라고 말했다.

종교적인 문제에 대해서 어떤 결론을 내리기를 거부하는 사람들이라는 생각이 들 경우에는, "이 질문을 하는 이유는 그 진리 속에 당신이 듣고 싶지 않은 결과가 들어 있을지도 모르기 때문입니다."라는 말로 대화를 계속 이어나갈 수 있다.

당신이 거의 매일 만나는 무신론자라고 노골적으로 공언하는 사람들에게 종종 "하나님이 계시지 않는다는 것을 절대적으로 확신하십니까?"라고 물어 볼 수 있다. 만약 그들이 그렇다고 대답한다면, 그들에게 이렇게 질문하라. "절대적으로 하나님이 없다고 말씀하셨습니까? 그러나 절대적인 진리가 없다면 그 사실을 어떻게 알 수 있습니까? 그리고 당신이 절대적 진리를 가지고 있지 않다면, 하나님이 계시다는 것이 가능할 수도 있지 않습니까?"

그들이 이것을 인정한다면, 그들은 무신론에서 이제는 하나님에 대해 아무것도 알 수 없다고 생각하는 불가지론으로 옮겨 간 것이다. 그 다음에 할 수 있는 알맞은 후속 질문은 다음과 같다. "만약 하나님이 계시다는 여러 가지 증거를 보여드린다면, 당신은 그리스도의 주장에 대해서 마음을 열고 더 깊이 탐구해 보시겠습니까?" 만약 그들이 그렇게 하기를 원하지 않는다면, 그들은 기꺼이 진리를 탐구하고자 하는 마음이 없다는 것을 드러낸 것이기 때문에 그 후로 계속 대화하는 것은 별 도움이 되지 않을 것이다.

모슬렘에게 마음을 여는 전도대화 접근법 사용하기

모슬렘과 대화할 때 정곡을 찌르는 질문은 "코란에서 말하고 있는 것을 믿으십니까?"라고 묻는 것이다. 그들은 틀림없이 그렇다고 대답할 것이다. 그러면 이와 같이 질문하라. "당신은 다음의 딜레마를 어떻게 해결하시겠습니까? 코란은 스스로 '그 책(성경 - 역자주)'에 담긴 계시가 코란보다 먼저 온 것이고 그것이 하나님에게서 온 권위있고 신뢰할 수 있는 것이라는 점을 인정하고 있지 않습니까(수라 2:136; 4:163)? 또한 코란은 '그 누구도 그분의 말씀을 변개할 수 없다'고 말하고 있지 않습니까(수라 6:115; 또한 6:34; 10:64을 보라)? 그렇다면 성경은 언제, 어디서, 어떻게 변질된 것일까요?"

또한 당신은 그들에게 이렇게 질문할 수 있다.

- "만약 성경이 예수님의 시대 때부터 마호메트의 시대까지 보존되었다면,[42] 그리고 오늘날 우리가 번역한 성경의 사본들이 마호메트보다 더 오래되었다면,[43] 성경은 실지로 언제 변질될 수 있었을까요?"
- "성경은 예수님이 하나님이라고 주장하셨다고 말하고 있는데, 우리가 성경을 믿지 못할 이유가 무엇일까요(요 10:30)?"
- "신약성경은 예수님이 다른 사람들로부터 경배를 받으신 장면들을 왜 그렇게 많이 보여주고 있을까요?"[44]

그들이 계속해서 이 모든 성경 구절들이 변질되었다고 주장한다면, 이렇게 질문하라.

- "성경의 어떤 부분은 믿어야 하고 또 어떤 부분은 믿을 수 없다는 것을 어떻게 결정할 수 있습니까?"
- "예수님이 당시 사람들에게 자신의 말이 진실인지 아닌지 알려면 성경을 찾아보라고 말씀하셨는데, 그렇다면 만약 내가 오늘날의 신약 성경이 예수님 당시의 메시지와 똑같은 메시지를 담고 있다는 것(예, 그가 하

나님의 아들이시다)을 당신에게 보여준다면 당신은 그가 말씀하신 것을 믿으시겠습니까?"

그들이 동의한다면, 이 주제에 관해서 F. F. 브루스(Bruce)의 『신약성서의 신빙성』(The New Testament Documents:Are They Reliable?), 크레이그 블롬버그(Craig Blomberg)의 『복음의 역사적 신빙성』(The Historical Reliability of the Gospels), 게리 하버마스(Gary Habermas)의 『역사적 예수』(The Historical Jesus)와 같은 책을 소개해 주라. 요약하면, 신약성경의 복음서는 많은 목격자들에 의해 기록된 사본들, 초기 사본들, 보존이 잘된 사본들이 있으며 고대의 다른 어떤 인물이나 사건들의 기록보다 더 역사적으로 고고학적으로 인정을 받고 있다. 이런 점에서 볼 때 우리는 다음과 같은 좋은 질문을 할 수 있다. "증거가 많지 않은 고대의 인물들이나 사건들을 우리가 믿을 수 있다면 – 증거가 훨씬 더 많은 – 신약성경이 예수님에 대해 말하는 것을 믿지 못할 이유가 어디에 있습니까?"

더 나아가 모슬렘의 경전이 예수님을 그냥 선지자가 아닌 그 이상이라고 가르치고 있기 때문에(수라 알 임란 3:42~55) 코란이 예수님에 관하여 가르치는 것에 대해서도 질문할 수 있다. 또한, "예수님을 다른 어느 누구와도 같지 않은 유일한 분으로 만드는 것이 무엇인지 아십니까? 예수님께서는 죄가 없는 삶을 사셨고(수라 3:45~46; 19:19~21), 동정녀에게서 나셨다고 코란에서도 가르치고 있는 것(수라 3:47)을 아십니까?" 라고 물어볼 수 있다. 성경 외에 다른 종교 자료에도 예수님이 물 위를 걷고, 물을 포도주로 만들었으며, 죽은 자를 살린 것과 같은 많은 기적을 행했다고 나와 있다. 코란은 그런 기적이 마호메트에게는 일어나지 않았다고 말한다(참조, 수라 17:90~93).

이런 종류의 질문으로 하룻밤 사이에 모슬렘의 관점을 바꿀 수는 없겠지만, 그 질문들은 시간이 지남에 따라 하나님의 영이 그들을 그리스도께로 이끌 수 있고, 또는 마음을 열어 예수님의 주장을 깊이 생각하게 할 수 있으며, 그들의 세계관의 밑바탕에 깔려 있는 결함을 드러내도록 도울 수도 있다.

불교 신자에게 마음을 여는 전도대화 접근법 사용하기

불교 신자와 대화하면서, 우리는 이렇게 물을 수 있다. "만약 욕심이 모든 고통의 근원이라면, 어떻게 우리가 욕심을 그치길 바랄 수 있겠습니까?" 또는, "우리가 욕심에 대한 생각 자체를 포기하는 게 맞습니까? 아니면 예수님이 가르치신대로 올바른 욕심을 갖는 것이 이치에 맞습니까(마 5:6)?"

또한 우리는 불교 신자에게 더 실제적으로 여겨질 수 있는 질문을 다음과 같이 할 수 있다. "당신이 예수님을 따라야 할지 아니면 다른 위대한 종교 지도자들을 따라야 할지 확신이 서지 않는다면, 이렇게 한 번 생각해 보십시오. 만약 당신이 예수님을 따르다가 틀렸다는 생각이 들 때는, 그 길을 바로 잡고 다시 살아갈 수 있는 기회가 많습니다. 그러나 만약 당신이 다른 길들을 따르다가 틀렸다면, 정정할 수 있는 기회가 더 이상은 없습니다.(히 9:27) 그렇다면 먼저 예수님을 선택하는 것이 현명하지 않을까요?"

힌두교인에게 마음을 여는 전도대화 접근법 사용하기

힌두교인과 대화할 때 우리가 초점을 맞춰야 할 몇 가지 중요한 쟁점들은 다음과 같다. 속죄의 필요성, 악의 실재, 숙명적인 죄의 기원, 다수의 신들을 믿는데 따르는 문제점 등이다. 뿐만 아니라 힌두교의 비인격적인 신들과는 달리 인격적인 하나님과의 관계에 대한 깊은 갈망도 다루어야 할 또 하나의 주제이다. 이런 것들은 힌두교인들에게 우리가 분명히 이해할 수 있도록 설명해 달라고 부탁할 수 있는 신앙 개념들이다.

예를 들어, 힌두교에서 우리가 지은 죄는 어떤 의미에서 우리 자신이 신이라는 사실을 망각한 것을 의미한다. 힌두교의 인기 있는 저술가인 디팩 쵸프라(Deepak Chopra)는 이렇게 말한다. "실제로 우리는 변장한 신입니다. 우리 안에 초기 상태로 내재해 있는 신들은 온전한 몸을 입으려고 발버둥 칩니다."[45] 이에 대해 우리는 힌두교인들에게 이렇게 질문할 수 있다. "인간의 죄는 그 자신이 신이라는 사실을 망각한 것이라는 것이 맞을까요? 아니면 거룩하신 하나님의 기준에 도달하지 못한 것이 인간의 죄라는 말이 더 맞을까요?" 우리는 "도덕적인 나침반을 소유하고 있을 때도 우리 스스로 정한 옳고 그름의 기준에조차 미치지 못하지 않습니까?"라는 질문을 덧붙임으로써 우리가 말하고자 하는 요점을 좀 더 강하게 말할 수 있다.

●마음을 여는 전도대화의 실천

우리의 영향권 안에 있는 믿지 않는 친구들의 삶에서 이런 종류의 질문들을 사용하는 방법을 보여주기 위해 개인적인 예를 들어 설명하려 한다. 몇 년 전, 우리집 유모가 개인적인 이유로 일을 그만두고 떠나겠다고 말했다. 그녀는 좋은 유모였을 뿐만 아니라 우리는 그녀에게 아직 복음을 완전하게 전할 기회를 갖지 못했기 때문에 그녀가 떠난다는 사실이 너무나 안타까웠다.

그래서 그녀가 우리집을 떠나기 며칠 전, "아주머니, 아주머니께서 가지고 계신 종교적인 관점에서 예수님을 어떻게 생각하세요?"라고 물었다.

우리가 이렇게 질문을 한 것은 그 유모가 섬기고 있던 신들의 신전에 다른 신을 하나 더 추가해서 믿으라는 권고가 아니었다. 자신의 종교가 무엇이든지 그 종교적 관점에서 예수님을 어떻게 생각 하는지를 생각해 보라는 질문이었다.

그녀가 자신의 종교 속에서 예수님을 어떻게 생각 하는가가 얼마나 중요한지를 이해하게 될 때에야 비로소 예수님을 우리 삶에 영접했을 때 그분은 전적인 예배를 받으시기 원하신다는 것을 그녀가 이해하도록 도울 수가 있다.

그러나 첫 번째 단계는 그 유모가 종교적 신앙을 형성하려고 생각할 때 예수님을 배제하지 말아야 한다는 것을 깨닫도록 하는 것이다. 생각을 불러 일으키는 이 질문은 그녀가 자신의 신앙에 대해 더 깊이 생각해 보게 만든 것이 확실했다. 왜냐하면 그녀는 잠깐 동안 생각을 하더니 "그것에 대해서는 별로 생각해 보질 않았어요."라고 대답했기 때문이다. 그녀의 말이 열린 문이 되어서 예수님께서 우리의 삶을 어떻게 바꿔놓았는지에 대해 나눌 수 있었다. 그날 그녀가 그리스도를 영접하는 결단을 하지는 않았지만 그녀가 보인 반응으로 우리가 한 질문이 그녀가 믿고 있는 불교에 대한 그녀의 신앙의 토대가 얼마나 부적절한 것인지에 대해 더 깊이 생각해 보게 했다는 것을 알 수 있었다.

탐색 질문을 하는 것은 신앙의 위기로 이끌 수 있다

당신과 내가 질문을 사용해서 사람들의 신앙적 토대가 그들의 삶을 그 위에 세울 만큼 튼튼하지 못하다는 것을 그려 준다면 이것이 그들의 신앙을 위기로 몰아갈 수 있다. 이러한 일은 사도 바울이 아덴에서 다신론자들의 신앙에 도전을 주었을 때 확실하게 일어났다.[46] 바울과 함께 이야기를 나눈 결과, 그들 중 많은 사람들이 자신의 신앙의 부적절함을 깊이 생각해 보게 되었고, 이것은 바울과 대화를 계속하고 싶어 하던 사람들에게 도움이 되었다. 또 실제로 몇몇 사람들은 그리스도에 대한 믿음을 갖게 되었다(행 17:32~34).

시편 기자는 다신론의 딜레마를 이렇게 생생하게 묘사하고 있다.

> 그들의 우상들은 은과 금이요
> 사람이 손으로 만든 것이라
> 입이 있어도 말하지 못하며
> 눈이 있어도 보지 못하며
> 귀가 있어도 듣지 못하며
> 코가 있어도 냄새 맡지 못하며
> 손이 있어도 만지지 못하며
> 발이 있어도 걷지 못하며
> 목구멍이 있어도 작은 소리조차 내지 못하느니라
> 우상들을 만드는 자들과 그것을 의지하는 자들이
> 다 그와 같으리로다
> (시 115:4~8)

한마디로, 인간이 인간의 손으로 직접 만든 듣지 못하고 말하지 못하고 보지 못하는 우상들을 어떻게 믿을 수 있겠는가?

질문을 선택하는 것의 중요성

우리는 얼마든지 많은 질문을 할 수 있다. 하지만 사람들이 효과적으로 영적인 대화에 참여하며 그들의 신앙을 다시 한번 깊이 생각해 보도록 도전하려면, 우리는 대화의 섬세한 기술을 배워야 한다. 우리는 다른 사람들을 대화에 참여시키는 법을 배우며 그들이 가진 불확실성을 표면화시키고 그들의 관점이나 신앙에서 잘못된 부분들을 드러내는 질문을 해야 한다. 그러나 우리가 무엇을 말해야 할지, 그리고 어떤 종류의 질문을 해야 할지에 대해 선택해야 한다는 것을 기억해야 한다.

만약 우리가 말솜씨가 좋은 방문 판매원같고, 단지 우리 입장만을 변호하려고만 한다면, 우리가 다가감으로 사람들은 흥미를 잃어버리기 쉽다. 또한, 사람들이 우리를 '그들에게 말을 쏟아붓고' 그들을 비판하는 사람들이라고 생각하게 되면 그들은 영적인 대화에 쉽게 흥미를 잃어버리게 될 것이다. 이것이 우리가 집중해야 할 문제나 질문에 관해서 지혜를 주시도록 하나님께 간구하는 중요한 이유이다(약 1:5). 우리는 친구들이 그리스도께 나아오지 못하게 하는 진정한 걸림돌들이 무엇인지 찾아내게 하거나 또는 자신들의 내면을 깊이 들여다보게 하는 한 가지 문제를 찾아낼 필요가 있다.

3D를 염두에 두고 질문하기

최대한의 영향력을 끼치기 위해 우리가 올바른 질문을 올바른 방법으로 하고 있는지를 알기 위해서 사용할 수 있는 또 하나의 유용한 전략은 대화의 세 가지 목표를 염두에 두는 것이다. 우리는 그것을 "질문의 3D – 의문점(Doubt), 방어(Defensiveness), 갈망(Desire)"이라고 부른다.

종종 우리는 사람들이 불필요하게 방어하게 만들고, 우리가 말하는 것을 그들이 듣기 어렵게 하고, 심지어 더이상 우리와 대화하려고 하지 않게 만드는 그런 질문을 할 때가 많다. 따라서 우리는 불신자들로 하여금 그들 스스로 자신들의 관점에 내포된 의문점들을 표면화시키고 동시에 그들이 방어를 최소화하게 하며 우리가 하는 말을 더 듣고 싶어 하는 갈망을 불러일으키는 방식으로 질문하는 법을 배워야 한다.

그렇게 함으로써, 우리는 요한복음 4장에서 예수님께서 하신 우물가 여인과의 대화의 예를 따를 수 있다. 예수님은 그녀가 죄에서 떠나지 않으면 지옥 불에 던져질 것이라고 말씀하시지 않았다. 단지 그녀에게 생각을 불러 일으키는 질문을 하셨고 호기심을 유발해서 그녀가 더 듣고자 하는 마음을 갖게 하셨다.

만약 우리가 다른 사람들이 틀렸다고 증명하려 하거나, 그들을 어리석어 보이게 한다고 느낀다면 그들은 금방 흥미를 잃게 될 것이다. 그렇기 때문에 이 질문의 3D를 능숙하게 다루는 것이 중요하다. 우리가 질문의 종류뿐 아니라 가장 좋은 질문을 하는 방법을 배우는 것이 중요한 이유가 바로 여기에 있다.

나는 어떤 사람에게 "아니 왜 바보같이 그런 것을 믿으셨어요?"라고 말할 수도 있다. 그러나 이러한 질문은 두말할 필요도 없이, 상대방이 우리와 대화하고 싶지 않게 한다. "내가 아직 잘 몰라서 그러는데 좀 더 잘 이해할 수 있도록 도와주시겠어요? A라고 하셨지만 또한 B라고도 하셨거든요. 이 두 가지를 어떻게 연결시킬 수 있을까요?"라고 물을 수도 있다.

우리가 질문하는 방법에 대한 그리스도 중심의 관점을 키워가고, 이 부분에서 책임감 있게 하려면 우리 자신에게 다음과 같은 것들을 물어보아야 한다.

1. 다른 관점을 가진 사람들과 대화할 때 우리는 우리 자신이 진리를 알고, 표현하며, 그 진리를 직접 삶으로 실천하는 데 최고의 관심을 가진

사람으로서 질문을 하는가?

2. 신자들인 우리도 모든 진리에 대한 실마리를 다 가지고 있지는 않다는 것을 우리 자신에게 심지어는 다른 사람들 앞에서도 인정할 수 있는가? 사도 바울도 고린도전서 13:12에서 '우리가 지금은 거울로 보는 것 같이 희미하게' 본다고 말하고 있는데 이것은 우리가 모든 시대의 모든 진리를 다 아는 것은 아니라는 것을 뜻한다.

3. 우리는 (그 진리에 대해 우리가 절대적으로 확신할 때조차) 겸손하고 은혜로운 태도(벧전 3:15)와 배우려는 자세로 진리를 소통하는 것이 얼마나 중요한지를 깨닫고 있는가?

만일 우리가 사람들이 알기 쉽게 효과적인 방법으로 말을 하고자 한다면 이 중요한 단계들을 반드시 기억해야 한다.

단순한 신념의 해체가 아닌 그 이상을 해야 하는 것의 중요성

우리는 믿지 않는 친구들의 신념을 무너뜨리는 것에 그치는 것이 아니라 그 이상을 해야 한다는 것을 명심해야 한다. 우리가 그들에게 탐색을 위한 질문을 할 때, 예수님에 관해 그들이 더 많은 것을 듣고자 마음 문을 더 활짝 열고 호기심을 갖게 하거나 아니면 적어도 나중에 다시 대화를 계속 할 수 있게 해야 한다.

자신들이 더 좋은 배로 옮겨 탈 수 있다는 것을 믿지 않고는 물이 새는 자신들의 배 밖으로 나올 사람들은 거의 없다. 그들은 구멍을 틀어막거나 고인 물을 퍼내는 것이 더 낫다고 생각할 것이기 때문이다. 이것은 '절대적 진리'를 생각하게 하는 것은 무엇이든지 즉각적으로 거부하는 오늘날의 포스트모더니즘 세상에서 특히 더 중요하다. 그들이 우리와 대화를 계속하고 싶어 하지 않거나, 우리가 그들에게 예수님에 대해 더 알고자 하는 갈망을 불러일으킬 수 없다면, 단순히 그들의 신앙을 무너뜨리는 것만으로는 다른 사람들에게 복음을 증거하는 효과가 거의 없다.

어느 날 나는 한 아파트에서 중국인 여성과 이야기를 주고받고 있었다. 그녀는 한참동안 불교가 얼마나 훌륭한지에 대해 나에게 말했다. 그래서 적절한 때를 잡아 내가 이렇게 물었다. "그런데 당신은 부모로서 자녀들이 잘되길 바라고 있지 않으신가요?"(불교에서는 모든 욕심을 버려야 하는 것으로 되어 있다) 그녀는 자신의 행동이 자신의 신앙과 일치하지 않는다는 것을 깨닫고는 한참 침묵을 지키다가 이렇게 말했다. "음, 전 이제 불교 신자가 된 지 1년 밖에 안돼서요. 저희 어머니에게 여쭤보시는게 낫겠네요."

내가 시간을 들여서 불교를 믿는 그녀의 신앙에 있는 틈새를 아주 신중하고 은혜로운 방법으로 드러내자 그녀는 그 다음에 예수님에 대해 내가 말하고자 하는 것을 기꺼이 들으려고 했다.

나는 "부처님이 그렇게 관심을 가지고 있던 욕심의 문제에 대해 예수님은 어떻게 가르치셨는지 혹시 들어보셨나요?"라고 그녀에게 물었다. 그런 다음 나는 인간의 욕심 문제에 대한 해답은 욕심을 내버리는 것이 아니라 바른 욕심을 갖는 것이라고 예수님이 가르치셨다는 것을 설명할 수가 있었다. 더 나아가 우리가 그리스도를 삶에 영접할 때 그리스도가 우리를 속과 겉 모두를 완전히 변화시켜주시기 때문에 우리는 더 이상 나쁜 일들을 하고 싶어 하지 않으며, 도리어 하나님께서 우리가 하기를 원하시는 선한 일들을 하고 싶어진다고 설명했다(빌 2:13).

요약

오늘날 우리가 사는 세상에서, 다른 사람들에게 탐색 질문 - 애매한 용어들의 의미를 분명하게 하는 질문들과 불확실한 것들을 분명히 알게 하고, 그들의 신앙에서 잘못된 것들을 드러내는 질문들 - 을 함으로써 그들이 진리를 명료하게 알게 해주어야 한다.

더 나아가, 우리가 하는 질문들이 우리가 복음을 전하려고 하는 사람들에게 최대한의 영향력을 미치게 하기 위해서, 우리는 질문의 3D(의문점, 방어, 갈망)를 명심해야 한다. 우리는 사람들이 방어를 최소화하며, 우리가 하는 말을 더 듣고 싶어 하는 호기심을 갖게 하고, 동시에 그들의 신앙에서 불확실한 것들을 드러내는 방식으로 질문해야 한다. 또한 우리는 친구들이 당황하지 않게 하고, 톺필그하게 방어하지 않도록 하는 유형의 질문을 골라서 해야 한다. 어떤 '기쁜 소식(복음)'도 믿으려 하지 않거나, 심지어 '나쁜 소식' 같은 것 따위는 있지도 않다고 생각하는 세상에서, 이런 것을 결합시킨 전략은 그들의 신앙을 명료하게 하고, 의문점을 분명히 알게 하며, 예수님에게 더 관심을 갖게 하는데 도움이 되는 접근법이 될 수 있다. 이것은 믿지 않는 친구들이 그리스도께 한걸음 더 가까이 나오도록 돕는 역할을 할 것이다.

되짚어 보기

1. 한 사람의 신앙체계와 관련해서 그 사람의 마음속의 심상을 그려나가는 과정은 우리가 그들의 말을 명확하게 듣고 그들의 관점을 이해하기 위해 시간을 들일 때만 가능하다. 당신과 더화하

고 있는 사람이 믿는 것을 듣고 당신이 그것에 대해 명확히 알게 된 그때가 바로 그들의 신념에 대해서 그들이 스스로 이해하고 있는지 탐색 질문들을 할 준비가 된 때이다. 이때쯤 되면 그들은 자신들이 믿고 있는 것에 대해 당신이 하는 질문에 더 흥미있어 하고, 당신이 하는 솔직한 반응과 평가에 그들의 마음을 더 열게 될 것이다.

2. 상대방의 신앙에 대해서 설령 당신이 잘 이해하고 있다고 생각하더라도 얼마든지 오해가 생길 수 있기 때문에, 그들이 믿고 있는 것을 분명하게 해주는 질문을 하는 것은 정말 중요하다. 그들은 자신들이 믿고 있는 것 전부를 다 이해하거나 깊이 생각하고 있지 않을 수도 있다. 또한 당신 역시 그들의 말을 명확하게 경청하지 않았을 수도 있고, 그들이 영적인 대화를 하고 깊이 생각해 보게 하는데 어떤 질문들이 가장 도움이 될지 모를 수도 있다.

3. 사람들이 자신들의 신앙체계에 대해 말할 때 기독교 용어와 유사한 것처럼 들리는 단어와 어구를 사용할 수 있지만 그들은 이 용어들을 다른 의미로 사용하고 있다는 것을 명심하라. 따라서 사람들과 대화할 때는 지나치게 추측하지 않도록 주의하라. 미리 짐작해서 하는 생각은 오해를 불러일으킬 가능성이 아주 많다.

4. 우리의 인생은 그리스도의 진리에 기반을 두고 건축되어야 한다. 당신과 내가 우리의 대화를 성령님의 능력과 인도하심에 맡긴다면, 성령님은 우리가 복음을 전하고자 하는 사람들의 생각과 마

음을 움직이기 위해서 우리의 삶과 말을 사용할 것이다.

5. 다른 사람들이 하는 말에 대해 겉치레를 하거나 아니면 모순점에 대해 직접적으로 지적하려는 극단을 피하도록 자신을 훈련하라. 오히려 그 사람이 스스로 진리를 분명하게 알 수 있도록 돕는 방식으로 질문하는 숙련된 기술을 연마하라.

6. 질문하는 사람들이 실제로 그들이 믿는 것에 대해 더욱 명료하게 생각해 볼 수 있는 기회를 주기 위해서는 때로는 다른 질문으로 질문에 답하는 것이 훨씬 더 도움이 된다는 것을 기억하라. 또한 일상적인 대화를 하는 중에는 우리가 곧바로 그들에게 도전을 하거나 어려운 질문을 하고 싶은 유혹에 넘어가던 안 된다는 것을 명심하라. 그렇게 되면 그들에게 답변을 하는 과정에서 우리가 상대방이 갖지 않게 하려고 가장 조심하는 방어적 태도를 도리어 우리가 갖게 되기 때문이다.

7. 당신이 친구들의 질문에 열린 태도와 성찰하는 자세, 그리고 확신에 찬 태도로 반응할 때, 그런 태도는 당신의 친구로 하여금 당신이 믿는 것을 더욱 진지하게 듣게 하는 데 도움이 될 수 있다.

8. 듣는 이들로 하여금 우리가 말하는 내용에 동의는 하지만 그들이 우리를 반드시 공감해야 할 적으로 느끼게 해서는 안 된다. 듣는 이들이 우리를 자신의 고민을 해결하도록 도와주려고 하는 친구로 생각하게 하는 것이 중요하다.

 **적용하기**

1. 한 주 동안 다른 사람들과 대화하는 동안 주의 깊게 들으려고 집중해 보라. 영적인 교류를 더 많이 가질 수 있도록 해 주는 '명료하게 하는 질문들'이 당신에게서 얼마나 많이 떠오르는지, 당신은 놀랄 것이다. 또한, 더욱 깊이 있고 만족스러운 방법으로 사람들과 대화하는 것을 즐기게 될 것이다.

2. 당신이 작성한 우선순위 명단에 있는 세 사람과 영적인 대화를 할 때 열린 문을 더 많이 만들기 위하여 어떤 용어들을 명료하게 해야 할지를 생각해 보라. 부록 Ⅰ의 2단계 아래에 당신이 새롭게 깨닫게 된 것을 적어 보라.

3. '듣기' 항목의 부록 Ⅰ에 적었던 우선순위 명단에 있는 세 사람의 삶에서 당신이 들었던 '음정이 틀린 부분'들을 기억해 보라. '음정이 틀린 그 부분'에 대해 토론을 할 수 있는 길을 열어 주거나 또는 깊이 자신을 성찰해 볼 수 있게 하는 핵심 질문을 하나 생각해 보라. 그 질문을 2단계 아래에 적어 보라.

4. 우선순위 명단의 세 사람에게 한 그 핵심 질문에 근거해서 해야 할 훌륭한 후속 질문으로는 어떤 것들이 있겠는가? 부록 Ⅰ의 2단계 빈 칸에 당신의 답들을 적어 보라.

5. 앞으로 영적인 대화를 더 열린 마음으로 계속 할 수 있게 해주

는 '생각을 불러 일으키는 질문'들을 고려해 보라. 다시 부록 Ⅰ의 2단계 아래에 당신의 답을 적어 보라.

6. 질문의 3D(의문점, 방어, 갈망)간에 균형을 유지해 나가기 위해 우리가 할 수 있는 질문들은 어떤 것들이 있는가? 당신의 답을 부록 Ⅰ의 2단계에 기록하라.

Chapter **5**

고고학자의 역할 배우기

샘은 매우 사교적인 사람이었습니다. 우리의 전화 통화료를 아끼는 데 그가 협조하기로 동의한 후 나는 그의 생활에 대해 물었습니다. 그가 회복 중에 있는 알코올중독자였으며 5년 동안 술을 마시지 않았다는 것을 알게 되었습니다. 그가 '그것을 양도해야 했다'고 말했습니다. 누구에게 그것을 양도했는지 물었더니 특정한 사람의 이름을 말하지는 않았습니다.

그는 지난 밤 있었던 우리 셀그룹 모임이 어땠는지 물었습니다. 나는 그에게 교회에 가 본 적이 있는지 물었습니다. 그는 천주교 신자로 자랐지만 위선적인 행동과 다른 사람들을 판단하는 것 때문에 흥미를 잃었다고 말했습니다. 그는 동성애자인 친구들이 있다고 짧게 나누었습니다.

그때 나는 복음에 대한 그의 진정한 걸림돌을 드러내도록 이와 유사한 방법을 사용했습니다. 식당에 가느냐고 물었고, 그는 그렇다고 대답했습니다. 식당에서 독이 든 음식을 먹어본 적이 있느냐고 묻자 그는 다시 있다고 대답했습니다. 그 식당에는 다시 갔었냐고 묻자 아니라고 대답했습니다. 나는 그에게 다른 식당에는 가느냐고 물었고 그는 그렇다고 했습니다. 나는 아예 식당이란 곳 자체를 가지 않을 수도 있지 않겠느냐고 물었습니다. 모두 똑같지 않나요? 하고 말입니다. 그의 얼굴에 홀짝 웃음이 번졌습니다. 그리고 그것에 대해 전혀 생각해 본 적이 없다고 말했습니다.

나는 교회가 사람들로 가득하고 우리는 실수를 한다고 설명했습니다. 한 곳에서 좋지 않은 경험을 했다고 해서 다른 교회에 가지 않으려고 하는 것은 다른 사람들을 판단하는 것이라고 이야기했습니다.

그는 어디에서 좋은 교회를 찾을 수 있는지 물었습니다. 나는 그에게 우리를 소개했습니다. 나는 삶의 목적과 우리와 관계를 맺기 원하시고 우리 각자에 대한 계획을 가지고 계신 하나님에 대해서 이야기했습니다. 그는 시간을 내어 그와 이야기하고 잘 들어준 것에 대해 정말 고맙다고 말했습니다.

나는 그를 위해 기도했습니다. 이것이 그가 그리스도께 더 가까워지는 첫 번째 발걸음이 되었기를 소망합니다.

― 낸시(Nancy)

해체 그 이상의 필요성

'마음을 여는 전도대화' 모델의 첫 번째 단계인 음악가의 역할은 비그리스도인 친구들의 관점을 이해하기 위해서 진지하게 잘 들어야 할 필요에 대해 말한다. 잘 들을 때에야 비로소 그들의 신앙에서 '음정이 틀린 부분'을 드러낼 수 있다. 두 번째 단계인 화가의 역할은 방어를 최소화하고 더 듣고자 하는 호기심을 갖도록 하는 한편, 그들의 신앙에 대한 불확실한 것을 분명하게 알게 하는 탐색 질문을 하는 데 집중하고 있다. 이제 세 번째 단계는 고고학자의 역할로서 사람들이 복음을 받아들이기 어렵게 하는 걸림돌을 드러내도록 그들을 돕는 것에 관해서 이야기하고자 한다.

오늘날 사람들에게 성공적으로 복음을 전하기 위해서는 우리가 단지 복음을 선포하는 것만으로는 충분하지 않다. 우리는 다른 사람의 신앙을 해체하는 것 그 이상을 해야 한다. 우리는 다른 사람들이 그들의 신앙 안에 있는 균열을 볼 수 있도록 바른 질문을 할 줄 아는 좋은 경청자 그 이상이 되어야 한다. 감정적, 혹은 영적인 걸림돌들이 우리가 그리스도에 대해 말하는 것을 듣지 못하게 한다면 해체적 접근법만으로는 적절하지 못하다. 기독교 신앙에 대해 사람들이 하는 질문들은 그들이 그리스도를 신뢰하지 못하게 하는 진정한 걸림돌들이 아니다. 예레미야 17:9은 사람의 마음이 거짓되고 사악하여 숨어 있는 걸림돌을 드러내기 어렵다고 말씀하고 있다.

더 나아가 예비전도는 다른 사람들의 신앙에서 모순점을 드러내는 데 국

한되지 않아야 한다. 포스트모더니즘 시대의 사람들은 오랫동안 그들의 신앙에 대한 모순점을 안고 편안하게 살았으며, 사는 방법을 바꾸는 것보다 왜곡된 신앙을 가지고 사는 것을 더 좋아한다. 드러나는 증거도 별로 중요하지 않다. 실제로 어떤 사람들은 "기독교 진리에 대한 증거를 아무리 많이 대도 내가 믿고 싶지 않기 때문에 그것은 중요하지 않아요."라고 말한다.

그러므로 사람들이 그리스도에 대한 믿음을 갖지 못하게 하는 감정적이고 영적인 걸림돌을 드러내는 방법을 배우는 것이 중요하다. 때때로 사람들이 말하는 외적인 관심사 아래 감추어진 내면을 헤아려서 진정한 문제에 대해 말해야 하는 것이다.

●숨겨진 걸림돌을 드러내기 위해서 마음의 내면으로 들어가기

우리는 고고학자처럼 사람들이 가지고 있는 진정한 걸림돌과 그들이 어떻게 현재의 길목에 들어서게 되었는지 알기 위해 그들의 내력을 주의 깊게 찾아내야 한다. 개리 하버마스(Gary Habermas) 박사는 그의 탁월한 책 『의심을 다루기』(Dealing with Doubt)에서 세 가지 종류의 의문점을 밝혀냈다. 사람들은 지적인 이유, 감정적인 이유, 또는 의지적인 이유로 인해 의구심을 품는다. 흔히, 그들의 의문점은 표면상으로는 지적인 것처럼 보인다. 우리는 더 깊게 파 내려가야 그들이 가진 의심이 감정적인 것인지 의지적인 것인지를 알아낼 수 있다. 이것은 변증학이 지적인 답이 있는 지적인 의심을 다루기 때문에 중요하다. 그러나 사람들이 감정적이거나 의지적인 이유들로 믿으려고 하지 않는다면, 그때는 세상에 있는 어떤 변증학도 그들을 확신시키지 못할 것이다.

때때로 말로 표현된 걸림돌들은 다른 사람들이 그리스도를 향하여 발걸음을 옮기지 못하게 하는 진정한 걸림돌들이 아니다.

잠언 20:5은 다음과 같이 말씀하고 있다.

> 사람의 마음에 있는 모략은 깊은 물 같으니라
> 그럴지라도 명철한 사람은 그것을 길어 내느니라

따라서 효과적인 예비전도는 사람들이 하는 질문이나 반대를 다룰 뿐만 아니라, 그 사람의 마음 깊은 곳으로 들어가 믿음을 갖지 못하게 하는 진정한 걸림돌들을 드러낼 수 있는 통찰력과 지혜가 필요하다.[47] 우리는 말로 표현되지는 않았지만 그리스도와 관계 맺는 것을 진지하게 생각해 보지 못하게 하는 문제들이 있는지 분별하기 원한다. 우리는 하나님에 관해 정직하게 이야기하는 중에 문제되는 것을 찾아내기 원한다. 이를 위해 이 과정에서 우리를 인도해 주시도록 하나님께 지혜를 구하면서(약 1:5) 우리는 아래의 일곱 가지 단계를 기억해야 한다.

1단계: 질문이 적절한지 혹은, 연막에 가려있는지 가려내라

숨겨진 걸림돌들을 드러내는 첫 번째 단계는 그들의 문제가 정말로 적당한 질문인지 아니면 연막에 가려있는지 가려내는 것이다. 때때로 질문은 진리를 피하기 위해 주위를 다른 데로 돌리기 위한 수단일 수도 있다. 연막을 제거하기 위해서 다음과 같이 질문해야 한다. "이해하실 수 있도록 질문에 답을 해드린다면, 하나님과 기독교에 대한 믿음을 더 진지하게 생각해 보시겠습니까?"

만약 그들이 아니라고 대답한다면 그들의 실제 걸림돌들은 지적인 것이 아니라는 것을 알게 된다. 그들의 문제를 더 분명히 하고 더 잘 알기 위해서 우리는 이렇게 말할 수 있다. "당신의 걸림돌이 지적인 것이 아니라 감정적이고 영적인 것이거나 또는 다른 종류의 걸림돌인 것처럼 보입니다. 맞습니까?" 이렇게 질문함으로써, 그들에게 그리스도를 신뢰하지 못하게 방해하는 것이 무엇인지 분명히 알게하고 그것을 당신에게 말할 수 있는 기회를 주는 것이다.

때때로 냉담한 회의주의자와 이야기할 때 이런 질문들이 도움이 된다. "만일 당신이 종교적인 문제에 대한 진리를 깨달을 수 있다면 – 이 시점에서 그는 깨달을 수 있다고 생각하지 않고 있다. – 당신은 그것을 깨닫기 원하십니까?", "당신은 이 문제를 해결할 수 있는 어떤 종류의 증거를 찾고 계십니까?"

이런 종류의 질문들은 그 걸림돌이 타당한지 아닌지를 가려낼 수 있게 해주며 진리를 알고 싶어하지 않는 사람들과 토론할 때 많은 시간을 절약하게 해준다.

예를 들어, 졸업한 한 학생은 그의 친구와 대화한 후에 복음으로 이어지는 예비전도의 다리를 놓으려고 애썼다. 그러나 마침내 그의 친구는 "네가 아무리 바로 내 눈 앞에 온갖 증거를 갖다 놓는다 해도 나는 믿지 않을 거야. 난 믿고 싶지 않거든."이라고 말했다. 이 학생은 그 친구가 연막을 치고 있었고 자신이 대화 초기에 진정한 장벽을 드러냈어야 했다는 것을 깨달았다.

우리는 영적인 대화에 마음이 열려 있는 것처럼 보이는 친구들이 반론을 제기할 때 그 반론의 진정한 본질을 드러내는 질문을 함으로써 장시간의 불필요한 토론을 피할 수 있을 것이다. 그런 질문은 그리스도에 대해 깊이 생각하지 못하게 방해하는 것에 관하여 그들이 더 정직하게 우리와 대화할 수 있도록 자극할 것이다.

그러나 어떤 사람들은 진리에 대해 정말로 알고 싶어 하지 않는다. 나는 어느 날 한 학생과 대화하면서 이것을 깨닫게 되었다. 그 학생은 "저는 제 생각이 틀렸다는 것을 인정해야만 하기 때문에 유일신인 하나님을 믿기 위해 내 세계관을 변화킬 수가 없습니다. 어쩌면 제가 너무 오만해서인지, 그렇게 할 수가 없습니다."라고 말했다. 적어도 그는 정직했다. 대부분의 사람들은 그렇게 투명하지 않다.

당신이 믿지 않는 친구들의 질문이나 문제가 정말로 합당한지 혹은, 연막에 가려 있는지 분별하고자 할 때, 그들이 당신에게 솔직해지도록 할 뿐만 아니라 그들이 스스로에게도 솔직해지도록 돕는 것이 더 중요하다. 만일, 그들이 그리스도께 나아가 것을 보기 원한다면, 이것은 그들의 영적인 여정 속에서 우리가 도와야 할 중요한 단계이다.

2단계: 그들이 가진 걸림돌의 본질을 가려내라

두 번째 단계는 숨겨진 걸림돌들이 지적인 것인지, 감정적인 것인지 아니면 두 가지가 합해진 것인지, 그들이 가진 걸림돌의 본질을 가려내는 것이다. 때때로 걸림돌들은 지적인 것처럼 보일 수 있다. 그러나 탐색 질문을 통해 내면에 있는 것을 들여다보면, 그렇지 않다는 것을 발견한다. 예를 들어, 사람들이 악의 문제에 관해서 질문을 할 때, 그들의 문제가 전적으로 지적인 문제라고 생각하지 않아야 한다. 이 문제로 고민하는 많은 사람들의 진정한 이유는 감정적인 문제들이다. 아마도 그들이 알고 있는 사람이 어떤 아픔으로 고통을 겪었을 것이다. 이때는 그들에게 "이 문제가 당신에게 왜 그렇게 중요합니까?"라고 물으라. 이것은 대화를 이끄는 데 도움이 될 수 있는 감정적인 문제들을 드러내 준다. 만일 우리가 지적인 대답을 했지만 진정한 문제가 감정적인 것이었다면, 우리는 어떤 사람의 십자가를 향한 여정에 실제적인 진전을 가져올 기회를 놓치게 된다.

철학 교수이며 다윈주의의 강력한 옹호자인 마이클 루스(Machael Ruse)는 몇 년 전에 여러 명의 지적 설계론 지도자들과 다윈설 지지자들이 자유롭게 대화를 나누었던 수련회에서 연설을 했다. 그는 지적 설계론의 문제들 중 하나로, 지적 설계론과 악의 문제를 조화시킬 수 없는 것이라고 했다. 우리는 그가 하나님에 대한 믿음과 악의 문제를 조화시키는 것을 어려워하는 것에 대해, 그가 혹은 그가 사랑하는 누군가가 어떤 아픔으로 고통을 받은 일이 있는지 궁금했다.

아마도 어떤 감정적인 응어리가 그로 하여금 지적 설계와 지적 설계자에 대한 진리를 보는 것을 방해했을 것이다. 이것은 심지어 자연선택설을 주장하는 몇몇 다윈주의자들에게도 초자연적인 것에 강한 반감을 가지게 하는 이유가 될 수 있다. 진리를 듣고 삶 속에서 진리와 밀접한 관계를 갖기 전에 그들은 먼저 감정적인 치유를 경험할 필요가 있을 수도 있다.

다음과 같은 질문들은 자신에게 감정적인 걸림돌이 있다는 것을 알게 해 준다.

- "선하신 하나님이 어떻게 세상에 그렇게 많은 고통과 악을 허락하실 수 있습니까?"
- "하나님이 실존하신다면, 교회에 어떻게 그렇게 많은 위선자들이 있을 수 있습니까?"
- "하나님이 계신다면, 하나님은 왜 내 기도에 응답하시지 않을까요?"

다음과 같은 질문들은 자신에게 지적인 걸림돌이 있다는 것을 알게 해 준다.

- "그리스도는 아주 오래전에 살았던 분인데 그가 말씀하신 것을 오늘날 어떻게 알 수 있습니까?"
- "수많은 사람들이 수 많은 것들에 대해 의견이 다른데, 어떻게 절대적인 진리가 있을 수 있습니까?"
- "성경이 여러 번 오역되었는데, 어떻게 성경이 원래 말하고 있는 것이 무엇인지 확신할 수 있습니까?"
- "그 믿음이 당신을 더 나은 사람으로 만든다면 당신이 무엇을 믿든지 상관없습니다."
- "수많은 사람들이 수많은 것들에 대해 의견을 달리하는 한, 한 가지의 옳은 정답이 있을 수 없습니다."

어려운 지적인 질문들을 다루는 한 가지 방법은 증명해야 할 책임을 뒤바꾸는 것이다. 예를 들어, 어떤 사람이 성경의 신빙성에 대해 질문하면 이렇게 물어볼 수 있다. "다른 고전적인 책들은 의심 없이 받아들이면서 왜 성경은 거부하십니까?"

어떤 사람이 감정적인 걸림돌을 가지고 있는지, 지적인 걸림돌을 가지고 있는지 아니면, 두 가지 모두를 가지고 있는지를 분별하는 것은 쉽지 않다. 이것을 분별하는 것은 과학이라기보다 예술에 더 가깝고 많은 연습과 하나님께서 주시는 지혜가 필요하다. 중요한 것은 진정한 문제가 그들을 무겁게 짓누르는 감정적인 응어리라면, 우리는 지적인 걸림돌들을 파악했다해 해도 말하지 않아야 한다. 우리는 알게된 감정적인 걸림돌들을 먼저 다루어야 한다. 왜냐하면 이것이 그들의 지적인 걸림돌들이 얼마나 실제적인 것인지 분별할 수 있도록 도와주기 때문이다. 이것은 다음의 중요한 단계로 이끈다.

3. 구체적인 감정적인 걸림돌을 드러내라

숨겨진 걸림돌들을 드러내는 세 번째 단계는 그것들이 어떤 구체적인 감정적 응어리를 포함하고 있는지 아닌지를 드러내는 것이다. 일단, 질문들이나 문제들이 – 연막에 가려진 것이 아니라 – 합당하고 걸림돌들이 지적인 본질의 것이 아니라는 것을 알아냈다면, 당신은 분명히 그들의 십자가로의 여정에 놓여 있는 심각한 감정적인 걸림돌을 발견하게 될 것이다. 어떤 사람들은 너무나 많은 감정적인 응어리를 가지고 있어서 복음을 이해하기조차 어렵다.

한번은, 어느 대학생과의 대화에서 영적인 진보를 조금도 볼 수 없었던 경우가 있었다. 내가 예수님에 대해서 말하는 것을 듣지 못하도록 무언가가 그를 가로막고 있는 것처럼 보였다. 마침내 그는 마지막으로 만난 그리스도인이 "에이즈는 동성애에 대한 하나님의 징벌입니다."라고 말했다고 내게 고백했다. 이 사실은 왜 메시지가 그에게 연결되지 않았는지를 분명하게 설명해준다. 그는 이 말로 상처를 받았기 때문에 내가 말하는 것을 들을 수가 없었던 것이다. 이것은 사람들이 그리스도에게 발걸음을 옮기지 못하게 하는 감정적인 걸림돌들 중 한 가지 예일 뿐이다.

또 다른 걸림돌들은 부정적인 어린 시절의 경험이나 자녀를 억누르는 종교적인 부모들이다. 믿지 않는 사람들이 가장 일반적으로 불평하는 대상은 교회 안에 있는 모든 위선자들이다. 내가 한 대학의 캠퍼스에서 기독교 진리에 대해 전했을 때, 한 아시아계 학생이 내게 물었다. "어떻게 기독교인들은 교회 밖에서보다 교회 안에서 더 품위가 있어 보입니까?" 우리는 이 말을 믿지 않는 친구들이 우리 삶의 노래의 음정이 틀린 부분을 주의 깊게 듣고 있다는 것을 깨닫게 하는 엄중한 경고로 받아들여야 한다. 우리는 무슨 일을 하든지 친구들이 그리스도를 향하여 발걸음을 옮기는 데 걸림돌이 되지 않도록 해야 한다.

감정적인 걸림돌들을 드러내는 것은 인습에 얽매인 사이비 종교에 속해 있는 사람들과 이야기할 때 특히 중요하다. 꽤 많은 사이비 종교인들은 그들이 가지고 있는 감정적인 응어리 때문에 또는 사랑 받고 싶은 그들의 필요나 지역사회의 일원이라는 것 때문에 사이비 종교에 가입한다. 우리가 그들의 주장을 비방하고 그들의 잘못된 믿음을 드러내는 것에 목표를 둔다면, 우리는 그리스도의 진리를 보지 못하게 방해하고 있는 그들의 진정한 걸림돌들을 제거할 기회를 놓치게 될 것이다.

내 아내에게 사이비 종교에 몸담고 있는 친구가 있는데 오래 전에 그 남편이 자살을 했다. 그녀가 쓰라린 슬픔 가운데 있을 때 우리가 염려하고 있다는 것을 느낄 수 있도록 그녀에게 자주 음식을 만들어 가곤 했다. 나는 그녀의 남편이 죽은 후에 그녀가 속한 사이비 종교에서 그녀를 방문한 사람들이 그렇게 많지 않았다는 것을 나중에 알게 되었다.

복음을 전하려고 할 때 사람들의 감정적이고 영적인 필요를 충족시켜주는 것을 가장 먼저 염두에 두어야 한다. 그들이 그리스도에 대한 말을 듣기 어려워할지 모르지만, 우리가 삶으로 말하는 것은 피할 수 없다. 우리는 어떤 사람들이 읽을 수 있는 유일한 성경이 될 수 있다.

감정적인 걸림돌들이 진정한 장벽이 될 수 있기 때문에, 다른 사람들에게 복음을 증거하다가 감정적인 걸림돌에 부딪힐 때 이 문제를 다룰 수 있는 전략을 개발해야 한다. 다음과 같은 제안을 깊이 생각해 보라.

첫째, 우리가 사람들 안에 있는 감정적인 걸림돌을 발견했을 때, 그들에게 자신의 이야기를 들려 달라고 요청해야 한다. 둘째, 삶 속에서 어려운 감정의 시련을 겪고 있는 사람들에게 그들의 처지에 서서 긍휼과 관심을 보여 주라. 셋째, 말이나 행동으로 그들에 대한 하나님의 사랑과 소망을 확신시키라. 그들이 어떤 어려움을 겪고 있을지라도 하나님께서 진정으로 돌보시며 개인적으로 그들을 알기 원하신다는 것을 알게 하라(벧후 3:9).

넷째, 만약 타당한 경우라면, 그리스도 안에 있는 다른 형제나 자매가 그들을 부적절하게 대우했던 것에 대해 사과하라. 만약 다른 그리스도인이 그들에게 아픔을 주는 말을 했거나 행동을 했다면, 우리는 이것이 옳지 않다고 인정해야 한다. 이것을 통해서 그들이 죄의 실재를 볼 수 있도 돕고 왜 그리스도가 우리 삶 속에 필요한지 그들이 깊이 생각해 보도록 도와야 한다. 다섯째, 그들을 위해서 그리고 그들이 처한 상황에 대해 계속 기도할 것이라고 말하라. 포스트모더니즘 문화에서 영적인 사람이 되는 것이 더 호의적으로 받아들여지므로 이 중요한 가교를 초대한 활용해야 한다. 때때로 그들이 어려운 고단을 나눌 때 그들을 위해 기도하겠다고 말하는 것은 기독교를 더 진실한 빛으로 볼 수 있도록 하고, 미래에 영적인 대화를 나눌 수 있도록 하는 중요한 역할을 할 것이다.

4단계: 질문 배후에 있는 질문들이나 관심사를 드러내라

숨겨진 걸림돌들을 드러내는 네 번째 단계는 근원적인 문제가 사람들이 갖는 질문들이나 관심사 뒤에 있는지 아닌지를 가려내는 것이다. 진정한 문제를 드러내기 위해서는 깊은 내면을 들여다보는 것이 필수적이다. 때때로 우리는 사람들에게 특정한 질문이 왜 중요한지 분명하게 하기 위해 질문을 함으로써 이것을 성취할 수 있다.

예수님은 항상 사람들과 토론할 때 어떻게 문제의 핵심에 도달해야 할지 잘 아시는 것 같았다. 부자가 예수님께 "선생님이여, 내가 무엇을 하여야 영생을 얻으리이까?" 하고 물었을 때, 예수님께서는 "네가 어찌하여 나를 선하다 일컫느냐?"(막 10:17~18)고 물으시면서 그로 하여금 예수님이 정말 누구신지 스스로 씨름해 보게 하셨다. 그 사람이 율법의 요구를 어려서부터 잘 지켰다고 했을 때(막 10:20), 그가 실제로 어떤 것에 충성을 했는지 보여주셨다(막 10:21~22).

사두개인들은 예수님께 '부활하면 일곱 명의 남편을 두었던 여인의 남편은 누가 되겠느냐' 라는 위선적인 질문을 했다. 그때 예수님은 질문 안에 감추어진 것을 파악하시고 그들이 하는 반대의 진정한 본질을 드러내셨다(막12:18~27). 그는 그들이 죽은 자들의 부활을 믿지 않는다는 것을 아셨다.

그래서 그들이 믿고 있었던 모세오경의 출애굽기 3:6을 인용하시며 부활이 없다고 하는 그들의 신앙을 전적으로 반박하셨다.

믿지 않는 사람들이 "예수가 하나님께 이르는 유일한 길이라고 말하는 기독교인들은 오만하다고 생각해요."라고 말할지도 모른다. 그러나 이 말 뒤에는, 우리가 다루어야 할 더 심각한 문제가 되는 관점이 있을 수 있다. 진정한 문제는 그들이 '그리스도인들은 다른 사람들보다 자신들이 더 낫다고 믿는다' 라고 생각하는 것이다. 그러므로 우리는 이렇게 말하는 것이 교만하거나 편견에 사로잡혀 있는 것이 아니라는 것을 분명히 해야 한다. 우리는 단순히 예수님에 관해서 참되다고 믿는 것을 말하고 있으며, 그저 다른 거지에게 빵을 찾을 수 있는 곳을 알려주고 있는 한 사람의 거지일 뿐임을 그들이 이해하도록 도와야 한다. 그들이 진실로 이 진리를 붙잡게 하기 위해서 온유하고 겸손한 태도로 의사소통을 하도록 주의해야 한다. 그렇지 않으면 그들은 우리가 말하는 것을 듣는데 어려움을 겪을 것이다.

5단계: 그들의 가장 큰 걸림돌을 드러내라

숨겨진 걸림돌들을 드러내는 다섯 번째 단계는 기독교를 포용하지 못하게 하는 그들의 가장 큰 걸림돌을 알아내는 것이다. 사람들은 기독교에 관한 온갖 종류의 이의를 제기한다. 그러나 그들이 그리스도에 대한 믿음을 갖지 못하게 하고 신뢰하지 못하게 하는 그 한가지를 그들은 말로 표현조차 못할 수 있다. 따라서 우리가 가장 중요한 걸림돌을 정확히 지적하는 질문을 할 때, 믿지 않는 사람들은 그들을 붙잡고 있는 것이 정말로 무엇인지 알아내기 위해 자신의 마음을 살펴볼 수 있다.

또한 이런 질문은 만약 그들이 기독교 신앙에 대해 어떤 의심을 가지고 있다면, 그것이 무엇인지 확인할 수 있도록 돕고, 그것들이 지적인 문제인지, 감정적인 문제인지 또는 단순히 의지적인 문제인지 가려내도록 돕는다.

그래서 우리가 복음을 전하려고 하는 친구들에게 "기독교에 대해 당신이 가지고 있는 걸림돌들 중에 가장 큰 걸림돌은 무엇입니까?"라고 계속해서 묻는 것이 중요하다. 바로 지금 그들이 그리스도에 대한 믿음을 갖지 못하게 하고 신뢰하지 못하게 하는 것이 무엇인지 찾아내야 한다.

어느 날 졸업한 한 학생이 구원의 길을 찾고 있는 그녀의 친구에게 "지금 당장 그리스도를 영접할 결정을 내리지 못하도록 하는 것이 뭐니?"라고 물었다. 그 친구는 결정하지 못하게 하는 것은 아무 것도 없다는 것을 깨닫고 바로 그 자리에서 그리스도를 영접하는 기도를 드렸다. 이렇듯, 어떤 경우에는 가로 막고 있는 걸림돌이 아무 것도 없다는 것을 발견할 수 있다. 우리는 단순하게 친구들이 믿음의 걸음을 걷고 그리스도를 신뢰하도록 그들을 초대해야 한다.

그러나 때때로 사람들은 답을 필요로 하는 지적 걸림돌들을 제기한다. 어떤 학생은 "예수님이 사신 때로부터 벌써 2000년이 지났는데, 오늘날 어떻게 그분이 행하신 일이나 말씀하신 것을 알 수가 있겠어요?"라고 말했다. 그러나 내가 예수님의 부활에 대한 증거가 담긴 소논문을 그에게 준 이후에 그의 지적인 의심은 사라졌다. 많은 사람들이 개리 하버마스(Gary Habermas) 박사가 쓴 『예수의 부활』(The Resurrection of Jesus)과 같은 부활에 관해서 쓴 좋은 책을 읽고 도움을 받았다. 지적인 걸림돌들을 제거하는 것은 친구들이 그리스도를 신뢰하지 못하게 하는 것에 관해서 그들 자신과 우리에게 솔직해지도록 돕는 데 중요한 역할을 할 수 있다(렘 17:9).

예를 들어, 약 1년이 넘는 기간 동안 나는 한 아시아계 학생과 그리스도에 관해서 이야기를 했으며 그의 가장 큰 지적인 걸림돌들에 대해 대답했다. 어느 날 그는 더 이상 그리스도를 신뢰하지 못하게 방해하는 어떤 지적인 걸림돌도 없다고 고백했다. 그에게 이제 남아 있었던 주된 걸림돌은 그리스도를 영접하기 전에, 먼저 그리스도인이 된다는 것이 어떤 것인지 느끼기 원하는 것이었다. 다른 어떤 아시아계 학생은 이렇게 고백하기도 했다. "기독교 신앙에 대한 나의 가장 큰 걸림돌은(내가 종교를 갖는 것에 대해) 다른 사람들이 생각하는 것을 고려하지 않은 채 종교적인 문제를 깊이 생각할 만한 용기가 없다는 것입니다." 그는 부모님이 어떻게 생각할지 걱정했을 것이다. 그것은 동양에서 큰 장벽이다.

그러므로 우리 친구들이 기독교를 향해 갖는 온갖 걸림돌 사이에서 – 그것들이 지적이든지, 감정적이든지, 또는 영적인 걸림돌이든지 아니면 세 가지 모두 합해진 것이든지 – 우리가 해야 할 일은 가장 큰 걸림돌을 드러내고, 시간을 내어 걸림돌을 제거하고, 그리스도께 한걸음 더 가까이 갈 수 있도록 돕는 것이다.

그러나 때때로 가장 큰 걸림돌들은 증거보다는 생활방식의 선택과 더 관련이 있다. 영적인 대화를 거부하는 것처럼 보이는 한 학생이 나에게 말했다. "당신이 나에게 말한 모든 것이 사실이라는 것을 믿어요. 그러나 내 삶 속에서 포기하고 싶지 않은 일들이 있어요." 나는 이 학생에게 순교한 선교사 짐 엘리엇(Jim Elliot)이 말한 것을 상기시켰다. "결코 잃어버려서는 안되는 것을 얻기 위해, 지킬 수 없는 것을 버리는 자는 어리석은 자가 아니다."

동양에서 그리스도를 받아들이는 데 있어서 가장 큰 걸림돌 두 가지는 '가족에 대한 책임감이나 기대감' 그리고 '자신의 상황과 가족에게 닥칠 결과를 두려워하여 특정한 의식과 종교적인 관습을 포기하기를 주저하는 것' 이다. 이 두 번째 걸림돌에 대답하기 위해서는, 성경에서 엘리야가 바알의 선지자들에게 선포했던 것처럼, 연약한 사람들이나 하찮은 영들이 아니라 오직 여호와 하나님만을 경외하고 섬겨야 한다고 설명해야 한다 (눅 12:4~5).

6단계: 동기유발 요소들을 드러내라

걸림돌들을 드러내는 여섯 번째 단계는 믿지 않는 사람들이 그리스도에 대한 궁금증에 답을 얻을 수 있도록 그들의 마음을 움직이는 것이 무엇인지 알아내는 것이다. 어떤 사람들은 하나님을 믿는 믿음이 없는 삶이 얼마나 공허한지 깨닫고 마음을 움직이게 된다. 기독교를 탐구하려는 그들의 동기를 알아내는 것은 당신이 계속 그들의 영적인 관심을 불러 일으키려고 할 때 도움이 될 것이다. 또한 그것은 오랜 시간 그들과 대화할 수 있는 통찰력을 갖게 하고, 대화의 중심점을 제시할 수 있게 한다. 어떤 사람이 "어머니가 3년 전에 자살했어요. 난 하나님이나 기독교를 믿지 않아요.

그렇지만 하나님이 없다면 궁극적으로 삶의 의미나 목적이 없다는 걸 깨달았어요. 하지만 아직 받아들이고 싶지는 않아요."라고 내게 말했다. 또 다른 사람은 어머니가 몇 년 전에 돌아가셨는데 하늘나라에 계신다는 것을 믿는다고 말했다. 영적인 문제에 대해 이야기하고자 하는 그의 동기는 '어머니를 다시 보고 싶은 마음'이었다.

그래서 동기유발 요소들을 알아내는 것은 잠재적인 방해물을 없애고 길을 정리하여 복음으로 이어지는 다리를 놓는 것이다. 이는 또한 그들 편에서 우리와 충분히 이야기하고자 하는 마음을 갖게 하여 십자가를 향한 그들의 여정을 방해하는 결정적인 이유가 무엇인지 그들이 알아낼 수 있도록 돕는다.

7단계: 의지적인 요소를 드러내라

마지막 일곱 번째 단계는 의지적인 요소들을 드러내는 것이다. 우리는 지적이고 감정적인 걸림돌들 너머에 있는 믿고 싶어 하지 않는 마음을 분명히 드러내길 원한다. 모든 사람은 어느 정도 하나님의 진리에 대해서 의지적인 문제를 가지고 있다. 바울은 하나님께서 그의 창조물을 통해서 그 자신을 사람들에게 알리셨기 때문에 모든 사람들이 하나님에 대해 알고 있으며 그러므로 사람들은 '핑계하지 못할'(롬 1:18~20) 것이라고 선언했다. 그러나 그들은 '불의로 진리를 막는다'(롬 1:18).

요한은 예수님의 기적을 보았음에도 불구하고 그의 메시지를 거부했던 유대인들을 불쌍히 여겼다. "이렇게 많은 표적을 그들 앞에서 행하셨으나 그를 믿지 아니하니"(요 12:37). 예수님은 그들의 강퍅한 마음에 대해 이렇게 말씀하셨다. "비록 죽은 자 가운데서 살아나는 자가 있을지라도 권함을 받지 아니하리라"(눅 16:31). 우리가 모든 지적인 문제에 답하고, 감정적인 걸림돌들을 드러낼지라도, 어떤 사람들은 여전히 믿기를 거절할 것이다.

그래서 만일 우리가 앞에서 언급한 하나에서 여섯까지 모든 걸림돌들을 다루었을지라도 믿음에 이르는 걸림돌이 남아있다면, 그것은 의지적인 성질의 문제일 수 있다. 그들은 증거와 상관없이 단지 믿고 싶어 하지 않는 것이라고 예수님께서 말씀하셨다. "예루살렘아, 예루살렘아, … 암탉이 제 새끼를 날개 아래에 모음같이 내가 너희의 자녀를 모으려 한 일이 몇 번이냐? 그러나 너희가 원하지 아니하였도다"(눅 13:34). 다음과 같이 속담을 다시 풀어 쓸 수 있다. "당신은 예비전도 기술을 통해서 말을 물로 몰고 갈 수 있지만, 성령님만이 물을 마시게 할 수 있다."

그리스도인의 무기 창고에 있는 두 가지 위대한 무기가 있는데, 그것은 사랑과 기도이다.

하나님께서는 종종 복음을 전할 수 없을 것처럼 보이는 사람에게 복음을 전하기 위해서 기도를 사용하신다. 열정적으로(눅 18장) 그리고 효과적으로(약 5:16) 기도하는 것은 우리의 책임이다. "기도는 전능하심의 근육을 움직이게 하는 가느다란 신경줄이다."라고 사람들은 말한다. 그렇지만 효과적인 기도를 하기 위해서, 올바른 자세로 기도해야 한다. 한 그리스도인 작가가 말한 것처럼, "가진 것이 아무 것도 없는 절망적인 순간이 될 때까지, 기도는 단지 우발적이거나 기껏해야 우리 삶에서 부수적인 것일 뿐이지 결코 필수적인 것이 될 수 없다."[48]

마지막으로, '하나님의 인자하심이 (우리를) 인도하여 회개하게 하심'으로(롬 2:4), 의심과 불신에 대한 우리의 마지막 무기는 사랑이다. 예수님께서 말씀하셨다. "너희가 서로 사랑하면 이로써 모든 사람이 너희가 내 제자인 줄 알리라"(요 13:35). 사랑은 두려움보다 더 설득력 있는 힘이다. 그리고 많은 사람들이 이성과 논증으로 감동을 받지 않을지라도, 그들을 향한 우리의 사랑에 의해 감동을 받는다. 예수님께서 다른 사람들을 사랑하는 것은 두 번째로 가장 큰 명령이라고 분명하게 말씀하셨다(마 22:37~39). 논쟁만으로 하려고 하는 마음에 확신을 줄 수 없는 것을 사랑은 의지를 설득시켜서 하도록 만든다는 것은 놀랄 일이 아니다. 우리의 삶의 모습과 다른 사람들을 사랑하는 것을 통해서, 많은 사람들이 예수님에 대해 더 많이 배우고 싶어 하게 할 수 있다.

이 일곱 가지 요소들은 사람들이 그리스도를 신뢰하지 못하게 방해하는 진정한 걸림돌들을 분명히 알도록 돕는 중요한 역할을 한다. 우리는 계속적으로 말로 표현되지 않은 문제들이나 관심사의 징조를 찾아야 하고 정말로 사람들이 그리스도를 신뢰하지 못하게 방해하는 것이 무엇인지 그들이 발견하도록 도와야 한다.

이 문제들에 집중하는 것만으로는 불신자들이 그리스도를 즉시 영접하도록 결심하게 할 수 없지만, 누군가 예수님께 한걸음 더 가까이 나오도록 돕는 중요한 역할을 할 수 있을 것이다(고전 3:5~6).

요약

고고학자로서 우리는 복음을 듣지 못하게 하는 진정한 걸림돌들과 어떻게 그들이 현재의 상황에 이르게 되었는지 이해하기 위해서 믿지 않는 사람들의 내력을 알아내려고 한다. 이를 위해, 우리를 인도해 주시도록 하나님께 지혜를 구하면서(약 1:5) 일곱 가지 단계를 기억해야 한다.

첫째, 그들의 문제가 정말로 적절한지 아니면, 연막에 가려져 있는지 가려내야 한다. 둘째, 걸림돌이 지적인 것인지, 감정적인 것인지, 또는 두 가지가 모두 합해진 것인지 그 걸림돌의 성질을 알아야 한다. 셋째, 그들이 어떤 특별한 감정의 응어리를 가지고 있는지 드러내야 한다. 넷째, 사람들이 갖는 질문이나 관심사 뒤에 근원적인 문제가 있는지에 대해서 가려내야 한다. 다섯째, 기독교를 받아들이지 못하게 하는 그들의 가장 큰 걸림돌을 찾아야 한다. 여섯째, 그리스도에 대한 질문에 답을 얻고 싶어하도록 동기부여 하는 것이 무엇인지 알아내야 한다. 일곱째, 근본적인 문제가 믿고 싶어하지 않는 마음인지 아닌지 알아내야 한다.

이 걸림돌들을 드러낸다면, 대화를 예비전도로부터 직접적인 전도로 움직이는 전략을 개발할 수 있다. 이것이 다음 장의 초점이다.

되짚어 보기

1. 사람들이 그리스도를 반대하는 '진정한 이유'를 찾아내기가 쉽지 않다는 것을 기억하라. 이것은 우리 대부분에게 적용되며 겸손하게 그것을 인정해야 한다. 기독교신앙에 대해 가장 싫어하는 것들에 관해서 사람들에게 이야기하는 법을 알려 달라고 하나님께 지혜를 구해야 한다(약 1:5).

2. 때때로 기독교 신앙에 반대하는 진정한 이유가 표면 아래 숨어 있을 수 있다. 그리고 그것들은 그들이 관심있다고 말한 것과는 아무 관계가 없을 수도 있다. 그러므로 우리는 실제로 일어나고 있는 것이 무엇인지 볼 수 있는 영적인 안목을 주시도록 하나님께 기도해야 한다.

3. 때때로 사람들은 기독교 신앙에 관해 진리를 추구하는 구도자여서가 아니라(그들은 포스트모더니즘 세상에서 진리를 추구하는 것이 가능하다고도 생각하지 않을 것이다) 우리를 어리석게 보이게 하기

위해서 또는 예수님에 관하여 말하는 것을 더 힘들게 하기 위해서 질문을 한다. 항상 그들에게 대답하기 전에, 그들의 질문이 정말로 적절한지 확실하게 해야 한다.

4. 우리의 목적은 다른 사람의 사적인 문제를 꼬치꼬치 캐묻고자 함이 아니다. 우리는 그 사람을 초대하여 그가 그리스도에게 저항하는 이유들을 생각해 보고 함께 나누길 원한다. 만일 우리가 그를 존중하면서 조심스럽게 요청한다면, 그는 기독교 신앙에 대해서 스스로에게 문제가 되는 것들을 기꺼이 알려줄 것이다. 만일 우리에게 말하는 것을 편하게 여기지 않는다면 굳이 캐묻지 않아야 한다.

5. 그리스도를 믿지 않는 친구들에게 당신이 아무리 명확하게 복음을 설명한다 할지라도, 그리스도에 관한 진리를 보지 못하게 하는 감정적인 응어리를 그들이 가지고 있다면 복음을 이해하지 못할 것이다.

6. 친구들에게 복음을 전하려고 애쓰지만, 어떤 사람이나 어떤 것이 그들이 복음을 듣지 못하도록 가로막고 있는 것처럼 느낀 적이 있는가(고후 4:4)?
예수님에 관해서 말하는 것을 듣기 힘들게 하는 어떤 종류의 응어리가 그들을 고민하게 했는지 다시 생각해 보라.
당신이 이 장에서 배운 것을 기초로 해서 다음 번에는 상황을 어떻게 다르게 다룰 수 있을지 생각해 보라.

7. 다음 번에 어떤 사람이 그리스도를 믿는 당신의 믿음에 도전하는 질문을 연속해서 한다면, 그의 질문을 모두 대답하려고 애쓰기보다 어떤 질문이 가장 그를 힘들게 하는지, 왜 그런지 물어 보라. 대답할 수 없는 질문이 있다면, 그것을 인정하고 다음에 대답해 주겠다고 하라. 당신이 모든 답을 가지고 있다는 인상을 주지 않는다면, 오히려 그 사람으로 하여금 더 마음을 열게 할 것이다.

8. 우리가 복음을 전하려고 하는 사람의 심령에 말씀하시는 것은 주님의 책임임을 기억하라. 우리는 단지 그분의 대사일 뿐이며, 그분은 우리에게 그분을 대신하여 말할 특권을 주셨다.

적용하기

1. 당신의 배우자나 다른 좋은 친구들에게 회의론자의 역할을 해 달라고 하라. 주의 깊게 듣고 상대방의 걸림돌들을 만날 때, 인내와 진실한 마음으로 반응할 수 있도록 연습하라.

2. 믿지 않는 친구들의 진짜 걸림돌들을 드러낼 수 있도록 그 친구들 중에서 '우선순위 명단에 있는 세 사람'에게 할 질문들을 당신 자신에게 해 보라. 쿠록 I 의 3단계 아래 빈 칸에 당신의 생각을 적어 보라.

3. '우선순위 명단에 있는 세 사람'과 대화할 때 당신이 드러낸 십자가로 나오는 것을 방해하는 여러 가지 걸림돌들을 나열하라. 부

록 I의 3단계 아래 빈 칸에 당신의 생각을 적어 보라.

4. 그들의 주요한 걸림돌이라고 생각되는 것이 무엇인지 당신 자신에게 물어보라. 이것이 어떤 것인지 분별할 수 있도록 도와달라고 하나님께 지혜를 구하라. 부록 I의 3단계 아래 빈 칸에 당신의 답을 적어 보라.

Chapter **6**

건축가의 역할 배우기

데이브 : 어떤 나라에서 행해지고 있는 모슬렘 관습에는 잘 이해되지 않는 부분이 있는데 제가 이해할 수 있도록 도와주시겠습니까?

택시 기사(모슬렘) : 쿨론이죠.

데이브 : 어떤 극단적인 모슬렘들을 볼 때, 그들이 '이교도들'은 죽인다 치더라도 심지어 같은 모슬렘들까지도 해로울 때는 폭파시켜버려도 괜찮다고 생각하는 이유는 무엇입니까? 저는 어떤 모슬렘들이 이교도들은 죽여도 괜찮다고 가르치기 위해 코란을 해석하는 것은 이해가 되지만 어떻게 자신들의 친척까지 죽여도 된다고 확대 해석을 할 수 있는지 이해가 안됩니다.

택시 기사 : 모르겠습니다. 저는 그들이 미쳤다고 생각합니다.

데이브 : 그렇지만 우리 둘 다 이것이 단지 소수의 분리된 모슬렘들의 신앙이 아니라는 것을 알고 있습니다. 수천 아니 수백만의 모슬렘들이 이것을 믿지요.

택시 기사 : 저도 그들이 왜 그렇게 생각하는지 이해할 수 없어요.

데이브 : 사실, 저는 주요한 이유들 중 하나를 알고 있다고 생각합니다. 그 이유를 한 번 들어보시겠습니까?

택시 기사 : 말씀 해보시지요.

데이브 : 그것은 일부 극단적인 모슬렘들이 천국에 갈 수 있는 확신을 얻을 수 있는 유일한 길은 성전을 치르다가 죽어야 한다고 가르치기 때문입니다. 당신도 알다시피 모슬렘 성직자들조차 자신들이 천국에 갈 수 있다는 확신을 갖고 있지 못합니다. 성전을 치르다가 죽은 자들만 갈 수 있습니다. 그것이 바로 극단적인 모슬렘들이 천국에 갈 수 있다는 확신을 얻기 위하여 기꺼이 자살이라도 감행하고자 하는 이유입니다.

택시 기사 : 글쎄요, 저는 모슬렘들과 그리스도인들이 공통적으로 동의하는 부분이 있다고 알고 있습니다.

데이브 : 맞습니다. 그러나 기독교와 이슬람교의 한 가지 핵심적인 차이는 그리스도인들은 이 삶이 끝난 후에도 우리의 창조주와 지속적인 교제를 갖는다는 확신을 가지고 있는 점이죠. 불행히도 이러한 확신은 마호메트가 가르친 것을 엄격하게 따른다고 생길 수 있는 것이 아닙니다. 그리스도인으로서 제가 죽을 때 천국에 갈 것이라고 확신할 수 있는 이유가 있습니다. 계속 이야기해도 될까요?

택시 기사 : 그것이 가능하다고 생각하지는 않지만 한 번 말해보세요.

● '마음을 여는 전도대화'에서 각 단계의 역할

이제 우리는 건축가에 해당하는 4단계에 있으므로 다른 사람들과 복음 메시지를 나눌 수 있는 문을 여는 행동 계획을 세울 준비가 되었다. 음악가에 해당하는 1단계에서의 초점은 '경청하는 것과 노래에서 음정이 틀린 부분'을 듣는 것이었다. 화가에 해당하는 2단계에서의 초점은 신념을 분명하게 하고 불확실한 것을 드러내는 질문을 하는 것이었다. 고고학자에 해당하는 3단계에서의 초점은 믿지 않는 자들이 믿음을 갖기 위한 실제적인 걸림돌을 드러내는 데 있었다. 이제 4단계는 이전의 세 단계에서 탐지해낸 것을 가지고 '행동 계획'을 세우는 것이다.

건축가로서 우리는 복음에 이르는 다리를 놓으려고 하며 이 건축 과정은 적어도 여섯 개의 단계를 포함한다.

다리놓기 대화법의 개관

첫째, 객관적 증거와 주관적 경험 사이에서 균형 잡힌 접근을 해야한다 (행 14:1; 빌 1:14). 둘째, 우리가 다가가려고 하는 사람들과의 공통점을 찾아야 한다. 셋째, 믿지 않는 사람들은 알아차리지 못할 수도 있지만 함께 공유하고 있는 신념의 관점으로부터 다리를 놓는다. 넷째, 우리의 믿음을 변호하기 위한 기본적인 개요를 암기한다. 다섯째, 우리는 사람들이 예수님께 한 걸음 더 가까이 가도록 돕기 위해 걸림돌을 제거하는(고전 3:6) 목표를 기억해야 한다(딤후 4:2). 여섯째, 우리는 그리스도를 위해 긍정적인 태도를 가지고 예비전도에서 전도로 전환하기 위한 기회를 찾도록 적극적으로 노력해야 한다.

복음에 이르는 다리를 놓는 것은 만만치 않다. 특히 오늘날에는 진리를 알고 있다고 주장하는 사람들을 향한 적개심 때문에 더 어렵다. 진리가 무너져가는 요즈음, 누군가가 십자가로 향하는 발걸음을 내딛게 하는 분명한 통로는 더 이상 없다.

이 여섯 단계를 좀 더 자세히 살펴보자.

우리의 접근법에서 바른 균형 찾기

첫째, 우리는 객관적 증거와 주관적 경험 사이에서 균형잡힌 접근법을 갖기 원한다. 우리가 그리스도인의 믿음에 대한 객관적인 증거를 제시한다고 할 때, 그것은 그리스도의 부활(고전 15:14)이나 하나님의 존재에 대해 과학으로부터의 증거를 말한다. 주관적인 경험이란 것 은 우리가 어떻게 살고 있는가에서 드러나는 삶 속에서의 하나님의 증거를 말하고 있는 것이다. 많은 사람들이 사도 바울이 살아가는 삶의 방식에서 적지 않은 영향을 받았다(빌 1:14).

　포스트모더니즘 세상에서 다른 사람들에게 예수님에 대해 말하기 위해서는 객관적인 증거와 주관적인 경험 모두 중요하다. 우리가 다가가려는 대상에게 어떤 종류의 증거가 가장 큰 영향력을 미칠 수 있는가 하는 점을 결정하기란 때로 어려울 수 있다. 많은 사람들이 우리의 삶 가운데서 그리스도를 발견하고 우리를 신뢰할 만하다고 여기게 될 때까지는 우리의 믿음에 대한 객관적 증거에 대해서 그리 큰 관심을 갖지 않을 수도 있다. 그래서 복음을 증거하는데 있어서 간증식 접근법은 때로 많은 열매를 맺을 수 있다. 특히 우리를 잘 알고 있는 가까운 친구나 가족들에게 더욱 효과적이며 그들이 우리의 변화된 삶을 본 후 우리가 전하는 것에 더욱 매력을 느낄 수 있다.

　그러나 다른 사람에게 우리의 삶 속에 계신 예수님을 보게 하거나 우리의 개인적인 간증을 나누는 것만으로는 한계가 있다. 그들은 우리의 간증을 단지 '우리 개인에게 적용되는 진리'로 볼 뿐, '그들 자신에게도 맞는 진리'로 보지는 않을 수 있기 때문이다. 어떤 사람은 "저는 제 마음에 예수님을 경험했기 때문에 성경이 진리인 것을 알고 있습니다."라고 말할 수 있다. 또 다른 사람은 "저는 제 마음에 불을 받았기 때문에 몰몬경이 진리임을 알고 있습니다."라고 말할 수 있다.

　만일 우리가 하는 모든 것이 그리스도에 관한 우리의 개인적인 경험만을 나누는 것이라면 믿지 않는 친구가 진리가 무엇인지를 어떻게 확인할 수 있겠는가? 우리는 우리의 간증과 함께 그리스도의 유일성을 드러내주는 몇 가지의 객관적인 증거를 보여주어야 한다. 사도 바울은 "그리스도께서 만일 다시 살아나지 못하셨으면 우리가 전파하는 것도 헛것이요 또 너희 믿음도 헛것이며"라고 말한다(고전 15:14). 그래서 우리의 믿음은 객관적인 기준이 있을 때만 신뢰성을 가질 수 있다.

공통점 찾기

둘째, 우리가 다가가려고 하는 사람들과의 공통점을 찾아야 한다. 사도 바울은 "약한 자들에게 내가 약한 자와 같이 된 것은 약한 자들을 얻고자 함이요 내가 여러 사람에게 여러 모습이 된 것은 아무쪼록 몇 사람이라도 구원하고자 함이니"(고전 9:22)라고 말한다. 공통점을 찾는 것은 우리의 신앙과 믿지 않는 친구들의 신앙 사이에 있는 교차점을 찾는 것을 의미한다. 이것은 모든 인간에게 주어진 일반 계시와 일반 은총 때문에 가능하다(롬 1:19~20; 2:12~15).

공통점이 의미하는 바를 예로 들어보자. 어느 날 우리는 한 대학교 교정에서 어떤 유대인과 대화를 나누었다. 그는 성경을 신뢰할 만하다고 생각하지 않는 자신에게 성경 말씀을 사용해서 전도하려 했던 그리스도인들에게 얼마나 화가 났었는지 이야기했다. 그는 심지어, 하나님이 존재한다는 것도 확신하지 못했다. 우리의 첫 번째 단계는 진리에 관해 말하는데 있어 공통점을 찾는 것이었다. 짧게 이야기 하면, 그가 마지막으로 했던 말은 다음과 같았다. "당신네들은 이것을 알아내려고 나를 박새도록 붙잡고 있을 모양이군요." 그는 우리에게는 다르게 반응했는데 그 이유는 우리가 그리스도에 관해 이야기하기 전에 공통점을 찾으려 했기 때문이었다. 공통점을 찾는 것은 서로 공유하는 생각을 찾는 것을 의미한다. 이것은 믿지 않는 친구들과 더 깊은 영적인 대화를 나눌 수 있게 하는 도약판이 될 수 있다.

공통점을 찾는 것은 점점 더 단편화 되고 절대 진리의 개념 뿐 아니라 이성의 올바른 사용을 포기해버린 요즘의 세상에서 특히 중요하다. 기독교적 시각을 가져야 한다고 주장하면서도 중요한 영역에서 그것을 버린 사람들이 이 진리를 받아들이는 것이 우리의 대화에서 중요하다. 하나님에 대한 진리는 이성을 초월하지만 이성을 떠나서는 이해할 수 없다(고후 1:18).

예를 들어 보자. 하나님은 성경 속의 모습과 모순되는 분이 아니다. 비록 많은 사람들이 성경을 쓰는데 참여했다 할지라도 하나님이 성경의 궁극적인 저자이며(벧후 1:21), 하나님은 자신이 가르치신 바와 스스로 모순 될 수 없다. 성경의 한 구절에서 가르치는 것이 무엇이든 성경의 다른 구절에서 가르치는 것과 모순될 수 없다. 이 점에 동의한다면 우리가 어떠한 견해를 가지고 있든 그 견해는 성경의 다른 부분과 모순될 수 없다는 상호 동의가 있기 때문에 토의는 더욱더 무르익을 수 있다.

특히, 종교적 배경이 거의 없는 사람들과의 공통점을 찾으려 할 때 한 가지 도움이 되는 방법은 다음과 같은 절제된 질문을 하는 것이다.

- "당신이 무엇을 믿느냐가 중요합니까?"
- "모든 사람이 옳을 수 있을까요?"
- "믿음만으로 충분할까요?"
- "예수님과 다른 종교 지도자들 사이에 어떤 차이점이 있을까요?"

이것은 새로운 생각이 아니다. 전에 언급한 대로 바울은 청중에 따라서 다른 접근법을 사용했다. 그가 유대인들과 하나님을 경외하는 헬라인들에게 말할 때와(행 28:23) 다신교도들에게 말할 때(행 17:22~31) 활용한 접근법은 다르다. 그는 언제나 공통점을 찾고자 노력했다. 바울은 사도행전 28장에서 예수님이 구약 예언의 성취임을 보여주었다. 바울은 그의 청중이 이미 유일신론적인 하나님 사상을 받아들였기 때문에 그렇게 한 것이다. 그들은 비록 메시아에 대한 왜곡된 초상화를 가지고 있었지만, 이미 구약의 권위를 받아들였고 메시아에 대한 얼마간의 지식도 가지고 있었다. 그러나 사도행전 17장에서 구약을 받아들이지 않거나 유일신인 하나님이 대한 신앙이 없는 다신교도들에게 말할 때, 바울은 그들이 숭배하는 알지 못하는 신을 언급했고 그것을 기독교의 하나님의 특성을 이야기하기 위한 연결점으로 사용했다.

긍정적인 해체의 가치(일치점과 불일치점을 찾기)⁴⁹⁾에 대해 이야기하 보자. 긍정적인 해체 접근법의 좋은 점은 우리가 그들이 말하는 것과 대부분 동의하지 않는다 할지라도 항상 일치점을 찾으려 한다는 점이다. 예를 들어, 어떤 사람이 "저는 모든 종교가 결국에는 다 같다고 믿어요."라고 말한다면, 우리는 "저도 '다른 사람들에게 선을 행하라' 또는 '다른 사람들에게 친절하라'는 권고처럼 모든 종교에는 어느 정도의 유사점이 있다는 것에 동의합니다."라고 대답할 수 있다. 그러나 우리는 또한 "모든 종교에는 얼마간의 유사점이 있지만 다른 점도 있어요. 예를 들어, 대부분의 종교들은 각각 구원에 대한 다른 시각을 가지고 있어요."라고 말해야 한다.

이런 공통점을 만들기 위해 시간을 보내면 그들이 동의하지 않거나 적어도 의문점을 가지고 있는 것들에 관해서 그들 스스로 기꺼이 대화하고자 하는 마음을 갖게 될 것이다.

긍정적인 해체 접근법에서 먼저 '그들의 입장이 되어보는 것' 역시 도움이 된다. 이것은 사이비 종교에 몸담고 있는 사람들에게 증거할때 특히 도움이 된다. 가끔 우리는 우리들의 신학 안에 있는 어려움들을 인식하지 못하고 이교도들의 생각 속에 있는 몇 가지 잘못된 점들만을 드러내려 한다. 그 결과로 우리는 예수님이 주신 진리를 진지하게 찾는 구도자로서의 인상을 그들에게 주지 못한다(요 8:32).

우리는 어떤 사람의 신앙을 평가하기 전에, 그들이 실제로 믿는 것이 무엇이며 왜 그것을 믿는지를 바르게 이해해야 한다. 이것은 그들이 우리가 틀렸다고 그토록 강하게 느끼는 이유가 무엇인지 이해하는데 도움이 되기도한다. 우리는 그들의 시각에서 삶을 바라보아야 한다. 다른 사람들이 우리의 신앙에 대해서 가지고 있는 관심을 우리가 더 잘 이해함으로서, 우리는 그리스도의 진리를 그들이 알아들을 수 있는 방식으로 더욱 효과적으로 나눌 수 있다.

공통점을 찾는 것은 거의 모든 사람들과 대화를 나눌 때 할 수 있는 것이다. 그리스도인으로서 우리는 무신론자 리차드 도킨스(Richard Dawkins)의 다음과 같은 말에 동의할 수 있다. "하나님의 실존 여부는 실제로는 아닐지라도, 원리적으로는 밝힐 수 있는 우주에 관한 과학적 사실이다."50) 우리는 또한 그가 "어떤 질문이 문법적으로 정확한 영어 문장으로 표현될 수 있다고 해도 그것이 의미있거나 우리의 진지한 관심을 끌지는 않는다."51) 라고 주장할 때도 그에게 동의할 수 있다.

우리는 전혀 다른 관점을 가지고 있는 다른 사람들과 대화를 나눌 때 적어도 대화를 주고받을 수 있을만한 충분한 공통점을 찾는 것이 중요하다.

공통점을 찾는 것은 그 사람이 듣도록 할 권리를 얻는 것과 같다

때때로 공통점을 찾아내는 것은 그 사람이 우리의 말을 듣게 하는 권리를 얻는 것이 된다. 졸업한 한 학생이 어떤 택시 기사와의 대화에서 공통점을 찾은 경험을 다음과 같이 말했다.

> 저는 불교 진언이 흘러나오는 택시에 탑승했습니다. 택시 기사는 저에게 진언을 틀어놓아도 되겠는지 정중하게 물어보았습니다. 사실, 심기가 불편했지만 저는 그가 틀어놓고 있는 것을 물어볼 기회로 삼아야겠다고 작정

했습니다. 그는 그 진언이 무엇인지 말해주었으며 자신이 그것을 설명해도 되겠느냐고 물었습니다. 또한 내가 어떤 종교를 가지고 있는지 질문해서 저는 기독교라고 알려주었습니다. 저는 그의 편에 서서 들어주었는데 그것은 그가 나의 편이 되어주어 내 이야기를 들을 수 있도록 그의 마음을 열게 했습니다. 그는 자신이 최대한 선한 사람이 되려고 얼마나 노력하고 있는지 말하면서 자신이 심취해 있는 불심에 대해 설명하기 시작했습니다. 동시에 그는 다른 사람들의 믿음에도 자신이 얼마나 열려 있는지 자랑했습니다. 그래서 저는 "제가 기독교가 다른 종교와 다르다고 느끼는 이유를 이야기해도 될까요?"라고 그에게 물었습니다. 목적지에 다다를 즈음 저는 그를 교회에 초대할 수 있는 기회를 얻게 되었습니다(마찬가지로, 그는 나를 불교 신자들의 모임에 참여하도록 나를 초청했습니다)…

그가 나에게 마음을 열게 된 것은 내가 마음을 열고 대화를 시작했기 때문이라는 것을 깨달았습니다. 비록 그가 분명하게 말하지는 않았지만, 나는 진언을 계속 듣고 싶어 한다는 그의 마음의 소리를 '들어야' 했고 그 다음 그의 믿음에 관해 '듣기 위해' 온 마음을 기울였습니다. 그렇게 함으로써 서로의 믿음을 이해하는 공통점이 생겼고 그도 저의 관점을 귀 기울여 듣기 위해 마음을 열었습니다.[52]

단순히 어떤 사람이 믿는 것을 들어주고 진정으로 그것들에 대한 관심을 보여주는 것만으로도 영적인 대화를 더 쉽게 지속할 수 있는 공통점을 만들 수 있다.

공유하고 있는 신념으로부터 다리놓기

셋째, 일단 우리가 복음을 전하고자 하는 사람들과 공통점을 찾았다면 그 다음 단계는 공유하고 있는 신념으로부터 복음으로 이어지는 다리를 놓는 것이다. 이는 공통 이해의 항목들을 기반으로 한다. 우리가 탐색 질문을 해서 믿지 않는 친구들이 진리를 분별하도록 돕지 않거나 그들의 세계에 생긴 어떤 위기가 그들 스스로 진리를 가로막게 한다면 이렇게 공통으로 이해할 수 있는 것들을 그들이 알아채지 못할 수도 있다(롬 1:18).

더 나아가, 만일 그들과 당신이 과거에는 서로 동의하지 않았던 어떤 문제에 대해 새로운 시각을 갖게 된다면, 그 새로운 이해는 또한 공통 이해를 세우는 토대로써 사용될 수 있다. 예를 들면, 9·11 사건은 믿지 않는 많은 사람들의 눈에 신앙에 대한 중요성을 표면화시켰다. 모든 믿음이 똑같이 정당화될 수 없다. 다원주의 시대인 오늘날 이것은 세워야 할 중요한 항목이다 왜냐하면 너무도 많은 사람들이 '종교 사이에는 중요한 차이점이 없다' 는 생각을 하고 있기 때문이다. 테러리스트의 종교적인 신념이 잘못되었다고 인정하는 것은 새로운 시각을 내포하고 있다. '모든 관점이 같은 것은 아니다.' 또는 '모든 관점이 옳은 것은 아니다.' 라는 새로운 시각은 공통 이해를 세우는 중요한 항목이다.

과학은 새로운 시각이 어떻게 신앙을 다르게 변화시키는지에 대한 또 다른 예를 보여준다. 다윈(Darwin)이 『종의 기원』(*The Origin of Species*)이라는 책을 출판한 이래로 과학자들은 우주와 우리 주변에 있는 생명의 기원에 대한 자연선택적인 설명에 의문을 갖게 하는 새로운 사실을 많이 알게 되었다. 예를 들어, 다윈은 세포 단계에 있는 생명은 그리 복잡하지 않을 것이라고 추측했다. 그러나 지금 우리는 그렇지 않다는 것을 알고 있다. 1990년대의 수많은 실험이 정상 우주론(steady state theory, 우주는 항상 팽창하고 있지만 평균 밀도는 일정하게 유지된다는 이론-역자 주)을 반박하고 우주에 시작이 있다는 것을 강하게 지지하기 전까지 수년 동안 과학자들은 우주에 시작이 있을 것이라는 것조차 의심했다.[53] 우주는 영원하지 않다는 이 변화된 신념은 몇몇 과학자들 사이에서 또 다른 변화된 신념을 갖도록 이끌었다. 즉 유물론적 진화론은 우리가 알고 있듯이 그렇게 짧은 시간 안에 생겨난 생명을 설명하기에는 부적합하다는 변화된 신념을 갖게했다.[54]

일단 당신이 하나 또는 그 이상의 공통 이해의 항목으로 다리를 놓았다면 또 다른 항목으로 다리를 놓는 것은 더 쉬워진다. 만일 어떤 사람이 "모든 관점이 같은 것은 아니다." "모든 사람이 옳은 것은 아니다."라는 진리를 확신한다면, 그때 다음과 같이 질문할 수 있다. "당신은 어떤 종교적인 관점들은 잘못된 것임에 틀림없다는 사실에 동의하십니까?" 당신은 믿지 않는 친구들이 이런 가능성에 대해 처음 생각해보게 되었다는 것에 놀랄지도 모른다.[55] 만일 그들이 이것을 공통 항목으로 받아들인다면, 당신이 던질 수 있는 다음 질문은 "그렇다면 당신은 누가 옳고, 누가 그른지 어떻게 결정하십니까?"라는 것이다.

이 시점에서 당신은 당신의 다리에 충분한 지지항도을 놓았기 때문에 그리스도와 그분의 유일성에 대해서 말할 수 있는 충분히 열린 마음을 갖도록 할 수 있다.

감성 또는 이성적 다리 중 어떤 것이 더욱 효과적일지 결정하기

이러한 다리들은 이성적 다리 또는 감성적 다리 중의 하나 일 수 있다. 이 두 가지 모두 포스트모더니즘 사고에 의해 영향을 받은 사람들을 돕는데 중요하다. 감성적 다리는 예수님이 사람들의 깊은 갈망을 어떻게 만족시키시는지를 이해하도록 돕고 그들이 자신들의 소망을 깨닫도록 돕는다. 삶의 진정한 의미는 하나님과 개인적인 관계를 가질 때에만 찾을 수 있다. 그리스도인 변증가 래비 재커라이어스는 다음과 같이 말한다. "예수님은 의심할 여지없이 생명을 주신 분은 하나님이시요, 인생의 의미는 그분을 아는데서 찾을 수 있다고 말씀하신다."56)

감성적 다리 세우기에 대해 이야기해 보자. 다른 사람에게 다리를 놓는 데 있어서, 일반적으로 감성적 다리는 제일 먼저 세워야 할 만큼 중요하다. 이성과 합리성을 가지고 생각하기를 포기해 버린 세계의 사람들에게 다가가기 위해서 때때로 성령님은 그들의 두꺼운 벽을 허물고 그들의 마음속으로 파고들어 가야 한다. 우리는 최우선적으로 예수님이 그들의 삶에 어떠한 차이를 만들어 내실 수 있는지 사람들이 이해할 수 있도록 도와야 한다. 이것은 특히 포스트모더니즘 사고를 가진 사람들에게 매력적이며 예수님이 대변하셨던 모든 것을 설명하는데 도움이 된다.

최근에 나는 힌두교 배경을 가졌지만 예수님을 영접하고 기독교 대학에서 일하고 있는 어떤 사람에게 예수님을 믿게 된 계기가 무엇이었는지 물었다. 그는 자신에게 가장 영향을 미쳤던 감성적 다리는 "아버지, 저들을 사하여 주옵소서. 자신들이 하는 것을 알지 못함이니이다."라는 십자가 상에서의 예수님의 말씀이었다고 말했다. 강요된 순종을 근본주의자들의 신앙과 동일시하는 시대에 예수님의 그 말씀은 진리를 갈구하는 친구들이 '원수를 사랑하며 핍박하는 자들을 위해 기도하라'고 가르치신 예수님을 되새기게 하는 중요한 감성적 다리이다(마 5:44). 이것은 믿지 않는 친구가 십자가로 가는 여정에서 중요한 감성적 다리가 될 수 있는 기독교에 대한 신선한 진리이다.

이성적 다리 세우기에 대해 이야기해 보자. 감성적 다리를 세우는 것이 포스트모더니즘 사고에 영향을 많이 받은 사람들에게 다가가는 첫 번째 단계이지만, 이것이 우리의 유일한 접근법이 될 수 없고 되어서도 안 된다. 오늘날에는 자신들이 용서받을 죄가 없기에 구주가 필요 없다는 주장을 하는 사람들이 많다. 그러나 그들이 필요를 느끼지 못하는 것이 그들에게 그리스도가 필요하지 않다는 것을 의미하는 것은 아니다. 그들에게는 그리스도가 필요하다. 우리는 예수님이 종교 지도자들 중 유일하신 분이라는 것을 주장해야 하고, 믿지 않는 사람들이 자신들의 다원주의적 관점들을 다시 생각해 볼 수 있도록 도전해야 한다.

이러한 중요한 이성적 다리를 세우기 위해 우리는 이전에 말한 대로 '공통 이해의 항목'을 사용해야 한다. 우리가 세워야 할 가장 중요한 이성적 다리들 중 하나는 믿음은 근거가 확실한 대상이 있어야 한다는 것에 대한 이해이다. 불행히도 많은 그리스도인들조차 중요한 것은 믿음 그 자체가 아니라 믿음의 대상[57]이라는 것을 분명히 이해하지 못하고 있다. 불교로부터 부처를 빼도 불교는 여전히 남고 이슬람으로부터 마호메트를 빼도 이슬람은 여전히 남지만 그리스도를 뺀 기독교는 생각할 수 없다. 특히 우리는 부활을 뺀 기독교를 생각할 수 없다. 부활은 그리스도인의 신앙에 대한 토대이다(고전 15:12~20).

공통 이해의 항목을 세우기

다음은 회의론자들, 다원주의자들, 또는 포스트모더니즘을 따르는 사람들에게 이성적 다리와 감성적 다리를 놓을 때 사용할 수 있는 항목의 예이다.

- "당신이 믿는 것이 당신의 삶에 영향을 미칠 것이기 때문에 '무엇을 믿는가'는 중요한 일입니다."
- "모든 종교적인 관점들이 옳을 수는 없습니다."
- "믿음은 믿을만한 가치가 있는 대상을 가져야 합니다."

- "예수님의 주장은 다른 어떤 종교 지도자들과 비교해봐도 유일합니다." (요 10:30; 14:6; 행 4:12; 딤전 2:5)
- "그리스도가 하신 주장의 증거는 다른 어떤 종교 지도자들 사이에서도 그 유례를 찾아볼 수 없습니다."
- "어떤 사람들은 하나님 없이는 그들의 삶에서 의미를 찾기 어렵다는 것을 알게 됩니다."

각각의 요점에 대해서 그들이 믿어야 할 것을 말해주기 보다 그들 스스로 진리를 깨달을 수 있도록 당신은 각 항목의 진리를 인정하게 하는 질문을 해야 할 것이다.

대학생들은 일반적으로 "종교적인 신념에 관해 모든 사람이 옳을 수 없다면, 어떤 사람은 반드시 틀려야 한다."는 것을 인정하기를 꺼려할 것이다. 그러나 일단 그들이 다른 세계관들을 나타내는 간단한 차트를 보고 난 후에는 누군가는 틀릴 수 밖에 없다는 사실을 깨닫는 경우가 많은 것을 대학생들과의 토론에서 발견할 수 있었다. 또 이것은 필연적으로 "그러면 당신은 누가 옳고 누가 그른지 어떻게 결정하십니까?"라고 묻도록 이끈다. 대부분의 경우에 이 질문은 그리스도에 관해 이야기할 기회를 만들어 준다.

복음으로 이어지는 다리를 놓는데 도움이 되는 또 다른 항목은 그리스도의 주장에 대한 증거가 다른 종교 지도자들 사이에서는 그 유례를 찾아볼 수 없다는 사실이다. 예를 들어, 다원주의적 지성을 가진 친구들에게 던질 수 있는 질문은 "기독교와 다른 모든 주요 종교들 사이에 있는 중요한 차이를 알고 있습니까?"라고 묻는 것이다. 부처는 길을 제시했다고 주장했고, 마호메트는 자신이 하나님의 선지자라고 주장했다. 그러나 예수 그리스도는 죄 없는 삶을 사셨으며, 태어나기 수백 년 전에 쓰여진 예언을 성취하셨고, 십자가에서 죽으셨고, 죽은 자들로부터 살아나셔서 스스로를 하나님이라고 주장하신 유일한 종교 지도자이심을 지적할 수 있다. 이러한 사실은 예수님이 얼마나 우일하신 분인지를 그들이 볼 수 있도록 돕는다.

불행하게도, 오늘날에는 그리스도인의 믿음에 대한 주장과 증거를 다른 종교의 주장과 같은 수준으로 끌어내리려는 경향이 있다. 사과와 사과를 비교하는 것처럼 기독교를 다른 종교와 비교하여 말하는 것이다. 몇 년 전 내가 여행 중에 어떤 사람과 대화를 나누었는데, 그때 이런 경향이 고스란히 드러났다. 이 사람은 교회에서 자랐지만 "어느 누구도 그리스도인의 신앙에 관한 증거를 보여주지 못했어요."라고 말했다. 그래서 나는 그에게 예수 그리스도의 부활에 대한 증거를 조금 설명해 주었다. 그때 그는 불쑥 끼어들며 "그렇지만 부처는요? 마호메트는 어떻습니까?"라고 크게 말했다. 나는 그가 부처나 마호메트가 예수님과 같은 신빙성을 갖고 있다고 생각하기 때문에 이런 질문을 제기했다고 믿지 않는다. 그렇게 의문을 제기한 것은 성령께서 죄를 지적하심을 느끼고 기독교가 다른 여느 종교와 차이가 없다고 주장하기 위해 모든 종교가 균등하다고 말하고 싶었기 때문이라고 생각한다.

우리의 믿지 않는 친구들에게 복음으로 이어지는 다리를 놓는데 있어 우리의 할 일은 예수님이 정말로 하나님이신 것을 그들이 이해할 수 있도록 돕는 것이다.

만일 우리가 다른 사람들을 예비전도에 성공적으로 참여시키려면 우리는 특정한 종류의 사람들을 위해 그에 맞는 다리를 놓는 것이 중요하다. 예를 들어, 모슬렘에게 다리를 놓는 유용한 도구는 "모슬렘의 생각 속에서 예수님을 선지자의 신분이 아닌 구원자의 신분에 더 가깝게 높이기 위해 코란을 사용할 수 있다."[58]는 '낙타 전도법(Camel Method)' [59]이다.

다원주의 유물론의 어떤 형태를 믿는다고 공언하는 사람들에게는 과학과 철학으로부터 끌어낸 다음 단계들을 이용할 수 있다.

- 우리는 지적 존재의 증거를 인과 원리와 자연의 설계로부터 철학적으로 추론할 수 있다.
- 천문학의 증거는 우주의 시작에 대한 믿음을 뒷받침해 준다.
- 어떤 사람들은 순전히 자연선택적인 원인과 과정에 의해 우주의 운행을 설명하려고 하지만, 이것은 여전히 우주의 기원에 대해서는 설명하지 못한다.
- 진화론은 최초의 생명 형태를 밝히려 시도하지만 최초의 생명을 밝히지 못한다.

결론

진화론은 하나님에 대한 신앙을 불필요한 것으로 만들지 않는다. 그러나 진화의 자연적인 과정이 어떤 종류의 지적인 개입 없이 새로운 생명 형태를 설명할 수 있든 없든 지적 창조자에 대한 신앙은 생명의 기원을 설명하는데 반드시 필요하다.

전반적인 변증 개요를 암기하기

변증론은 기독교 신앙의 체계적이고 합리적인 변호이다. 이는 체계적으로 우리가 논리적인 단계들을 차례로 밟아가는 것을 뜻한다(다른 책에서 우리는 기독교 믿음을 변호하는 논리적이고 포괄적인 접근법을 제시하는 12단계를 제시하였다).[60]

이제 복음으로 이어지는 다리를 놓는 네 번째 단계는 아래 제시된 변증 개요에 있는 각 단계를 외우는 것이다. 개요를 외우는 것은 당신이 전도하려고 하는 사람과 어디서부터 시작하면 좋을지 알도록 도울 것이다. 만일 그들이 진리를 믿지 않는다면 그 때 당신은 첫 번째 요점에서 시작해야 한다. 그들이 모든 관점이 진리라고 믿는다면 두 번째 요점에서 시작해야 한다. 그들이 진리를 믿지만 하나님을 믿지 않는다면, 당신은 세 번째 요점에서 시작할 수 있다. 이런 식으로 계속하면 된다.

기독교를 변호하는 이런 논법을 아는 것은 그 사람이 지금 믿음의 어느 단계에 와 있으며 그들과 어디서 시작하면 되는지 알 수 있도록 돕는다. 졸업한 한 학생은 다음과 같이 말했다.

> 제가 '마음을 여는 전도대화' 접근법을 삶에 적용할 때 갖는 주된 어려움은 그 사람이 분명한 결론에 도달하도록 하기 위해 한 가지 질문 또는 논증을 다음의 것과 효과적으로 연결하는 것입니다. 저는 가끔 대화 중에 갈피를 못 잡고 있다고 느꼈습니다.
> 저는 제가 요점의 논리적 단계를 이해하고 기억하는데 초점을 맞추어 그 사람이 변증 개요를 보고 이해할 수 있도록 해야 할 필요가 있다는 것을 깨닫습니다.

다음의 열두 가지 요점을 이해하는 것은 복음으로 이어지는 효과적인 이성적 다리를 어떻게 세워야 하는지에 대한 실질적인 아이디어를 제공할 것이다. 다음은 기독교를 옹호하기 위한 열두 가지 요점을 논리적인 순서로 나열하고 있다.[61]

1) 실재에 대한 진리는 인식할 수 있다.
2) 참의 반대는 거짓이다.
3) 유일신론적 관점에서의 하나님이 존재한다는 것은 사실이다.
4) 만일 하나님이 존재한다면 기적이 가능하다.
5) 기적은 하나님으로부터 온 메시지를 확증하는데 사용될 수 있다.
6) 신약은 역사적으로 신뢰할 만하다.
7) 신약은 예수님이 하나님이라고 주장했다고 말씀한다.
8) 자신이 하나님이라는 예수님의 주장은 다음에 의해 기적적으로 확증되었다.
   ㄱ. 그는 자신에 관한 수많은 예언을 성취했다.
   ㄴ. 그는 죄가 없으시고 기적으로 가득 찬 삶을 살았다.
   ㄷ. 그는 자신의 부활을 예언했고 성취했다.
9) 그러므로 예수님은 하나님이시다.
10) 하나님이신 예수님이 가르치신 모든 것은 참되다.
11) 예수님은 성경이 바로 하나님의 말씀이라고 가르치셨다.
12) 그러므로 '성경은 하나님의 말씀이며 그것과 반대되는 어떤 것도 거짓이다' 는 것은 참되다.

목표를 기억하기

다섯 번째, 우리는 예비전도에 너무 사로잡혀서 사람들이 매일 예수님께 한걸음 더 가까이 나오도록 돕는, 걸림돌을 없애는 우리의 목표를 잊어 버려서는 안 된다(고전 3:6). 우리의 목표는 예비전도로부터 직접적인 전도로 옮겨 갈 수 있는 기회를 찾는 것이다. 만일 우리가 예비전도에서 제기되는 문제들만 다루고 복음을 전하려고 하지 않는다면, 우리는 빛과 소금이 되라는 하나님의 명령을 이행하지 않는 것이다(마 5:13~16).

불행히도, 우리는 목표를 잊고 지나칠 정도로 논쟁적이 될 수 있다. 이때 다른 사람을 대하는 방식 때문에 전투에서는 이기고도 전쟁에서는 질 수 있다. 중요한 것은, 우리가 옳다는 것을 다른 사람들이 분명하게 알도록 해야 한다고 여기는 함정에 빠져서는 안 된다는 것이다.

어떤 때에 우리는 큰 그림을 보지 못해서 우리가 날마다 하는 대화 가운데 십자가로 이끄는 다리를 놓는 첫 번째 단계를 행하는 결정을 하지 못하기도 한다. 예비전도의 중요성을 이해했지만 한 번도 다른 사람을 대화로 이끌어보지 못한 사람들은 그들의 삶 가운데 그리스도의 주되심을 이해하지 못하는 것 일수 있다. 그들은 사도 바울이 보았던 것처럼 우리가 다른 사람들이 그리스도를 향해 발걸음을 내딛도록 도와야 할 의무가 있다는 것을 보지 못한다(고전 9:16~17). 그들은 자신들의 사생활에 얽매여 있어서 하나님 나라의 관점을 잊고 있다. 우리는 예비전도에 대한 훈련은 제자 훈련과 함께 강화되어야 하는 것임을 분명히 해야 한다.

만일 우리가 목표를 잃지 않고 하나님 나라의 관점을 지속적으르 가지고 있다면, 믿지 않는 사람들의 팔을 비틀어 그들이 '항복'이라 소리치며 우리의 신앙에 동의하게 하는 것은 중요하지 않다는 것을 알게 될 것이다. 오히려 우리는 사람들이 그리스도에 관한 진리를 알고 '아바 아버지'(롬 8:15)라고 부르짖기를 간절히 원한다.

예비전도에서 직접적인 전도로의 전환

여섯 번째, 우리는 예비전도에서 직접적인 전도로 전환해 복음을 나눌 수 있는 기회를 적극적으로 찾아야 한다. 여기서 우리는 복음을 설명하기 위해 어떤 방법을 사용하고 있든지 간에 그것을 이 예비전도 모델과 통합시킬 수 있다. 때때로 예비전도에서 직접적인 전도로 전환할 때 다음과 같이 질문하는 것이 도움이 된다. "당신에게 기독교와 다른 종교들 사이의 차이점에 대한 설명을 해준 사람이 있었습니까? 나는 단지 두 단어, '행하라 vs 행해졌다'(do vs done)를 사용해 그 차이를 설명할 수 있습니다."[62] 이렇게 말하는 것은 당신이 이야기하는 상대방에게 약간의 호기심을 유발할 수 있기 때문에 도움이 되는 접근법이다. 그들은 당신이 단지 두 단어만을 사용해서 어떻게 그 차이를 설명할 수 있을지 궁금해할 것이다.

기독교를 제외하고 세상에 있는 모든 종교는 천국에 이르기 위해(또는 그와 동등한 조건에 이르도록) '이것을 하라'라고 말한다. 모슬렘들은 "무게를 달아보았을 때 당신의 선행이 당신이 저지른 악행보다 무거워야 한다."라고 말한다. 불교 신자들은 "당신은 팔정도를 통해 욕심을 없애야 한다."라고 말한다. 세상의 모든 종교는 당신에게 무엇을 행하라고 주장한다.

반면에 기독교는 무엇인가 해야 하는 것에 대한 것이 아니고 이미 이루어진 것에 대한 것이다. 성경은 하나님과의 관계를 얻기 위해 우리가 할 수 있는 것은 아무것도 없다고 가르친다. 내가 얼마나 선하든지 또는 내가 하나님을 위해 무엇을 하든지 간에 이러한 것들은 하나님과의 관계를 맺기 위한 권리를 얻는데 충분하지 않다(엡 2:8~9; 딛 3:5). 이것이 바로 기독교의 초점이 '행하라'가 아니라 '행해졌다'에 있는 이유이다. 예수님은 나의 죄를 속하기 위한 희생제물이 되셨다(롬 5:8). 나의 책임은 하나님이 나를 위해 행하신 것을 받아들이는 것이며, 그리스도께서 내 삶에 들어오셔서(요 1:12) 내 능력이 아니라 그분의 힘으로 나의 마음을 바꾸시도록(빌 2:13; 4:13) 그분을 초청하는 것이다.

만일 '행하라 vs 행해졌다'의 유추로 인해 믿지 않는 친구들이 그리스도에 대해 말하는 것에 마음을 연다면, 그때 당신은 성경을 사용하든지 또는 당신에게 친근한 전도책자를 사용하든지 해서 그들에게 복음을 더 상세하게 설명 할 수 있다. 당신의 예비전도는 당신이 복음을 증거하는 스타일에 자연스럽고 효과적으로 엮어지게 될 것이다.

복음으로 이어지는 다리를 놓기 위해서 다음의 여섯 단계를 유념하는 것이 도움이 된다.

- 당신의 접근법에 바른 균형을 찾아라.
- 공통점을 찾아라.
- 다리를 놓으라.
- 개요를 암기하라.
- 목표를 기억하라.
- 예비전도에서 직접적인 전도로 전환할 수 있는 기회를 적극적으로 모색하라.

이러한 여섯 단계들을 거듭해 사용함으로써, 당신은 믿지 않는 친구들이 예수 그리스도의 십자가에 이르는 영적 여정에서 한 걸음 더 나아가는 것을 볼 수 있을 것이다.

'마음을 여는 전도대화'의 요약

간추리면, '마음을 여는 전도대화'는 다른 사람들이 말하는 것을 경청하면서 그들의 견해에 있는 모순점을 듣고, 그 다음 그들의 종교적인 용어를 분명하게 하는 질문을 던짐으로 그러한 모순점들을 조명하며 그들이 가진 관점의 약점들을 드러내는 것이다. 그 때 우리는 그들의 내력을 알아내고, 복음으로 연결해주는 다리를 놓지 못하게 하는 그들이 가진 걸림들을 드러내야 한다(고전 3:6).

　우리는 항상 듣기대화로 시작해야 한다. 그러나 그 다음에 무엇을 해야 하는지 아는 것은 과학이라고 하기보다는 예술의 경지에 더 가깝다. 우리는 모순점들에 관해 조명하는 질문들을 하거나 그들 스스로 진리를 분명하게 알 수 있도록 돕는 질문을 하기 전에, 그들이 어떻게 현재의 길목에 와 있는지 알 수 있도록 그들의 삶에 대한 내력을 알아야 할 필요가 있을 수 있다. 각각의 상황이 다르고, 어떤 경우에 사용했던 접근법이 다른 경우에서는 적용되지 않을 수도 있다. 우리는 성령의 인도하심에 민감해야 한다(약 1:5).

　가장 중요한 것은 예비전도가 적어도 네 가지 다른 면을 포함하고 있어야 한다는 것이다. 그것은 듣기, 조명하기, 드러내기, 다리놓기이다. 이러한 것들은 우리가 믿지 않는 친구들의 삶 속에서 우리가 할 수 있는 네 종류의 역할과 부합된다. 그것은 음악가, 화가, 고고학자, 건축가이다. 예비전도의 이러한 면을 우리의 전도 훈련에 통합하는 방법을 이해하는 것은 오늘날의 회의론자들, 다원주의자들, 포스트모더니즘을 따르는 사람들에게 더 효과적으로 다가가는데 중요한 역할을 한다.

　하나님께서 잇사갈 자손들처럼 이 시대를 잘 분별해서 마땅히 행할 것을 알 수 있게 하시기를 기원한다(역대상 12:32).

 되짚어 보기

1. 당신이 영적인 대화를 할 때 그 사람이 마음을 열도록 공통 관심사(좋아하는 것, 싫어하는 것, 관점 등)를 찾아야 함을 기억하라.

2. 당신의 신념과 믿지 않는 친구들의 신념 사이에 있는 교차점을 알아내기 위해서, 그들이 누구인지, 그들의 마음 깊은 곳에 내재되어 있는 것이 무엇인지를 이해할 필요가 있다. 그들을 진정으로 알아가기 위해서는 시간을 가져야 하기 때문에 당신의 헌신이 필요하다.

3. 믿지 않는 친구들이나 지인들과 수많은 의견 차이가 있다 해도 당신이 동의하고 있는 것들을 대화의 주제거리로 삼으려고 부단히 노력해야 함을 항상 기억하라. 장기간에 걸쳐 한 번에 한 단계씩 그리스도를 옹호하도록 하라.

4. 다원주의 세계속에서, 예수님이 다른 모든 사람들과 얼마나 구별이 되시는지에 대해 친구들과 대화를 나누는 것이 중요하다. 예수님은 진실로 그러한 분이심을 그들이 볼 수 있도록 도우라. 또한 그분의 부활의 능력이 그분을 따르는 사람들 역시 다른 삶을 살 수 있도록 도울 수 있음을 당신의 삶을 통해 그들에게 보여주라.

5. 특히 다른 사람들이 보는 앞에서 믿지 않는 친구들과 논쟁을 벌이고자 하는 유혹을 물리치라. 친구들 마음에 있는 걸림돌들을 제거해서 그들이 그리스도께 매일 한걸음씩 나아갈 수 있게 하는 것이 궁극적인 목표이다. 당신의 시선이 궁극적인 목표에서 벗어나지 않도록 하라. 각거 전투에서는 이기면서 사람들의 영혼을 구원하려는 전쟁에서 지지 말라.

6. 다른 사람들에게 다리를 놓을 때, 당신은 믿지 않는 친구들이 각 항목에 대한 진리를 인정하도록 돕는 질문들을 던질 수 있다. 이것은 그들이 믿어야만 하는 진리를 당신이 말로 하는 것 보다 그들 스스로 진리를 분명하게 알도록 하는 방법이다.

7. 오늘날 효과적으로 예수님을 증거하는데 가장 커다란 걸림돌은 방법론의 문제가 아니라 성숙의 문제이다. 만일 우리가 정말로 하나님을 위해 살고 세상에서 그분의 목적을 확장하길 원한다면, 우리는 매일 길에서 마주치는 사람들과 나누는 모든 대화를 그리스도를 전하는 기회로 삼고자 하는, 하나님 나라의 관점을 개발할 것이다.

 ## 적용하기

1. (이 장에서 언급했던)변증 개요를 적어보고 각각의 요점을 얼마나 이해했는지 기록하라. 성경을 열심히 공부하면서 이러한 기본 진리를 더 잘 이해할 수 있도록 하나님의 도우심을 구하고(딤후 3:16~17), 사람들이 묻는 질문들에 대답할 수 있도록 잘 준비되기 위해 다른 변증 자료들을 읽으라.

2. 배우자나 친구에게 당신이 기독교 입장에 대해 논리적으로 말하는 것을 들어달라고 요청하라. 당신이 말한 것과 당신이 말했어야 하는 것에 대해 건설적인 조언을 해달라고 요청하라.

3. 당신이 기도하고 있는 '우선순위 명단에 있는 세 사람'과 나눈 대화를 되새겨 보라. 각 사람과 공통점을 만들기 위한 가장 효과적인 방법이 무엇인지 자문하라(각 개인에 따라 다를 수 있음을 기억하라). 친구들의 신앙과 당신의 신앙이 어디서 교차하는지 알게 되었다면, 부록 Ⅰ에 있는 단계 4에 당신이 관찰한 것을 기록하라.

4. '우선순위 명단에 있는 세 사람'에게 복음으로 이어지는 다리를 놓는데 어떤 항목들을 사용할 것인지 정하라. 그들이 그리스도께 한걸음 더 나아가도록 돕는 다른 항목들, 곧 그들이 어떤 항목을 더 쉽게 받아들일 것인지 자문하라. 부록 Ⅰ의 4단계에 당신의 생각을 기록하라.

5. 또한 어떤 종류의 다리(이성적 또는 감성적)가 당신의 '우선순위 명단에 있는 세 사람'에게 복음을 증거하는데 가장 효과적일지 정하라. 4단계 아래 적당한 빈 칸에 당신의 생각을 기록하라.

6. 부록 Ⅰ에서 관찰한 드든 것을 기록했다면 부록 Ⅱ에 열거된 항목들을 복습하고 기록한 것을 다시 읽어보라. 이제 당신의 '우선순위 명단에 있는 세 사람'에게 복음을 증거하는데 무엇이 가장 효과적인 전략일지에 관해 생각해 보고 기도하라. 서두르지 말고 이러한 시간을 충분히 가지라. 좋은 생각이 났을 때, 부록 Ⅰ에 있는 4단계 아래 당신의 통찰력 있는 의견을 적으라.

7. 그리스도와의 관계의 깊이를 생각해 보고 그분을 열렬하게 찾으라. 모든 그리스도인은 이렇게 하도록 부름 받았다. 뿐만 아니라, 그리스도와 가지는 깊은 교제는 당신이 다른 사람에게 복음을 증거하는데 큰 영향을 끼친다.

8. 다른 믿지 않는 사람들(꼭 당신이 기도하는 '우선순위 명단에 있는 세 사람' 뿐만 아니라)에게 당신이 먼저 대화를 시작할 수 있도록 하나님의 인도하심을 구하라. 우선순위 명단에 있는 세 사람에게 했던 것 같이 그들에게도 그렇게 하라. 그 다음 하나님이 당신을 어디로 인도하시든지 기꺼이 가고, 그가 무엇을 말하게 하시든지 기꺼이 말하라!

Chapter 7

다른 세계관을 지니고 있는
사람에게 질문하는 기술

Conversational
Evangelism

데이브 : 테러리스트들이 세계무역센터를 폭파하고 수많은 사람들을 죽인 것은 전적으로 잘못되었다는 것을 믿는다는 말이지?

학생 : 예, 저는 그들이 자신들이 행한 일에 대해 언젠가 책임지게 될 거라고 확신해요.

데이브 : 정말로? 하지만 나는 네가 내세를 믿지 않는다고 말했다고 생각했는데?

학생 : 예, 맞아요. 인간은 물질과 에너지에 시간이 더해져서 우연히 생성된 부산물일 뿐이어요.

데이브 : 만일 네가 내세를 믿지 않는다면, 천국이나 지옥 같은 것도 믿을 수 없겠구나?

학생 : 예, 맞아요.

데이브 : 그러면 네가 사후의 삶을 믿지 않는데 그들이 살아있는 동안이 아니라 사후에 자신들의 행동에 대한 책임을 질 것이란 것이 어떻게 가능한지 말해줄 수 있니? 만일 네가 사후에 있을 심판의 자리 같은 것을 믿지 않는다면, 히틀러나 그러한 테러리스트들은 자신들이 행한 끔찍한 짓들에 대해 어디서 심판을 받으며, 어떻게 책임을 져야할까?

학생 : 잘 모르겠는데요…

복음을 가로막는 걸림돌을 제거하기 위해 익혀야 할 기술

포스트모더니즘 세상에서 복음으로 다른 사람들에게 다가가는 것을 어렵게 하는 걸림돌을 제거하기 위해 그리스도인은 성경에서 행하라고 가르치는 어떤 기술을 익히는 것이 필요하다(고후 10:5; 벧전 3:15; 유 1:3). 우리는 다른 사람들이 자신들의 믿음을 재고하고 예수님에 대해 더 배우고

7장 다른 세계관을 가진 사람에게 질문하는 기술 *179*

싶은 마음이 생기도록 적절한 질문들을 던지는 방법을 배울 필요가 있다.

걸림돌을 제거하는 일의 걸림돌

오늘날 복음을 가로막는 걸림돌을 제거하는데 있어서의 어려움은 여러 요인들로 자세하게 설명할 수 있다. 첫째, 우리의 믿음은 포스트모더니즘의 핵심과 반대된다. 결과적으로, 사람들에게 무엇을 말해야 할지를 아는 것이 중요할 뿐 아니라, 어떻게 말해야 할지를 아는 것도 중요하다. 모든 것을 아는 것처럼 잘난 체하는 인상을 주어서는 안 된다. 우리는 '어떤 거지가 다른 거지에게 떡이 어디에 있는지 말해주는 것'과 같은 태도로 행해야 한다. 우리는 대답할 때 '온유와 두려움'의 태도를 갖는 방법을 배울 필요가 있다(벧전 3:15).

둘째, 우리의 신앙이 다른 종교의 신앙과 동화되고 있다. 동양에서 예수님은 신들을 모시는 판테온(신들을 모시는 신전-역자 주)에 있는 신들과 같이 사람들의 문제를 도울 수 있는 또 다른 한 신에 불과하다. 서양에서 다수의 사람들은 기독교와 다른 종교의 차이가 없다고 생각한다. 또 기독교는 대부분의 다른 종교의 신앙과 비교해서 더 나을 것이 없다고 생각한다. 그들에게 기독교는 하나님께 이르는 여러 가지 길들 중 하나이지 유일한 길은 아니다.

셋째, 상대주의는 점점 더 효과적으로 진리를 선포하는 것을 방해하고 있다. 다른 사람들이 지니고 있는 신앙의 모순을 지적하는 것은 거만하고 편협한 것으로 오해되고 있다. 진리에 대한 우리의 자신 있는 태도는 믿지 않는 이들로 하여금 우리를 피하게 하고 자신들의 벽을 더욱 두껍게 해서 뚫지 못하도록 만들었다. 따라서 우리는 다른 사람과 나누는 대화에서 논쟁적이고, 자랑하며, 무례하고, 생색을 내며, 무감각하다는 인상을 주지 않도록 조심해야 한다.

우리는 건설적인 대화를 위해 가장 현명한 방식으로 질문하는 것을 익혀야 하고, 질문을 할 때 세 가지 목표를 유념해야 한다. 즉, 다른 사람들의 관점에 들어있는 불확실한 것을 드러내고, 그들이 방어를 최소화하면서도, 진리의 말씀을 더 듣고 싶어 하는 호기심을 갖게 되도록 질문을 하는 법을 배울 필요가 있다.

걸림돌을 제거하는 비결

다음의 7가지 비결은 그리스도를 위해 포스트모더니즘 세대에게 보다 효과적으로 다가가려고 할 때 도움이 될 것이다.

1. 사람들의 일정표에 따라 그들과 함께 문제를 해결하라

우리의 일정표가 아니라 믿지 않는 친구의 일정표에 따라 문제를 해결하도록 그들에게 질문을 던지고 도울 필요가 있다. 그 친구들이 즉각적인 결정을 내리기를 기대한다면, 그들은 우리의 대화를 '신앙을 판매하는 행위'로 오해하기 쉽다. 그리고 이것은 그들이 그리스도라는 분에 대해 진지하게 고려해보기도 전에 복음을 받아들이는 일을 길고 험난한 여정이 되게 할 것이다. 따라서 우리는 인내를 가지고 그들이 가진 견해의 모순을 해결해야 할 필요가 있다. 그들이 그리스도께 좀 더 나아가도록 돕는 일은 시간이 필요하다.

복음 전도자 닉 폴라드는 이러한 태도를 개발하는 것이 왜 중요한지를 상기시킨다.

> 내가 매일 돕고자 하는 학생들 중 대다수에게서는 그리스도인이 되고자 하

는 마음을 전혀 찾아볼 수가 없다. 뿐만 아니라, 그들은 예수님에 대해 들어보고 싶은 마음조차도 없다 … 이러한 사람들에게 내가 가진 목표는 이들이 그리스도인이 되는 것도 아니며 … 그리스도께 한 걸음 더 가까이 가도록 하는 것도 아니다. 또한 우리는 거의 그렇게 하지도 못한다. 나의 목표는 그들이 지금 가지고 있는 세계관으로부터 그저 한 발짝이라도 떨어져 더 멀어지도록 돕는 것이다.[63]

사고의 방향을 전환하는 것은 행동을 바꾸는 것만큼이나 느리다. 우리는 포스트모더니즘 주창자들에게 복음을 증거하기 위해 우리의 관점을 조정해야 한다. 그들의 관점을 변화시키는 것은 시간을 요구하는 일이다. 이 작업에는 많은 시간이 필요할 수도 있는 것이다.

2. 그들의 세계관을 이해하라

'마음을 여는 전도대화'의 어려움 중의 하나는 어떤 질문들이 가장 효과적일 것인지를 정하는 것이다. 우리는 대화의 기초를 듣는 자의 관점에 놓아야 한다. 사람들은 각자 다른 세계관을 지니고 있으며 우리는 그들이 지니고 있는 관점에 따라 어떠한 질문을 해야할 지 결정해야 한다.

이것은 성경적이고 현명한 접근법이다. 예를 들어, 마가복음 2:1~12에서 예수님은 바리새인들이 오직 하나님만이 병을 고치시고 죄를 용서하심을 믿는다는 것을 아셨다. 따라서, 그는 중풍병자에게 "작은 자야, 네 죄 사함을 받았느니라"고 말씀하셨고, 자신이 하나님이시라는 진리로 바리새인들을 만나기 위해 그를 치유하셨다. 사도행전 28:23에서 바울은 자신의 청중이 성경말씀의 몇 구절을 받아들인 것을 알았기 때문에 구약성경, 예언, 모세의 율법이 어떻게 그리스도를 가리키는지 설명했다. 사도행전

17:28~29에서 바울은 에피쿠로스와 스토아 철학자들에게 그들의 신념이 당대의 문필가들과 시인들이 말한 것과 얼마나 모순되는지 보여주었다.

우리가 어떻게 그들과 대화를 해야 할지는 그들의 세계관에 따라 다르다. 무신론자들에게는 유신론자들에게 하는 것과는 다른 견지에서 시작해야 할 것이다. 즉, 우리는 포스트모더니즘 세상에 있는 무신론자에게 우리가 왜 절대적인 것을 믿는지를 먼저 설명해야 할 것이다. 예를 들어, 포스트모더니즘 주창자들은 하나님의 존재에 관한 서로 모순된 진술들을 받아들일 수 있다. 그들은 "하나님은 당신을 위해 존재하실 수도 있지만, 나를 위해서는 존재하지 않아요."와 같이 말할 수 있다. 만일 우리가 진리로 토대를 세우지 않는다면, 방향을 알 수 없는 대화에 점점 더 빠지게 될 것이다.

절대적인 진리가 있음을 확실히 한 후에는, 그리스도에 관해 말하기 전에 우리는 왜 하나님이 존재한다고 믿는지 설명해야 할 것이다. 하나님이 없다고 믿는 사람들과 왜 처음부터 예수님은 하나님의 아들이라는 것을 놓고 논쟁하는가? 한 학생은 "당신이 예수님이 죽음에서 살아났다고 나에게 증명할 수 있다고 할지라도 그것은 예수님이 하나님이라는 사실을 증명한 것은 아닙니다. 자연주의적인 세상에서 예수의 부활은 이례적인 것으로 여겨질 수 있습니다."라고 나에게 분명한 어조로 말했다. 그가 말한 것이 단지 추측이거나 심지어 순전히 지어낸 것이라 할지라도 이 학생의 말은 일리가 있다.

힌두교도와 이야기를 한다 하도 마찬가지다. 당신이 어떤 종류의 하나님을 이야기하고 있는지 먼저 설명하지 않고는 그와 예수님에 대한 이야기를 못할 수도 있다. 그러나 모슬렘들과 이야기할 때는 이것이 반드시 필요한 것은 아니다. 비록, 모슬렘은 예수님이 하나님이라고 주장한 것을 믿지는 않지만 이미 일신론의 하나님을 믿고 있다. 예수님에 대해 우리가 말한 것을 그가 고려하도록 하기 전에 성경의 신뢰성과 권위에 대한 이야기로 시작해야 할 것이다. 힌두교, 도교, 또는 정령 숭배적인 신앙에 의해 영향을 받은 아시아 사람은 예수님이 그들의 신전 안에 있는 많은 신들 중에 한 신이라고 주장함으로써 세계관을 혼합하게 된다.

다른 관점에 대해 말할 때, 우리는 다른 세계관에 대해 이야기하고 있는 것이다.

> 세계관은 모든 실재를 보는 방식 또는 해석하는 방식이다. 이것은 해석학적 틀로서 이것을 통해 혹은 이것에 의해 삶과 세상을 이해한다. … 예를 들면, 정통 유대인은 이스라엘의 출애굽을 하나님의 개입이라고 본다. 그들은 이 사건을 기적으로서 바라보는 것이다. 반면에, 자연주의자는 같은 사건을(이것이 정말 일어났다면) 생소한 일 즉, 이례적인 자연의 사건으로 바라 볼 것이다.[64]

따라서 우리가 믿지 않는 친구들에게 던지는 질문은 그들이 가지고 있는 세계관에 의해 좌우된다. 복음 전도자 닉 폴라드는 "만일 자신들이 믿는 것을 매우 만족스러워하기 때문에 예수님에 대해 관심이 없는 사람들을 우리가 도와야 한다면, 먼저 그들이 믿는 바가 무엇인지 이해해야 한다. 그들의 세계관을 이해하기 위해 할 수 있는 모든 것을 해야 한다. 그렇게 할 때, 그들에게 어떤 종류의 질문을 해야 할지 알게 될 것이다."[65]라고 말한다.

사람들이 가지고 있는 세계관은 그들이 실재를 어떻게 보는가에 영향을 끼친다. 나는 몇 년 전 어떤 힌두교인 대학원생과 예수 그리스도의 부활의 증거에 관해 이야기를 나누었다. 내가 더 중요한 증거의 일부분을 설명하자, 그는 나를 똑바로 바라보며 "저는 우리 모두가 예수님이 행했던 것을 할 수 있는 능력을 갖고 있다고 믿어요."라고 말했다. 그녀는 자신의 범신론적 세계관을 통해 부활의 증거를 재해석했던 것이다. 그녀의 세계관은 그녀가 예수 그리스도의 부활의 증거를 보는 방식을 왜곡시켰다. 이와 같은 방식으로, 믿지 않는 친구들의 세계관은 그들이 실재를 어떻게 인식하는지에 영향을 끼친다.

사람들의 세계관을 이해하는 것은 어떤 종류의 질문들이 그들과의 대화에 가장 도움이 되는지 알 수 있게 해준다. 또한 세계관을 이해하는 것은 어떤 선입견들이 그들의 결론에 얼마나 영향을 주었는지를 더 잘 알 수 있게 해주기 때문에 우리와 그들의 의견 차이를 최소화하는데 도움을 줄 것이다. 우리의 질문들은 그들이 이 진리를 볼 수 있도록 안내해줄 것이다. 폴 코판(Paul Copan)은 다음과 같이 말한다. "범신론적 관점을 가진 힌두교도나 뉴에이지 신봉자는 인간의 문제가 무지 – 자기 자신의 신성 또는 물질 세계의 환상적 속성에 대한 무지 – 로부터 기인한다고 믿는다. 그러나 그리스도인은 죄와 죄로 인해 거룩한 하나님으로부터 분리되는 것을 인간 문제의 근원으로 본다."[66] 더 풍성한 토론을 하려고 할 때 이것을 기억하는 것이 중요하다.

복음을 증거할 때, 예수님이 약속된 메시아라는 증거를 토론하기에 앞서서 언제나 유일신적인 세계관을 확증해야 하는 것은 아니다. 성경은 사람들이 인정하든지 않든지, 하나님께서 백성의 마음에 도덕법을 새겨놓으셨다고 가르친다(롬 2:14~15). 더욱이 전도서 3:11은 하나님이 사람들에게 "영원을 사모하는 마음"을 주셨다고 이야기하며 또한 로마서 1:18~20은 사람들이 본성적으로 하나님에 관한 어떤 것들을 알고 있지만 그러한 지식을 억누르고 있다고 우리에게 상기시킨다. 하나님에 관한 어떤 것을 아는 것이 가능함에도 불구하고 하나님을 알고자 하지 않기 때문에 그들은 무지하다(엡 4:18).

그러므로 기독교를 강력히 주장하기 위해 유신론적 세계관을 먼저 확립하는 것이 논리적으로 필요하지만 실질적으로 항상 필요한 것은 아니다. 더욱이 믿지 않는 친구들이 묻지 않는 질문들을 제기하는 것은 종종 비생산적이다. 우리는 그들의 세계관이 우리의 세계관과 확연히 달라서 도무지 공통점을 찾기가 어려울 때만 세계관 문제를 다루어야 한다. 콩알총을 들고 전투를 하러 나가는 것도 권장할 만한 사항이 아니지만, 또한 바주카포로 사격연습 하러 나가지도 말아야 한다! 우리는 어떤 종류의 변증 무기가 상황에 적합한지 분별해야 한다. 변증론을 사용하는 이 접근법을 관찰함으로써 이 접근법이 복음 증거의 효력을 증대시킨다는 것을 알 수 있다.

짜 맞춘 세계관에 대해 이야기 해 보자. 사람들이 자신의 관점을 바꾸기란 어렵다는 것을 꼭 기억하라. 사람들은 가끔 그들이 세상을 어떻게 바라보기 원하는가에 따라 믿음을 선택한다. 믿고 싶은 것을 믿기 때문에 또한 하고 싶은 것을 할 수 있는 것이다. 특히 이러한 현상은 대학생들에게서 찾아볼 수 있다. 그들이 어떤 한 양식의 행동을 하면 할수록 그들의 세계관은 더욱 더 강화된다. 닉 폴라드는 다음과 같이 말한다.

> 사람은 성장함에 따라 인생의 근본적인 질문들에 대한 어떤 해답을 채택하는 것 같다. 이러한 해답들은 통합적인 신념체계, 즉 세계관으로 결집되어진다. 동시에, 이러한 세계관은 그들이 세상을 바라보는 특정한 방식이 된다. 그것은 안경이 되어 그것을 통해 세상을 보게 하고, 일정한 틀이 되어 그 위에 실재를 구성하게 한다. 이러한 관점은 그들이 삶의 근본적인 질문들과 그에 답하는 방식에 영향을 끼친다. 우리가 세계관을 이러한 방식으

로 이해할 수 있다면, 그들이 왜 그렇게도 변하기 어려운지를 알게 될 것이다. 그들은 자기를 지탱하는 피드백 고리를 통해 자신들을 지속적으로 강화해나가기 때문에 확고히 굳어져 가는 경향이 있다.[67]

많은 사람들은 그들이 믿기 원하는 대로 그들의 세계관을 짜 맞춘다(이 장을 시작할 때 소개된 대화를 주목하라). 포스트모더니즘 시대의 사람들은 두 가지 방법으로 세계관을 섞는다. 폴라드는 이것을 '상향접근'(Bottom-up)와 '하향접근'(Top-down) 모델이라고 부른다. '상향접근' 모델은 "어떤 사람이 세상을 바라보고 그리고 '나는 누구인가?', '나는 어디에 있는가?', '세상에 무엇이 잘못되었는가?', '치료책은 무엇인가?' 와 같은 가장 근본적인 질문들을 던지고 난 후에 도달한 결론"을 달한다. 반면에 '하향접근' 모델은 '그들이 시작하는 지점'이다. 그것은 사람들이 세상을 보는 방식이고, 세상을 보게 하는 안경이며, 그 위에 실재를 구성하는 틀이다."[68]

대부분의 포스트모더니즘을 따르는 사람들은 '하향' 접근법을 선택한다. 그들은 어떤 것을 참되다고 생각해서 믿는 것이 아니다. 자신들의 문제되는 행위를 정당화하기 위해서 믿는 것이다. 자신들의 관점과 상충되는 생각을 접할 때 그들은 어떻게 반응할까? 이에 대해 폴라드는 통찰력 있는 해답을 제시한다. "그들이 절대적인 주장이나 요구에 대해서 주의를 기울이지 않는다면, 그들은 이미 일련의 모순된 신념을 가지고 있기 때문에 또 하나의 모순된 신념을 받아들이는 것이 그리 문제되지 않는다. 그들은 이미 일련의 모순점들을 무시하는데 익숙하기 때문에 모순되는 어떤 신념을 하나 더 받아들이는 정도는 그리 커다란 문제가 되지 않는 것이다."[69]

이러한 세계관의 혼란은 신앙에 대해 뷔페식으로 접근하게 한다. 사람들은 그들이 살기 원하는 방식에 맞는 그러한 신앙을 선택한다. 이러한 세계관의 혼합은 그들의 관점이 무엇이며 그래서 어떤 종류의 질문을 던져야 하는지를 결정하기 어렵게 만든다. 우리는 어떤 사람의 특정한 관점을 어떻게 알 수 있을까? 폴라드는 다음과 같이 말한다. "본질적으로 이것은 '무늬 짜 맞추기 과정'(pattern-matching process)이다. 나는 현 세대의 수많은 세계관을 염두에 두고 있고, 그것들이 이끄는 여러 종류의 신앙과 가치관을 알고 있다. 그래서 나는 어떤 사람에 의해 표현된 신앙과 가치관들을 고려하고, 밑바닥에 깔려 있는 세계관들을 밝히기 위해 이러한 신앙과 가치관들이 어떻게 연결되었는지를 찾고 있다."

서양에 살고 있는 사람들의 관점을 알아내기 위해 우리는 자연주의, 허무주의, 실존주의, 이신론, 유신론, 범신론, 포스트모더니즘을 알 필요가 있다. 동양 문화에서는 정령신앙, 불교, 도교를 이해하는 것 또한 도움이 된다. 대부분의 사람들은 세 개의 주요한 세계관 중 하나를 신봉하는데 그것은 유신론, 범신론, 무신론이다. 유신론자들(유대교, 기독교, 이슬람교를 포함)은 하나님이 모든 것을 만들었다고 믿는다. 범신론자들(불교, 힌두교, 뉴에이지 운동 형태의 신봉자들을 포함)은 모든 것이 하나님이라고 믿는다. 무신론자들은 하나님을 전혀 믿지 않는다.

이러한 여러 가지 세계관에 대한 많은 지식을 갖고 있지 않다 할지라도 당신은 친구의 신앙을 알아내기 위해 탐색 질문들을 지속적으로 던짐으로써 그의 관점에 대해 많은 것을 알아낼 수 있다. 이것은 그들의 관점에 있는 모순을 드러내기 위해 해야 할 질문들을 파악할 수 있도록, 정보를 제공해 줄 것이다. 이것은 나중에 대화를 더 이어갈 수 있도록 다리를 놓을 것이다.

3. 그들의 토대가 적절한지 질문하도록 격려하라

사람은 자신의 신앙을 좀처럼 바꾸려 하지 않는다. 따라서 우리는 친구들이 스스로 그들의 세계관의 토대가 적절한지 의문을 제기하도록 도와야 한다. 우리는 그들이 무엇을 믿어야 하는지 말하기보다 탐색 질문들을 던짐으로써 그들을 도울 수 있다. 폴라드는 이 접근법과 동일한 입장을 갖는다.

> 나는 그들과 대화를 나누고 싶은 몇 가지 정보를 가지고 있다. 나는 그들이 생각해보고, 의문을 제기해서 스스로 결론에 이르도록 하는 방식으로 대화하기 원한다. 이것은 보통 내가 다 말해버리는 형태의 대화라기보다는 질문의 형태로 그들에게 정보를 주는 것을 의미한다. 일정하게 정해지거나 꼭 알맞는 접근법은 없지만, 나는 "당신의 말 속에 많은 진리가 담겨 있음을 알 수 있어요. 그렇지만 …에 대해서 생각해 본 적이 있습니까?"라는 말을 종종 사용한다.[70]

적어도 두 개의 실제적인 척도가 그들의 신앙이 적절한지의 여부를 평가하도록 도울 것이다. 첫째, 그들의 신앙을 일관되게 확증할 수 있는지를 살펴보도록 물으라. 만일 어떤 신앙이 확증할 수 없는 것이라면 그 신앙은 진실일 수 없다. 웹스터사전은 어떤 것을 확증하다(affirm)라는 것은 '어떤 것을 말하고 그 진리를 지지하는 것'이라고 말한다. 어떤 것은 '말이 될 수' 있지만 반드시 확증할 수 있는 것은 아니다. 나는 영어를 할 수 없다고 말할 수 있지만 의미에 있어서 이것이 맞다고 확증할 수 없다. 말을 하는 과정 가운데 어떤 것을 부인하면서 그것을 맞다고 확증할 수 없는 것이다. "진술을 하는 데 있어서 그 반대가 참이라고 한다면, 어떤 진술도 참되지 않다."[71] 예를 들면, "궁극적인 실재에 관해 어떤 것도 알 수 없다."는 진술은 이미 궁극적인 실재에 관해 무엇인가를 안다고 주장하는 것이기 때문에 확증할 수 없는 것이다. 이것은 또한 '허무주의'와 같은 신념을 확증할 수 없는 이유이다. 어떠한 의미나 가치도 존재하지 않는다고 주장하는 사람들이 적어도 자신들의 그런 신념을 표현하기 위한 권리는 가치 있게 여겨져야 한다고 주장하기 때문이다.

범신론은 "하나님은 실존하지만 개별적인 사람으로서의 우리는 존재하지 않는다."고 주장하기 때문에 하나의 세계관으로서 확증할 수 없다. 왜냐하면 "하나님은 존재하지만 자신은 존재하지 않는다."는 진술을 하기 위해서는 그렇게 주장하는 어떤 사람, 그 자신이 반드시 있어야 하기 때문이다. '실재에 대해서 궁극적인 의미가 없다'는 무신론자의 진술 또한 확증할 수 없다. 무신론자의 진술은 '실재에 대해서 궁극적인 의미가 있다'는 것을 전제하지 않고서는 주장할 수 없기 때문이다. 그러므로 (유신론을 확증할 수 있는 것에 비해) 그의 진술은 확증할 수 없는 것이다.[72]

유신론을 떠난 다른 모든 세계관은 확증할 수 없다.[73] 신이 존재한다는 주장은 확증할 수 있고 스스로 모순되지 않을 뿐 아니라 실재와 부합하기 때문에 진실된 주장이다. 그러므로 부인할 수 없다.[74] 그래서 만일 어떤 세계관이 의미 있게 확증될 수 없다면, 그것은 옳은 것일 수 없다. 이것은 우리가 그들의 신앙의 강도를 평가하도록 돕는데 사용할 수 있는 첫 번째 척도이다.

두 번째 척도는 삶의 적합성의 원리이다. 실재에 대한 우리의 견해가 진리와 일치한다면 이것은 살기에도 적합한 것이어야 한다. 만일 어떤 것이 참되다면, 그대로 살기에 적합해야 한다. 그러나 살기에 적합해 보이는 어떤 것은 반드시 참되지 않을 수도 있기 때문에 그 반대의 논리가 반드시 맞는 것은 아니다. 어떤 사람은 불교의 신앙이 살기에 적합한 것이라고 주장할 수 있지만, 그들의 신앙은 참되지 않다. 궁극적인 실재가 선과 악을 초월한다는 범신론적 견해는 더욱 확실히 살기에 적합하지 않다. 범신론적 사고들을 가지고 있다고 주장하는 대학생들에게 내가 물었던 질문들 중 하나는 "너희들은 왜 믿는 것과는 다르게 사니?"라는 것이었다. 대부분의 학생들이 내가 한 질문이 무슨 뜻인지 분명하게 말해달라고 요청하곤 했다. 나는 그 학생들에게 이렇게 말했다. 궁극적인 실재가 하나라면, 그것은 선악을 초월해야 할 것이다. 그렇지 않다면 적어도 선과 악이라는 두 개의 실재가 존재 할 수 있다는 말이 되기 때문이다. 그러나 대부분의 범신론자들은 어떤 것은 옳거나 틀리다는 내적 신앙을 가지고 살아간다. 예를 들어 범신론의 신앙에는 사랑과 잔혹함의 차이가 없지만 사람들이 그 차이를 무시한 채 살아가는 것은 어렵다.[75]

더욱이, 실재가 궁극적으로 하나뿐이라면 우리 삶 속에서 볼 수 있는 다원성들은 허상이어야 할 것이다. 그러나 범신론자는 실재가 하나인 것처럼 살지 않는다. 그들은 옳고 그름을 분명하게 구분 짓고 여러 개의 다원성이 있음을 인정하는 방식으로 살아간다. 그러므로 범신론자들이 믿는 신앙은 그들이 사는 방식과 조화되지 않는다.

우리는 사람들이 그들의 신앙의 토대가 적절한지 생각해볼 수 있도록 돕기 위해서 이러한 두 가지 척도 – "당신의 신앙 체계를 일관되게 확증할 수 있는가?" 그리고 "당신의 믿음 체계는 정말로 그대로 살기에 적합한 것인가?" – 를 사용할 수 있다.

4. 당신이 질문할 때 가장 두드러진 것들에 초점을 맞추라

불행히도, 어떤 사람들은 변증론을 망치처럼 사용하는 잘못을 범하면서 이것이 왜 별로 효과가 없는지 의아해 한다. 상대방이 기준에 도달하지 못한 모든 점을 가리키면서 그의 행동을 바꾸려고 하는 것은 효과적이지 않다. 앞에서 언급했듯이, 서로 의견의 일치점을 찾지 못하고 있는 동안에는 상대방의 관점에 있는 모순점들을 들추어 내지 말아야 한다. 그렇게 하는 것은 그들이 더 방어적이 되게 하고 우리에게서 감정적으로 뒤로 물러서게 하는 결과를 낳는다. 그 대신, 우리의 주요 관심사를 부드럽게 나타내야 하고 그들의 말에서 분명하게 보이는 몇 가지 모순점들을 강조해야 한다. 그렇게 함으로써 그들도 자신들이 가지고 있는 모순점들을 보게되기를 기대해야 한다.

이와 같은 방법으로, 믿지 않는 사람들에게 복음을 증거할 때 그들이 생각해 보기를 바라는 몇 가지 중요한 쟁점들만 지적하는 것이 지혜로운 것이다. 우리는 마치 덤프 트럭에 가득 실은 화물을 한 번에 쏟아 붓듯 해서는 안 된다. 육신의 생각은 우리로 하여금 사람들에게 달려들어 왜 그들이 틀렸고 우리가 맞는지를 보여주도록 인도할 수 있다. 그러나 우리는 변증 도구들을 언제, 어디서, 어떻게 사용할지 분별할 수 있게 하시는 성령님의 도움이 필요하다.

우리는 어떤 질문들을 어떻게 질문할 것인지에 대한 전략이 있어야 한다. 이것은 특별히 논리적 사고를 논쟁적인 것으로 보는 시대에는 더욱 그러하다. 우리와 이야기하는 사람들은 쉽게 방어적이 되며 대화는 중단될 수 있다. 사람들이 우리가 말한 것 중 일부만 동의한다 할지라도 우리를 공격해야 한다고 느끼는 적이 아니라, 그들의 갈등을 해결해 주기 위해 돕고자 하는 협력자로서 우리를 보는 것이 중요하다.

5. 기독교 믿음에 대한 기본적인 증거 자료들을 이해하라

6장에서 토의한 변증 개요에 소개된 12단계를 암기하라. 기독교에 대한 입장을 확고히 하기 위해 이러한 12단계를 사용하는 법을 배우는 것은 어떤 사람이 기독교 믿음에 대해 가질 수 있는 가장 강력한 반발을 정확히 지적하는데 중요한 역할을 할 것이다. 이것은 그 사람이 기독교에 대한 전반적인 논증에서 어디쯤 와 있는지 알 수 있게 돕는다. 그리고 그것을 더욱 확고히 세우기 위해 이전의 요점으로 되돌아 갈 필요가 있는지 그 여부를 알 수 있게 한다. 그렇지 않다면, 그 사람이 기독교에 대한 논증의 결론에 이르도록 할 수 없을 것이다.

예를 들어, 만일 어떤 사람이 신약의 역사성(요점 6)에 대한 논증을 받아들이지 않는다면, 그가 기적이 가능하다는 것을 진심으로 믿고 있는 것은 아닐 수도 있다(요점 4). 그리고 만일 그가 기적을 받아들이는데 문제를 가지고 있다면 아마도 그것은 유일신의 하나님이 존재한다는 것을 확신하지 못하기 때문일 것이다(요점 3). 그래서 전반적인 논쟁을 아는 것은 문제를 정확하게 지적하고, 그 사람이 장애물을 뛰어넘는데 필요한 전제가 되는 부분으로 되돌아가게 하는데 도움을 줄 것이다.

6. 핵심 질문들을 파악하라

나와는 다른 관점을 가지고 있는 사람과 이야기할 때 해야 할 몇 개의 질문들을 암기하는 것 또한 도움이 된다. 부록 Ⅴ에는 무신론자, 불가지론자, 모슬렘, 힌두교인, 불교인, 또는 도교 신자들에게 전도할 때 사용할 수 있는 다수의 질문들을 열거해 놓았다.

7. 하나님께 지혜를 구하라

"너희 중에 누구든지 지혜가 부족하거든 모든 사람에게 후히 주시고 꾸짖지 아니하시는 하나님께 구하라. 그리하면 주시리라"(약 1:5). 사람들이 갈등하고 있는 근본적인 문제들을 항상 이해할 수 있는 것은 아니기 때문에, 어떤 질문을 언제 해야 할지 분별할 수 있는 지혜를 성령님께 구하는 것이 특히 중요하다. 하나님께서는 위대한 의사이심을 기억하라. 만일 우리가 그분의 진단을 분별할 수 있다면 우리는 그 사람에게 꼭 필요한 약을 줄 수 있을 것이다.

결론

이러한 일곱 가지 비결 – 사람들의 일정표에 따라 그들과 함께 문제를 해결하라, 그들의 세계관을 이해하라, 당신이 질문할 때 가장 두드러진 것들에 초점을 맞추라, 그들의 토대가 적절한지 질문하도록 격려하라, 기독교 믿음에 대한 기본적인 증거 자료들을 이해하라, 핵심 질문들을 파악하라, 하나님께 지혜를 구하라 – 은 21C를 살고 있는 사람들에게 복음을 전하기 위해 '마음을 여는 전도대화' 모델을 더 효과적으로 사용하게 하는데 도움이 된다. 이러한 쟁점들에 대해서 민감하게 다른 사람들과 대화하는 것은 그들의 신앙을 재평가하는데 중요한 역할을 할 수 있고 예수님을 다른 시각으로 바라볼 수 있도록 동기를 부여할 수 있다.

되짚어 보기

1. 오늘날 복음 증거는 더 어려운 실정인데 그것은 기독교 신앙이 우리 문화의 속성과 근본적으로 다르기 때문이다. 우리는 사람들

에게 무엇을 말해야 하는지 알아야 할 뿐만 아니라, 사람들이 우리의 메시지를 듣고 받아들일 수 있는 최대의 가능성을 갖기 위해 그것을 전달하는 방법도 알아야 한다.

2. 우리는 논쟁적이고, 자랑하며, 오만하고, 생색을 내며, 무감각하다는 인상을 주지 않도록 특히 조심해야 한다. 또한 우리의 대화가 건설적이 되도록 가장 현명한 방법으로 질문하는 것을 배워야 한다.

3. 믿지 않는 친구들에게 복음을 증거하는데 어떤 질문들이 효과적인지 결정하는 가장 좋은 방법은 그들의 세계관을 이해하는 것이다.

4. 기초가 다른 세계관의 전제들은 관점의 차이를 설명할 수 있고 강한 불일치로 이끌 수 있다. 그래서 당신의 친구는 당신이 제시한 증거 자료를 보고 근본적으로 다른 결론에 도달할 수 있다. 당신이 어떤 사람과 토론할 때 곤경에 처하곤 한다면 이것을 유념하라.

5. 사람들이 혼합된 세계관을 가지고 있고 일관된 종교적 관점을 가지고 있지 않을 때, 그들의 종교적 신앙에서 볼 수 있는 모순점들을 드러내기 위해 바른 질문을 던지는 것이 항상 쉬운 것은 아니다.

6. 어떤 사람들은(상대적인 옳고 그름에 반대하여) 명확한 또는 절대적인 옳고 그름이 존재하는지 안하는지에 대해 논쟁하지만, 사실 그들의 삶은 옳음 vs 그름, 바름 vs 바르지 않음, 도덕 vs 부도덕에 기초한 결정으로 가득 차 있다.

7. 상대주의 시대에 여전히 진리와 비진리를 구분하는데 쓰일 수 있는 두 개의 척도는 '어떤 것이 일관되게 확증될 수 있는지' 그리고 '그것이 삶으로 살기에도 적합한지'를 묻는 것임을 기억하라.

8. 필수적인 것은 아니지만, 나와 다른 신앙을 가진 사람들에게 전도하기 전에 그들의 신앙을 이해하는 것이 도움이 된다. 그렇게 할 때 자신감이 생길 뿐만 아니라 그들의 오류를 효과적으로 드러내는 탐색 질문을 하는 방법을 잘 알게 될 것이다. 이 책의 부록에 소개된 추천 자료들 중 하나를 골라 주의 깊게 읽는 것으로부터 시작하라.

9. 이슬람교가 빠르게 퍼지고 있는 가운데, 이슬람교에 관한 책을 읽든지, 또는 어떤 모슬렘과 이야기를 나누든지 이 종교의 가장 핵심이 되는 믿음을 정확히 이해하는 시간을 가지라. 마찬가지로 다른 종교들의 신앙도 정확히 이해하려고 노력하라.

🍃 적용하기

1. 우리가 대화를 나누고자 하는 사람들의 세계관에 따라 대화의 방법이 달라진다. 그러므로 믿지 않는 친구들과의 대화에서 듣게 되는 세계관에 대한 '목록'을 만들라. 그 친구들이 항상 일관되지 않을 수 있다는 것을 생각할 때 그들이 가진 대부분의 신앙은 어떤 범주의 세계관에 속하는가?

2. 근본적으로 다른 종교관을 가진 사람에게 복음을 증거 할 때 걸림돌에 부딪히면, 기독교를 옹호하기 위해 배운 12단계 접근법에서 몇 단계 뒤로 물러나 그리스도를 옹호할 생각을 하라.

3. 당신의 삶에서 내린 여러 결정들이 어떠한 근거로 내려진 것인가 생각해 보라. 그 다음 어느 쪽으로 결정을 하든지 차이가 없을 것 같아서 임의로 내린 결정의 결과를 고찰하라. 예를 들면, 저작권이 있는 음악 또는 영상을 다운로드하기로 결정할 때 절대적으로 옳고 그름에 대한 생각이 없다면 어떤 결과가 있을지 생각해 보라. 포스트모더니즘을 따르는 사람들에게 복음을 더 효과적으로 전하기 위해서, 상대주의자가 어떻게 사고하는지 더 잘 이해하도록 돕기 위해서 상대주의적 사고를 적용하려고 할 때 당신이 얻은 통찰력을 통합하라.

4. 부록 5에 있는 핵심 질문 중 몇 개를 암기하라. 다음에 친구를 만나 전도할 기회가 생기면 그들이 갖고 있는 신앙(무신론, 불가지

론, 불교, 힌두교, 이슬람교)에 대한 질문들 중 하나를 골라 질문하라. 당신에게 편한 말로 질문을 바꾸어 말해도 된다.

5. 변증개요(6장을 보라)의 핵심 요점을 암기하라. 다른 사람들과 토론할 때, 그들 스스로 진리를 분명하게 드러낼 수 있는 방식으로 질문을 하되, 당신과 같은 결론에 이를 수 있도록 하라. 각각의 질문을 묻고 대답하는 가운데 공통점을 만들어가는 방식으로 잇따라 질문하는 법을 배우라. 핵심 요점을 암기하면 기독교는 진정으로 합리적인 믿음이며 하나님을 아는 것은 커다란 영적 모험이 될 수 있다는 것을 사람들이 알도록 도울 수 있다.

Chapter 8

우리가 말하고자 하는 것을
멈추지 않고도 반대 의견에
대답하는 기술

학생 : 저는 선생님께 정직해야 한다고 생각해요. 저는 선생님이 예수님에 대해 말한 드든 것이 진실임을 알아요. 그러나 저는 제 삶에서 포기하고 싶지 않은 것들을 방금 손에 넣었어요.

데이브 : 정직하게 말해줘서 정말로 고마워. 나는 많은 학생들과 이야기할 기회를 갖고 있지만 그들 중 대다수는 자신들이 예수님을 받아들이지 못하도록 방해하는 것이 무엇인지에 관해 정직하게 말하지 않아. 네가 나에게 정직하게 말해주니 참 좋구나.

학생 : 글쎄요, 저는 사람들이 어떤 생각을 억지로 주입하려 할 때 매우 화가 나요.

데이브 : 네가 처한 상황에서 대처할 수 있는 방법에 대한 한 가지 관점을 알려줄게. 있잖아, 하나님은 우리가 그리스도를 따르겠다는 결정을 내리기 전에 우리의 삶이 정리되기를 기대하지 않으신단다. 우리는 먼저 잘못된 길을 가고 있음을 인정해야 하고, 그 길에서 돌아서기를 원하는 마음을 주시도록 하나님께 구해야 해. 그 다음 우리 자신의 힘으로는 결코 할 수 없는 것들을 할 수 있는 능력을 구해야 해. 삶을 살면서 너무나 중요하다고 여기는 모든 것들이, 다음 생애에 일어날 것과 비교해 볼 때 얼마나 사소한 것인지 깨닫게 될 거야. 순교했던 선교사인 짐 엘리엇(Jim Elliot)의 말 속에 이것이 잘 나타나 있어. 그는 "잃어버릴 수 없는 것을 얻기 위해 지킬 수 없는 것을 버리는 자는 결코 어리석은 자가 아니다."라고 말했지.

믿지 않는 사람들의 질문에 단순히 대답만 할 때의 문제점

믿지 않는 사람들이 자주 묻는 질문들에 분명한 답을 제시할 필요가 있지만, 걸림돌을 극복하도록 그들을 격려하면서 그리스도께로 한 걸음 더 다가설 수 있게 하는 방법으로 답해야 한다. 그러나 그들의 질문에 답할 뿐만 아니라 그들이 던지는 질문 이면에 있는 질문에 답하지 않는다면, 그들이 영적 여정에서 더 전진할 수 있도록 진정으로 돕는 것은 아니다. 이것은 숙달하기 쉬운 기술은 아니다.

걸림돌의 속성 이해하기

우리의 접근법이 최대의 열매를 맺도록 하는 한 가지 방법은 그들이 그리스도께로 가는데 놓여있는 걸림돌의 속성을 알아내어 그들의 혼란을 말끔히 없애 버릴 치료책을 제시하는 것이다. 사람들이 복음에 대해 가지고 있는 적어도 두 종류의 일반적인 걸림돌 – 기독교의 수용에 대한 걸림돌과 기독교의 이해에 대한 걸림돌 – 이 있다.

예를 들어, "저는 당신이 예수님에 관해 말하고 있는 것이 사실임을 알고 있지만, 제 방식대로 사는 것이 좋아요."라고 말하는 사람들이 있다. 이러한 사람들은 그리스도인이 되는 것이 의미하는 것에 대해서 혼란스러워하지 않는다. 즉, 그들은 기독교를 이해하는데(조금은 갖고 있지만) 그리 많은 걸림돌을 가지고 있지 않다. 그들의 진정한 문제는 기독교를 수용하는데 걸림돌을 갖고 있는 것이다. 기독교를 수용하는데 있을 수 있는 몇 가지 걸림돌은 다음과 같다.

- 그들의 죄성과 이기심(렘 17:9)
- 종교에 대한 무관심
- 물질에 대한 집중
- 하나님께 이르는 오직 한 길을 고집하는 기독교에 대한 부정적인 태도

- 종교를 선택할 수 있는 여지를 남겨두라고 하는 다원론적 사고
- 그리스도인들 안에 있는 가식적인 모습

그들의 말을 들어보면 기독교에 대해 분명히 이해하지 못하고 있음을 보여주는 사람들이 있다. 그들에게 기독교는 해야 할 것과 하지 말아야 할 것을 가르쳐 주는 종교에 불과하다. 그들은 기독교가 무엇을 말하고 있는지 분명히 이해하지 못하기 때문에, 기독교를 받아들이려고 하지 않는다. 기독교를 이해할 때에 걸림돌이 되는 것들의 예는 다음과 같다.

- 종교 간에는 별다른 차이가 없다고 생각함
- 죄성과 그것의 결과를 이해하지 못함
- 은혜로 구원받는다는 것의 의미를 이해하지 못함(오히려 선행으로 구원 받는다고 이해하고 있음)
- 죄의 문제와 사랑의 하나님이 존재하신다는 사실이 조화를 이룰 수 없음

각각의 질문 이면에 네 가지 질문 던지기

효과적으로 공통 걸림돌들을 알아내고 잘못된 이해를 제기해 나갈 수 있다면 다른 사람들이 예수 그리스도께 한 걸음 더 다가설 수 있도록 더욱 잘 도울 수 있을 것이다. 오해를 분명하게 하고 복음에 이르는 '다리 놓기'를 위해서는 믿지 않는 친구들이 물을 수 있는 주요한 질문에 대해 적어도 네 개의 근본적인 질문을 하고 답해야 할 필요가 있다.

1. 질문(또는 문제) 이면에 있는 의도를 파악할 수 있는 질문(또는 문제)은 무엇인가?
2. 그들이 사용하는 용어들 중 좀 더 명확히 해야 할 필요가 있는 것은 무

엇인가?

3. 제기된 질문이나 문제에 관해 그들이 어떤 진리를 이해하기 원하는가?
4. 그들이 이 진리를 잘 이해할 수 있도록 어떤 질문과 예화를 사용해야 할까?

오늘날과 같은 포스트모더니즘 문화에서 우리가 말하는 것을 다른 사람들이 더 많이 들을 수 있게 하려면, 예화나 이야기를 사용하는 것이 특히 중요하다. 복음전도자 닉 폴라드(Nick Pollard)는 유념해야 할 포스트모더니즘의 두 가지 주요한 특징을 상기시키는데, 이는 '질문하는 것에 대한 강조와 명제적 진리를 이야기 형식으로 대체' 하는 것이다.[76] 그러므로 우리는 믿지 않는 친구들과 대화를 나눌 때 '질문', '이야기', '예화' 를 사용해야 한다.

힌두교의 배경을 가진 어떤 대학생이 나에게 물었다. "나는 선행을 많이 하고 있기 때문에 천국에 갈 수 있다고 생각하는데 왜 선행으로는 충분치 않다는 거죠?", "하나님은 왜 나를 바로 천국으로 데려가지 않으시죠?" 이러한 질문을 함으로써 이 학생이 정말로 묻고 싶었던 질문은 다음과 같다. "인간을 이렇게 다루는 하나님이 정말로 의롭고 공평하신가요?" 그가 이해하기를 바라는 신학적인 진리는 '인간으로써 우리는 자신의 의로움을 과대 평가하고 하나님의 거룩하심을 과소 평가하는 경향이 있다' 는 것이다. 그러나 이것을 효과적으로 전달하기 위해서는 그에게 질문을 하고, 나의 요점을 설명하기 위해서 이야기 형식을 사용하여 그가 스스로 이 진리를 알 수 있도록 해야 했다.

나는 그가 물을 마시는 것을 보고 물었다. "네 물컵에 오물 한방울을 떨어 뜨려도 되겠니?" 물론, 그는 그럴 수 없다고 말했다.

"너도 알다시피 어떤 것은 너무 작아서 아무런 영향을 미칠 것 같지 않지만 현실에서 얼마나 커다란 영향을 미치니? 이와 마찬가지로 우리는 자신의 죄를 그리 중대한 것으로 보지 않지만 하나님의 관점으로 보면 죄는 하나님과의 관계에 큰 영향을 미치지. 이제, 우리가 짓는 죄가 우리와 하나님 사이에 생각보다 훨씬 더 커다란 걸림돌이 될 수 있다는 것을 알겠니?"

여기에 비슷한 것을 설명하기 위해 사용할 수 있는 또 다른 예화를 소개하겠다.

"아름다운 순백색의 웨딩드레스를 입고 차에서 내리는 젊은 여성을 생각해 보세요.[77] 그 다음 그녀 차로 옆에 다른 차가 멈추고 그 차에서 온 돈에 검은 기름을 묻힌 한 남성이 내리고 있는 모습을 상상해 보세요. 그가 신부 옆을 지나가다가 그녀의 아름다운 순백색의 웨딩드레스에 기름을 묻히게 됩니다. 이런 경우 당신은 그 웨딩드레스가 결혼하기에 괜찮은 복장이라고 생각합니까? 분명히 아닐 것입니다. 왜냐하면 누구나 웨딩드레스는 결점이 없고 깨끗해야 한다는 것쯤은 알기 때문이지요. 만일 당신과 내가 옳고 그른 것에 대한 어떤 기준을 갖고 있고, 그 기준에 미치지 못하는 삶을 살고 있다면, 하나님의 기준이 우리의 기준보다 조금 더 높을 것이라고 생각할 수 있겠습니까?"

우리가 하나님의 기준이 무엇인지를 밝히지 않았음에 유의하라(마 5:48; 약 2:10). 다만, 우리는 그들이 하나님의 기준을 깨달을 수 있도록 노력해서 그들과 함께 공통점을 세워나가야 한다.

답을 제시하는 것 그 이상을 하는 것

만일 친구들에게 더 큰 영향력을 끼치려면 믿지 않는 사람들의 현실적인 질문들에 대답하는것 그 이상을 해야 한다. 우리는 그들의 질문에 건실한 대답을 제시해야 하되, 십자가로 이어지는 다리를 놓는 방식으로 해야 한다.

어느 날, 어떤 연로한 여성과 이야기할 기회를 가졌다. 그녀는 "우리 모두는 이 땅에서의 삶을 끝낸 후 심판대 앞에 서야 한다는 것이 사실인가요?"라고 물었다. 그녀의 질문 이면에 정말로 궁금한 것은 이런 질문들이었을 것이다. "사람들을 지옥으로 보내는 하나님은 공평하신 분인가요?" 또는 "최선을 다해 노력하면서 살아왔는데 하나님은 그런 나도 벌하실까요?"

질문과 질문 이면에 있는 또 다른 질문에 대답할 때는 그들이 그리스도께 한 걸음 더 다가갈 수 있도록 하는 방법으로 대답해야 한다는 것을 기억하라. 그녀에게 대답해줄 수 있는 한 가지 방법은 "그렇습니다. 우리 중 어느 누구도 옳고 그름에 대한 하나님의 기준에 도달할 수 없고 심지어 옳고 그름에 대한 우리 자신의 기준에 도달할 수 있는 사람도 없어요. 그러므로 하나님은 우리를 공정하게 심판하세요." 라고 말하는 것일 수 있다. 그러나 그 다음 이 여성에게 다리를 놓기 위해 다음과 같이 말해야 한다. "그러나 좋은 소식은 하나님이 예수님을 보내셔서 우리가 직면한 딜레마를 해결해 주셨어요."

우리는 매 순간의 대화나 그들이 묻는 질문을 통해 그 사람들이 그리스도께 한 걸음 더 다가서도록 도울 수 있는 길을 찾으려고 항상 힘써야 한다. 이렇게 함으로써, 우리는 십자가로 가는데 놓여있는 걸림돌들을 제거하는 목표를 이룰 수 있다(고후 10:5). 이제 네 가지 질문과 목표를 유념하면서 우리가 자주 받게 되는 질문을 보고 그 질문에 어떻게 대답해야 하는지 살펴보자.

'마음을 여는 전도대화' 접근법을 사용하여 대답하는 핵심 질문들

어떤 핵심 질문 또는 반론이 우리 세대의 믿지 않는 사람들로부터 제기된다. 실제적이든지, 상상이든지 그것들은 사람들을 그리스도께로 인도하지 못하게 하는 걸림돌이다. 우리는 믿지 않는 사람들의 감정을 상하게 하지 않으면서 복음을 가로막는 걸림돌을 없애기 위해 준비된 대답이 필요하다. 다음에 제시한 것은 그들이 제기하는 일반적인 질문·반론들 중 일부분이다.

1. 당신이 신실하고 남에게 상처만 주지 않는다면 무엇을 믿든지 문제될 것이 없어요.

사람들은 잘못될 것에 신실할 수 있다는 것을 검증하는 많은 경험을 한다. 우리는 운전 중 잘못된 길로 들어설 때 항상 그러한 경험을 한다. 이것은 삶의 다른 영역에서도 마찬가지이다. 더 나아가, 잘못된 것을 신실하게 행한다는 것은 치명적일 것이다. 만일 두꺼운 얼음이라고 생각해 스케이트를 탔는데 그만 얼음이 깨져 버린다면 치명적일 수 있다는 것이다. 만일 우리가 철도 건널목을 건너고 있는데 기차가 오고 있을 때 건널목에서 깜박거리는 불빛이 그냥 놓여있는 것이라고 신실하게 믿는다면 그것은 치명적인 잘못이 될 수 있다.

이러한 신실함에 관한 진술 이면에 있는 질문은 짚고 넘어가야 한다. 증거 없이 또는 증거에 반하여 신실하게 믿는 것은 삶의 어느 영역에서도 지혜롭게 행동하는 것이 아니며, 자신의 삶을 영원히 잘못된 결과에 내버려 두는 처사이다. 또한, 우리는 어떤 용어들을 분명하게 해야 할 지 그들과 함께 결정해야 한다. 예를 들어, 우리는 다음과 같이 물을 수 있다.

- "신실하다는 말이 무엇을 뜻합니까? 진정성이 좋은 결과를 보장합니까?"
- "다른 사람에게 상처를 주지 않는다는 것을 당신은 어떻게 정의합니까?"
- "당신이 가진 신앙이 어떤 면에서 누구에게도 해를 끼치지 않을 것이라는 것을 어떻게 알 수 있습니까?"

그들이 중요한 진리를 이해할 수 있기를 바라기 때문에 이러한 질문을 던지는 것이다. 중요한 것은 우리의 신실함이 아니라 믿음의 대상이다.

마지막으로, 신실함이 진리에 대한 안전장치가 아니라는 것을 강조해야 하고 우리가 말하고자 하는 것을 설명하기 위해 다음과 같은 것을 사용해야 한다. "나는 9·11을 저지른 테러리스트들이 그들이 믿는 것에 신실했다고 확신하지만 그들은 분명 잘못되었어요." 그런 다음 다리를 놓기 위하여, 이렇게 물을 수 있다. "만일 우리가 무엇을 믿느냐가 진정으로 크게 문제가 된다면(모든 관점이 동일하게 타당한 것은 아니기 때문에), 당신은 개인적으로 누가 옳고 누가 그른지 어떻게 정하겠습니까?" 이러한 식으로 질문을 하는 것은 그 사람이 예수님에 대해 듣고 마음을 열 수 있도록 이끌 수 있다.

2. 기독교에 뭐 특별한 것이 있나요? 모든 종교는 기본적으로 같은 것을 가르치고 있다고 생각해요.

믿지 않는 사람들이 이해하기를 바라는 진리는 모든 종교 지도자들이 똑같은 주장을 한 것이 아니고, 또한 그들 각자의 주장을 입증할 만큼 동일한 무게의 증거를 갖고 있지도 않다는 것이다. 그러면 그들에게 이 진리를 이해할 수 있도록 하기 위해 어떤 질문이나 예화를 사용할 수 있을까?

그들에게 다음과 같이 질문할 수 있다. "당신은 모든 종교가 같은 내용을 가르치지 않는다는 것을 알고 있습니까? 그리스도인은 구원이 그리스도 안에 있는 믿음에 의해서만 성취된다고 믿습니다. 모슬렘들은 구원이 알라와 그의 예언자 마호메트를 믿고 선행을 행함으로써 성취된다고 믿는데 그 선행은 자신이 저지른 악행에 비해 더 무게가 나가야 합니다. 대부분의 힌두교인들은 구원이 업보(karma)를 극복하고 선행으로 살아갈 때 성취된다고 믿습니다. 불교 신자들은 팔정도를 통해 욕심을 끊음으로써 구원을 얻게 된다고 믿습니다."

모든 종교가 같은 것을 가르치는 것은 아님을 그들이 알 수 있도록 하기 위해 이렇게 물으라. "당신은 예수가 약속된 메시아이거나 혹은 그렇지 않거나 아무튼 둘 중에 하나는 참이라는 것에 동의하십니까? 만일 그분이 약속된 메시아라면, 유대교를 철저하게 신봉하는 사람들은 잘못되었다고 볼 수 있습니다. 만일 그가 약속된 메시아가 아니라면, 그리스도인들이 잘못된 것입니다."

요컨대 각 종교들이 상호 배타적이기 때문에 모든 신앙이 옳을 수는 없다는 것이다.

믿지 않는 사람들이 진리를 알도록 도울 수 있는 다른 질문은 다음과 같다. "기독교를 세계의 다른 종교와 비교하는 것은 사과와 사과를 비교하는 것과는 같지 않다는 것을 아십니까? 예수님의 주장과 그 주장에 대한 증거는 다른 주요 종교 지도자들과 비교해 보면 유일한 것입니다. 부처는 도를 가리킨다고 주장했고, 마호메트는 하나님의 선지자라고 주장했지만, 예수 그리스도는 자신이 하나님이라고 했던 유일한 종교 지도자이며, 예언을 성취했고, 죄 없는 삶을 사셨으며, 십자가에서 죽으셨을 뿐 아니라 죽음에서 살아나셨습니다."

어느 중국 여성과 대화를 나누는 중 그녀의 어머니는 불교 신자이고 그녀의 여동생은 그리스도인인 것을 알게 되었다. 그녀는 어떤 종교를 믿어야 할지 생각 중이었다. 그래서 나는 그녀에게 물었다. "만일 당신이 죽음에 임박하여 예수님과 다른 위대한 종교 지도자들을 만났고 그들은 각각 다른 길을 제시했다면, 당신은 누구의 의견을 따르겠습니까? 당신은 이미 그 길을 가 보았고 그 길에 대해 우리에게 말해 주기 위해 돌아 오신 분의 말을 받아들이지 않겠습니까?" 이러한 질문을 던져서 기독교가 좋긴 하지만 다른 종교의 신앙과 별로 다를 것이 없다고 생각하는 그녀의 걸림돌을 제거할 수 있었다.

몇 주 후에 나는 다시 그녀에게 물었다. "당신이 예수님을 따라야 할지 아니면 다른 훌륭한 종교 지도자들을 따라야 할지 확실히 정하지 못하겠다면, 이런 관점에서 생각해 보세요. 만일, 당신이 예수님을 따르고 있는데 그것이 잘못된 것임을 알게 된다면, 바로잡을 수 있는 다른 기회가 많아요. 그러나 만일 당신이 다른 길들을 따르다가 잘못된 것임을 안다면 그것을 바로잡을 기회는 더 이상 없어요. 그런 면에서 그리스도를 먼저 선택하는 것이 지혜롭지 않을까요?"

이런 식으로 질문을 던짐으로써 나는 그녀에게 복음으로 이어지는 다리를 놓도록 도울 수 있었다.

3. 어떻게 하나님께 이르는 길이 오직 한 길뿐이라고 주장할 수 있나요? 그렇게 말하는 것은 오만하고 배타적이지 않나요?

먼저, 우리는 이 질문 이면에 있는 문제(신념)가 무엇인지 물어야 한다. 믿지 않는 사람들은 그리스도인들이 자신들만이 진리를 소유하고 있고 그러므로 다른 사람들보다 더 낫다고 여긴다고 생각할 수 있다. 더욱이 그리스도인들은 다른 종교에 대해 그리 개방적이지 않다고 생각할 수 있다. 이러한 그들의 생각을 인정하면서 다음과 같이 말함으로 다리를 놓을 수 있다. "나는 우리 신앙에 대해 오만하지 말아야 하며 우리와 다른 신앙을 가진 사람들보다 더 낫다는 생각을 갖지 말아야 한다는 것에 동의해요. 나는 기독교인들이 복음을 전하는 것을 '한 거지가 또 다른 거지에게 어디서 빵을 찾을 수 있는지 알려주는 것'과 같은 일이라고 생각해요."

다음으로, 그들이 사용하는 용어를 명확히 해야 한다. 예를 들어, 이렇게 물을 수 있다. "배타적이라는 말은 무슨 뜻입니까?" 래비 재커라이어스는 "그 사람이 '당신은 모든 것에 마음이 열려 있어야 합니다.'라고 하는 말이 의미하는 것은 무엇인가? 거의 대부분 그것이 뜻하는 것은 '내가 열린 마음을 가진 모든 것에 당신도 열어 두어야 하고 내가 동의할 수 없는 것에 당신도 동의해서는 안 됩니다.'라고 하는 것과 같다."[78]라고 말한다.

그 다음은, 그들이 이해하길 바라는 진리를 언급해야 한다(이 경우, 여러 가지가 있다). 첫째, 어떤 것들에 있어서는 오직 한 길만이 존재할 수 있으며, 둘째, 배타성이 반드시 나쁜 것만은 아니라는 사실이다. 이 질문은 또한 우리의 삶이 정말로 심각하게 고침을 받아야 한다는 이해의 부족을 입증하는 듯하다. 그래서 이러한 사실을 그들이 알도록 하기 위해서, 다음과 같이 묻는 것이 도움이 될 수 있다. "당신은 우리가 자신이 세운 옳고 그름의 기준대로 살고 있다고 생각하세요?" 만일 그 사람이 자신에게 정직하다면, 그는 자신이 세운 기준대로 살고 있지 않음을 인정해야 한다. 그런 다음 "자신의 기준대로 살지 못하는 것이 얼마나 문제를 일으킬 수 있는지 아십니까?"라고 물으라.

그럴 때 우리는 어떤 것어는 오직 한 길만이 존재 할 수도 있다는 것을 보여주는 예화를 사용할 수 있다. 다음과 같이 질문하라. "우리가 말이나 행동의 실수때문에 배우자나 다른 중요한 사람과의 관계가 끊어진 것을 회복하려면 얼마나 많은 방법이 있어야 할까요?[79] 우리가 말하거나 행동한 것으로 다른 사람에게 상처를 입혔다면 어떤 방식으로든 미안함을 표시해야 되지 않을까요? 만일 인간관계에서 그렇다면, 하나님과의 관계에서는 달라야 될 이유가 있을까요?"

그런 다음 배타성은 꼭 나쁜 것이 아님을 분명히 하기 위해 다음과 같이 질문할 수 있다. "우리가 결혼할 때, 배우자와 친밀한 관계를 갖기 위해 다른 모든 이성을 멀리하지 않나요? 당신은 이렇게 하는 것이 결혼 생활에 좋을 것이라는데 동의하십니까?" 그러므로 배타성은 우리의 삶 속에서 무엇을 포함하는지 왜 포함하는지에 따라, 그리고 무엇을 배제하는지 왜 배제하는지에 따라 매우 좋은 것일 수 있다.

어떤 사람들은 그리스도인들이 오만하고 배타적일 뿐만 아니라 편협하다고 말한다. 이러한 잘못된 믿음을 없애기 위해 다음과 같은 질문을 할 수 있다.

- "그리스도인이 절대적인 것을 믿으면서 동시에 다른 사람들의 신앙에 관용적인 것은 불가능하지 않습니까?"
- "당신이 나의 관점을 거부한다면 당신은 나에게 관용적이지 않다는 것에 동의하십니까?"
- "차별과 불일치 사이의 차이점은 없습니까?"
- "어떤 사람이 틀리다고 생각하는 것이 잘못된 것입니까?"(관용은 포스트모더니즘 문화에서 높게 평가되고 있으므로 이 점을 명확히 하는 것은 특별히 중요하다.)

4. 과거에 복음을 전혀 들어 본 적이 없는 사람들은 어떻게 되는 건가요?

이 질문은 깊은 신학적인 문제를 가지고 씨름하고자 하는 시도가 아니라 복음의 진리를 피하기 위한 연막술로 보는 편이 낫다. 일단 우리가 적절한 해답을 제시한다면(이에 대한 몇 가지 가능한 방법들을 아래에서 보라), 이것은 또 (부메랑 원리를 사용해서) 질문의 방향을 바꾸는데 도움이 되며 그렇게 함으로써 우리가 제시한 해답으로 그들은 무엇인가 해야 할 책임을 느끼게 된다. 이렇게 하기 위해 다음과 같이 질문할 수 있다. "이제 당신이 알고 있으니, 이 문제에 대해 무엇을 할 작정이십니까?" 이런 식으로 우리는 그들이 그리스도께 한 걸음 더 다가서도록 격려할 수 있다.

이 질문에 대답할 때 "어떤 사람이 그를 구원하는 지식은 충분히 갖고 있지 않고, 그를 정죄하는 지식만 갖고 있다고 해서 하나님이 그 사람을 정죄하는 것이 어떻게 정당하다고 할 수 있습니까?"와 같은 질문 이면에 다른 문제나 질문이 있는지 없는지를 결정하는 것이 도움이 된다.[80]

이러한 질문에 대답하기 위해서, 하나님은 우리가 이미 가지고 있는 빛에 반응하지 않는 한, 그분이 누구신지에 대한 더 밝은 빛을 우리에게 주실 책임이 없음을 기억해야 한다. 마태복음 13:12은 "무릇 있는 자는 받아 넉넉하게 되되"라고 말씀한다. 이것에 대한 또 다른 예는 사도행전 8장에 나오는 에디오피아 내시, 10장의 고넬료, 17장의 하나님을 경외하는 헬라인들이다. 로마서 1장은 모든 사람들이 비록 구원에 이르는 새로운 신지식은 아니지만 하나님에 대한 약간의 지식을 가지고 있음을 가르친다.

사람들이 예수 그리스도에 관해 어떤 것도 알게 되지 못할지라도 하나님이 여전히 얼마나 의로우신지를 보여주는 다음의 예화를 깊이 생각해 보라. 당신이 사막에서 길을 잃어버렸고 날은 어두워가고 있다고 가정하자. 배도 고프고, 목은 타들어가고, 음식과 쉴 곳을 찾지 못한다면 곧 죽을 수도 있다는 것을 알게 된다. 바로 그 때, 지평선 저 너머에 사람이 있을 것으로 짐작되는 한 점의 빛을 본다. 만일 당신이 그 불빛에 다가가는 대신, 더욱더 멀어져서 결국 죽게 된다면 누구의 잘못인가? 당신의 잘못일 것이다. 그렇지 않은가? 당신이 빛을 향하여 발걸음을 옮겼더라면, 거기에 누가 있는지 알 수 있도록 그 빛은 더욱 빛을 내지 않았을까? 이와 마찬가지로, 일반계시를 통해 이미 주신 그 빛에 반응하지 않는다면 하나님은 우리에게 더 밝은 빛을 주실 의무가 없으시다.

더욱이 성경에서 천국에는 "각 나라와 족속과 백성과 방언에서"(계 7:9) 오는 사람들이 있을 것임을 말씀할 때 전세계 인류를 향한 하나님의 관심을 보여주는데, 이 관심은 하나님이 모든 사람들을 사랑하시며 모든 사람들이 그를 알게 되기를 바라시는 것에 차별이 없다는 것을 증명한다(벧후 3:9).

마지막으로, 다음과 같이 묻는 것이 도움이 된다. "만일 하나님이 우리를 정말로 사랑하시고 예수님을 보내셔서 우리 대신 죽게 하셔서 완전한 대가를 치르게 하심으로 그 사랑을 나타내셨다면 우리를 구원하시기 위해서라면 그분은 무엇이든지 하시려고 하지 않았을까요?" 이 질문 후에, 다시 한 번 다음과 같은 핵심 질문을 할 수 있다. "이제 당신이 그리스도에 관해 알게 되었는데 이러한 정보를 갖고 어떻게 하시겠어요?"

5. 당신이 당신의 신앙을 따르도록 다른 사람들을 개종시키려고 하지만 않는다면 당신이 무엇을 믿든 괜찮아요.

먼저, 이 주장의 이면에 있는 신념을 알아내야 한다. 믿지 않는 사람들은 다른 사람의 믿음을 바꾸려고 하는 것이 오만과 편협함을 드러내는 것이라고 생각할 수 있다. 당신은 이 질문을 명확히 하기 위해 개종이 뜻하는 바가 무엇인지 물어야 한다. 몇 개의 부가적인 질문은 다음과 같다.

- "어떤 사람의 마음을 바꾸도록 설득하는 것이 항상 나쁘다고 보십니까? 설득은 어떤 환경에서는 좋은 것일 수도 있지 않습니까?"
- "어떤 사람에게 무엇을 믿으라고 설득하는 것이 옳은지 그른지 어떻게 알 수 있습니까?"
- "내가 틀렸다고 생각한다면, 내가 당신의 관점을 갖도록 나를 변화시키길 원하십니까?"

어떤 사람을 다른 관점으로 변화시키는 것이 반드시 나쁜 것만은 아니다. 이것은 사랑의 행위일 수도 있다. 특별히 해가 되는 것들에 관한 것은 더욱 그렇다(마약이나 흡연과 같은 것).

복음으로 이어지는 다리를 이 시점에서 놓을 수 있다. 특히, 우리의 영원한 운명과 관련될 때에 가장 중요한 것은 우리가 바른 것을 믿는다는 사실을 이야기 형식으로 해 줌으로써 다리를 놓을 수 있다.

예를 들어, 몇 년 전 나는 여러가지 다른 종교적 관점을 가진 사람들과 함께하는 패널토의에 기독교적인 관점을 대변하기 위해 참여했다. 각 패널 토론자들은 자신의 신앙에 관한 것들을 설명했고, 마지막에는 다음과 같은 말을 덧붙였다. "하지만 저는 다른 사람들을 저의 신앙으로 변화시키려 하거나 개종시키려고 하지는 않습니다." 나는 마지막 패널토론자였고 다른 사람들처럼 비슷한 말을 해야 한다는 굉장한 압박을 받았다. 그래서 다른 사람들에게 '그리스도에 관해 말해야 하는 시급성'에 관해 말하기 위해 이러한 가설적인 질문을 던졌다. "만일 당신의 가장 친한 친구가 불타고 있는 건물 안에 갇혀 있고, 당신이 그를 구하지 않으면 그는 죽게 될 것이라는 사실을 알고 있다면, 어떻게 하시겠습니까? 그가 그냥 불타서 죽게 내 버려 둔다면 당신은 어떤 친구가 되겠습니까? 아주 좋지 않은 친구죠, 맞습니까? 저는 그저 예수 그리스도를 거부하는 위험에 관해 사람들에게 경고하고 싶을 뿐입니다." 이 이야기를 한 후, 작은 핀 하나가 떨어지는 소리라도 들릴 만큼 적막감이 감돌았다. 분명히, 그들은 요지를 알았고 성령은 그들의 마음을 뚫고 들어가도록 이 질문을 사용하셨다.

당신과 내가 할 수 있는 가장 아름다운 일은 다른 사람들에게 오늘의 삶을 변화시키는 능력이 있는 복음을 전해서 그들에게 미래와 내일의 소망을 보장해 주는 것이다.

6. 하나님이 계신다는 것을 나에게 증명할 수 있나요?

다시, 우리는 제일 먼저 이 질문 이면에 있는 신념을 알아내야 한다. 그들은 이성과 논리가 종교와 하나님에 관한 질문에 적절히 적용될 수 없다고 생각할 수 있다. 이러한 그들의 생각을 드러내기 위해 우리는 다음과 같이 물을 수 있다. "'증명하다'는 말이 뜻하는 것이 무엇입니까?" 사람들이 어떤 실재가 존재하느냐 존재하지 않느냐는 질문을 하는 이 시대에, 우리 자신의 존재성을 포함해서 어떤 것의 존재에 대한 만족할만한 증명을 한다는 것은 어려운 일일 수 있다. 그러나 우리는 이렇게 물을 수 있다. "하나님이 존재한다고 믿는 타당한 이유를 설명할 수 있는지 나에게 묻는 거죠?"

일단 당신이 이 질문을 분명하게 하면 부메랑 원리를 사용하여 "저는 하나님이 존재한다고 믿는 타당한 이유를 당신에게 말해 줄 수 있다고 생각해요. 그러나 먼저 물어볼 것이 있어요. 하나님이 정말로 존재한다는 것을 알 수 있다면, 당신은 그것을 알고 싶으세요? 만일 알고 싶지 않다면, 왜 그렇죠?" 만일 그들이 하나님이 존재한다고 믿을 만한 어떤 근거를 믿지 않는다고 말한다면, 다음의 질문을 이용해 그들의 회의주의에 질문을 던질 수 있다.

- "하나님이 존재한다는 것을 믿지 않는 특별한 근거가 있습니까?"
- "하나님이 없다는 것을 절대적으로 확신한다고 나에게 말씀하고 있습니까? 그렇지 않다면, 하나님이 계시다는 것은 가능하지 않을까요? 만일 그렇다면, 당신은 정말로 불가지론자('나는 하나님이 있는지 없는지 몰라요'라고 말하는 사람)도 아니고 무신론자('나는 하나님이 없다는 것을 알아요'라고 말하는 사람)도 아니지 않습니까?"
- "하나님이 없다는 것을 정말로 증명할 수 있습니까? 만일 그렇지 않다면, 하나님이 계신다는 것이 가능하지 않을까요? 만일 하나님이 계신다면, 이것이 이생의 삶과 사후의 삶에 무엇을 의미하는지 생각해 보는 것이 지혜롭지 않을까요?"
- "만일 우리가 물질적 원인에 의한 결과로 존재할 뿐이라면, 사랑, 의미, 가치, 아름다움을 설명하기가 어렵다는 것에 동의하십니까?"

포스트모더니즘 세상에 살고 있는 사람들일지라도 물질 세계를 초월해 그들의 삶에 의미 있는 어떤 것이 있다고 믿고 싶어 하기 때문에 마지막 질문이 도움이 된다. 이것은 많은 젊은이들이 "리얼리티 TV쇼"에 매료당하는 요즘의 현상을 설명하는 데에도 도움이 된다. 현대인들은 포스트모더니즘에 대한 믿음과 어울리지 않게, 실제적인 어떤 것을 찾고 있다. 포스트모더니즘을 따르는 많은 사람들이 찾는 실제적인 것에 가장 가까운 것은 바로 다른 '사람'이다. '사람'은 '관계를 가질 수 있으며' 실제적인 아픔과 실제적인 슬픔 그리고 실지적인 기쁨이 있기 때문이다.

하나님의 증거에 관한 질문에 답할 때, 변증의 내용과 질문 접근법을 결합하는 것 또한 도움이 될 수 있다. 먼저, 하나님의 존재는 누구나 물을 수 있는 가장 근본적인 질문인 "왜 아무것도 존재하지 않았다기 보다 무엇인가 존재 했을까요?"에 대답하는 것임을 가리키라. 그런 다음 아래의 질문을 하라.

- "현재 무엇인가 존재한다는 사실에 동의하십니까?"(예를 들어, 당신이 존재하고 있다는 것)
- "당신은 또한 유는 무에서 생길 수 없음에 동의하십니까?" [81]
- "아무 것도 없었던 때가 있었다면, 지금도 여전히 아무 것도 없을 것이기 때문에 유는 항상 존재했어야 합니다. 우리가 이러한 결론을 내려야 한다는 것에 동의하십니까?"

일단 당신이 하나님의 존재에 대한 지지대를 세웠다면, 기적이라든지, 예수님이 하나님이시라고 주장하신 것과 같은 다른 지지대도 정할 수 있다. 이러한 것들은 어떤 사람들이 그리스도께로 향하는 여정에서 중요한 단계가 될 수 있다.

7. 만일 하나님이 우리를 사랑하신다면 어떻게 지옥이 있을 수 있나요?

여기서 믿지 않는 사람들이 이해하기 바라는 핵심 진리는 하나님이 사랑하시기 때문에 지옥이 존재한다는 것이다. 이러한 진리를 이해할 수 있도록 돕기 위해 다음과 같이 질문하라.

- "만일 천국은 사람들이 하나님을 경배하는 곳이고, 당신이 지금 경배

하는 것을 즐기지 않는다면, 하나님이 당신에게 영원토록 자신을 경배하라고 강요하겠습니까? 그렇다면 그는 사랑의 하나님이 아닐 겁니다. 그렇죠?"

- "하나님이 자신을 사랑하고 경배하라고 강요한다면 그것이 지옥이지 않겠습니까?"
- "나는 사람들이 원하든 원하지 않든 모든 사람이 예수님을 믿도록 만드는 하나님이라면 그분이 사랑의 하나님이 아닐 것이라는 것에 당신이 동의하리라고 확신합니다.'

그런 다음 어떤 사람이 결혼하고자 하는 마음이 전혀 없다면, 누군가가 그를 억지로 결혼하도록 할 수 없음을 보여주기 위해 결혼에 대한 유추를 사용할 수 있다. 이와 같은 방식으로, 하나님의 사랑은 우리의 의지에 반하여 행동하도록 강요하는 것을 허락하지 않는다. 천국에서는 '억지로 하는 결혼'이란 있을 수 없다.

이것을 더욱 명확하게 하기 위해서, 지옥이 있을 수밖에 없는 타당한 이유가 있음을 가리키라. 예를 들어, 다음과 같이 물으라.

- "범죄행위에 대한 처벌이 없다면 당신은 어떻게 정의의 개념을 믿을 수 있습니까?"
- "히틀러가 자신이 범한 일로 인해 그에 상응한 대가를 치루었다고 믿습니까? 만일 그렇지 않다면, 내세에 지옥이 없는데 히틀러나 그와 같은 사람들이 행한 모든 일에 대해 어떻게 처벌할 수 있을까요?"

만일 당신의 친구와의 대화가 조금의 진전이 있다고 생각한다면, 복음

제시로 전환할 수 있다. 당신은 이렇게 말할 수 있다. "나쁜 소식은 우리가 하나님께 죄를 지었기 때문에 우리와 하나님 사이에 간격이 생기게 되었다는 것이지만, 이야기가 여기서 끝나지 않기 때문에 좋은 소식도 있습니다." 만일 그가 복음에 대해 더 듣고자 하는 마음이 있다는 것을 감지한다면, 이렇게 물으라. "성경에서 말씀하고 있는 이 좋은 소식에 대해 좀 더 듣기 원하십니까?"

8. 왜 하나님은 한 분 뿐이신가요?

만일 어떤 사람이 이러한 질문을 한다면, 부메랑 원리를 사용해 다음과 같이 되물을 수 있다. "어떤 면에서 전능하신 하나님이 한계가 있다고 생각하십니까?" 그리고 "무엇이 전능하신 하나님을 제한할 수 있을까요?" 물론 두 질문에 대한 대답은 … "어떤 것도 아니다!"이다. 성경은 하나님이 이 세상 모든 만물을 붙드실 능력이 있다고 가르친다(골 1:17). 성경은 유일하신 한 분 하나님이 계시다는 사실을 분명히 가르치고 있다.

> "너희는 나의 증인이라. 나 외에 신이 있겠느냐?
> 과연 반석은 없나니 다른 신이 있음을 내가 알지 못하노라"(사 44:8하).

이제 하나님이 유일하시다는 것을 합리적으로 설명하기 위해서, 그리고 이것이 성경적인 가르침임을 확증하려는 의도만은 아니라는 것을 증명하기 위해서 다음과 같이 말할 수 있다.

"만일 영원하신 무한한 존재가 한 분 이상 존재한다면, 그들은 여러 면에서 달라야 하지 않겠습니까? 어떤 점도 차이가 없다는 것은(무언가 다른 점이 있다는 것과 반대되는 것으로써) 그들이 전혀 다르지 않다고 말하는 것과 같습니다. 어떤 점에서 차이가 있기 위해서, 한 존재는 다른 모든 존재가 갖고 있지 않는 속성을 가져야 합니다. 그 때 한 존재는 하나님이 될 수 있고 그 외의 다른 존재는 하나님이 될 수 없습니다.[82] 그러므로 둘이나 그 이상이 아닌, 끝이 없으시고, 변하지 않으시며, 영원하신 하나님이 오직 한 분만 존재할 수 있습니다."

9. 세상에는 악과 고통이 너무나 많은데 어떻게 사랑의 하나님이 계시다고 말할 수 있나요?

첫째, 우리는 이 질문 이면에 있는 핵심 질문이나 문제를 파악해야 하고 또한 이 질문이 왜 많은 어려움을 일으키는지 말해야 한다. 이 질문이 함축하고 있는 것은 만일 하나님이 존재한다면, 그분은 세상에 있는 그렇게도 많은 고통과 고난을 허락하지 않을 것이라는 점이다. 그러나 만일 그분이 정말로 이러한 수많은 악과 함께 존재한다면, 그분은 진정한 선이 아니다.

둘째, 믿지 않는 친구들이 유신론자만이 악과 고통에 대한 질문에 적절한 답을 줄 수 있다는 것을 알도록 도와야 한다. 불가지론자는 그 질문의 방향을 가리킬 대상이 없기 때문에 해답을 갖고 있지 않다. 또한 범신론자는 그에게 있어서 악이란 실재하는 것이 아니기 때문에 적절한 답을 제시할 수 없다. 그러나 유신론이 사실이라면, 그 질문은 타당하며, 유신론자는 확실한 답을 줄 수 있다.

그 다음, 우리는 그들에게 다음과 같이 질문함으로써 악과 고통을 정의해야 한다. "악이 뜻하는 것이 무엇입니까? 선의 기준 없이 악이 무엇인지 알 수 있을까요?"

C.S. 루이스(C.S. Lewis)는 자신의 책 『순전한 기독교』에서 선의 개념을 받아들이지 않고 악의 개념을 받아들이는 것의 오류를 지적했다. 그는

"(무신론자로서) 하나님을 대항한 나의 논증은 세상이 잔혹하고 불공정하게 보인다는 점이었다. 그러나 내가 어떻게 공정함과 불공정함에 대한 생각을 가졌을까? 사람은 자신이 직선에 대한 생각을 갖고 있지 않다면 선이 굽어졌다고 말하지 않는다. 내가 이 세상을 불공정하다고 했을 때 이 세상을 무엇과 비교했겠는가?"[83]라고 말한다.

그러므로 그들에게 다음과 같이 물으라.

- "우리는 악의 기준으로 선을 평가하기보다 선의 기준으로 악을 평가하지 않습니까?"
- "만일 우리가 어떤 것이 좋거나 옳다고 말한다면, 그것은 도덕법이 있다는 것을 의미하지 않습니까?" 만일 도덕법이 있다면, 그 법을 주신 분이 있다는 것을 의미하지 않습니까?"

명확히 해야 할 다음 용어는 원인(cause)이라는 단어이다. "선한 하나님이 선한 사람들에게 나쁜 일이 생기게 하실까?" 또는 "선한 하나님이 선한 사람들에게 나쁜 일이 일어나도록 허락하실까?" 성경은 "하나님은 악에게 시험을 받지도 아니하시고 친히 아무도 시험하지 아니하시느니라"(약 1:13)고 가르치고 있기 때문에 이 점을 명확히 하는 것이 중요하다. 그 때 이것은 좀 더 깊은 질문으로 이끌 수 있다. "그러면 악의 창시자는 누구인가?"

회의론자는 만일 하나님이 만물을 창조한 분이시고, 악이 실재하는 것이라면, 하나님은 악의 원인임에 틀림없다고 주장할 수 있다. 범신론자는 어쨌든 악은 실재하지 않는다고 주장함으로써 이 딜레마를 회피하고자 하지만, 이것은 유신론을 믿고 악의 실재를 믿는 사람에게는 해당사항이 아니다.

이러한 딜레마를 해결할 수 있는 방법은 악이 어떤 사물이 아니라 어떤 사물의 부족함 또는 결핍이라는 것을 지적하는 것이다. 이것은 사물에 어떤 것이 없는 상태이다.[84] 어거스틴(Augustine)은 이것을 부패라고 말한다.[85] 악은 하나님이 만드신 선한 사물의 타락이다. 그러면 악은 존재론적 기생충이다. 이것은 선과 관련되어서만 존재할 수 있다. 이것은 '완전히 좀먹어 버린 외투' 같은 것은 존재하지 않는다는 것을 우리가 알고 있듯이 순전히 악한 것 또한 없다는 것을 의미한다. 이러한 것은 존재하지 않는다. 당신의 차에 녹이 슨 것도 이와 같다고 말할 수 있다. 당신의 차가 완전히 녹슬 수는 없는데, 그렇지 않다면 그 차는 존재할 수 없다. 이와 같이, 악은 선과 관계없이 존재할 수 없다. 이것을 신학적 용어로 표현하면, 악은 과녁을 벗어나서, 기준에 미치지 못하고, 표준에 들어맞지 않으며, 우리가 마땅히 되어야만 하는 그러한 존재로 살지 않는 것을 의미하는 죄와 같다(롬 3:23). 악이란 '어떤 것의 부족함 또는 결핍'으로 정의될 수 있기에, 하나님이 악의 원인이라고 결론 짓는 것은 받아들일 수 없다(약 1:13~17).

하나님이 모든 창조물의 원인이지만 악의 원인은 아니라는 것을 설명하기 위해서, 하나님이 만물을 창조하셨을 때, 모든 것을 완전하게 만드셨다는 것을 설명하는 것이 도움이 된다. 하나님이 지으신 완전한 것들 중 하나는 자유를 가진 피조물들이었다. 그러므로 자유의지는 악의 원인이다(창 3:6). 결론적으로, 불완전(-)은 자유 때문에 간접적으로 완전으로부터 생겨날 수 있다.[86]

그렇다면 "하나님은 왜 선한 사람들에게 나쁜 일이 생기도록 하셨을까?"는 바른 질문이 아니다. 우리가 던져야 할 바른 질문은 "그는 왜 그것들이 일어나도록 허락하셨을까?"이다. 이 질문에 답하기 위해 다음과 같이 물으라. "당신은 하나님이 어디로 이끌어 가기를 원하십니까? 만일 하나님이 앞으로 모든 악을 제거하시고자 한다면, 그 결과는 어떻겠습니까? 우리 중 남아 있을 사람이 누가 있겠습니까?"

그 다음에, 우리는 '세상 속에 있는 악과 사랑의 하나님'에 대한 이 질문의 이면에 있는 가정 몇 가지를 드러내야 한다. 혹자는 우리의 삶의 목표는 내세의 행복으로 이끌어 줄 수 있는 '하나님을 아는 것'이라기보다 이 세상에서 '행복해지는 것'이라고 생각한다. 그러나 실제 삶에서는 행톡하게 못지만 하나님에 대한 놀라운 지식을 갖게 하는 많은 악한 일이 일어난다.[87] 이 문제를 명확히 하는 것은 어떤 사람들의 마음에 남아있는 긴장을 해결하는데 도움을 줄 수 있다.

또한, 우리가 하나님의 목적을 모른다 해도, 그분은 여전히 악에 대한 선한 목적을 갖고 계실 수 있다는 것을 그들에게 상기시키는 것은 도움이 될 수 있다. 우리는 하나님이 악을 선한 목적으로 사용하실 수 있음을 알고(롬 8:28), 그분이 악과 고통을 허락하신 적어도 다섯 가지의 목적을 확인할 수 있다.

- 이것은 인격 개발에 필수적이다.
- 이것은 우리에게 도덕적 결과를 가르친다.
- 이것은 임박한 위험에 대해 경고한다.
- 이것은 더 커다란 선을 가져온다.
- 이것은 선과 악의 최종적 분리를 가져온다.[88]

이것은 추가적인 질문을 하게 할 수 있다. "하나님은 왜 악을 제거하실 수 없는가?" 이 때는 하나님이 '자유롭게 선을 선택하는 것'을 없애지 않고는 모든 악을 제거하실 수 없다는 것을 설명하는 것이 도움이 된다. 그럼에도 불구하고, 그분은 악을 제거하실 수 있고 자유로운 선택을 없애지 않고도 모든 악을 물리칠 수 있고 물리치실 것이다. 논쟁은 다음과 같은 방식으로 요약될 수 있다.

- 하나님은 항상 선하시며 악을 물리치길 원하신다.
- 하나님은 전능하시며 악을 물리치실 수 있다.
- 악은 아직 패배하지 않았다.
- 그러므로 악은 언젠가 패배할 것이다.

　이 논쟁은 다음과 같은 질문을 하게 한다. "만일 하나님이 이 세상이 당신이 창조하실 수 있는 '최상의 세계'가 아니라고 생각하셨다면, 왜 세상을 창조하셨을까요?" 그 답은 다음과 같다. "이 타락한 세상은 '존재 가능한 최상의 세상'은 아니지만, '존재 가능한 최상의 세상'으로 갈 수 있는 '존재 가능한 최상의 길' 이다."[89] 존재 가능한 최상의 세계는 자유를 가진 피조물들이 선을 위해 잠재력을 극대화할 수 있도록 허락받은 곳이다. 그러나 그렇게 하기 위해서 악의 가능성을 받아들여야 한다. 곡식과 가라지에 관한 비유에서(마 13:24~30), 주인의 종들은 곡식과 가라지 모두 추수 때까지 자라도록 지침을 받았고 마침내는 그것들을 분리한다(30절). 이런 방법으로 악이 영원히 멸절될 그날까지 선은 극대화될 것이고 동시에 악이 선과 공존하도록 허락을 받은 것이다(계 20:10).

10. 나의 선조들은 하나님으로부터 분리되어 있고 내가 그리스도를 선택하면 나는 선조들과 분리될 텐데 내가 어떻게 그리스도를 선택할 수 있단 말입니까?

이 질문은 조상 숭배 관습이 있는 문화권에 있는 사람들에게 그리스도를 전하는데 가장 어려운 걸림돌들 중 하나를 보여준다. 따라서 우리가 이 질문에 대한 사려 깊은 대답을 해 주는 것이 매우 중요하다. 여기에 몇 가지 제안점을 제시한다.

첫째, 다음과 같이 물을 수 있다. "당신의 조상이 그리스도와 분리되었다는 것을 절대적으로 확신합니까?" 우리가 어떤 사람의 영적 상태를 알고 있다고 생각할 수 있지만, 외양만 알 뿐이다. 반면에 하나님은 중심을 보신다(삼상 16:7).

우리가 말하지 말아야 할 것을 깨닫는 것 또한 중요하다. 우리는 "왜 다른 사람의 결정이 당신의 영원한 행복에 영향을 미치도록 허락하십니까?"와 같은 질문을 던지지 말아야 한다. 조상 숭배가 우세한 문화에서, 결정은 보통 개인에게 가장 좋은 것에 기초해서 내려지지 않고, 나머지 가족에게 어떠한 영향을 미칠까를 고려해 내려지기 때문에 이 질문은 도움이 되지 않을 수 있다. 개인적인 욕망과 소원에 기초해서 내려진 결정은 동양에서 매우 이기적인 것으로 간주된다. 결론적으로, 가족에 대한 민감함을 고려한 질문들은 다음과 같다.

- "만일 당신의 선친께서 당신이 예수님이 누구인지 알게 된 사실을 알게 된다면, 그분은 당신에게 무슨 조언을 하실것 같습니까?"
- "당신은 실제로 성경이 이 문제에 대해 말씀하고 있다는 것을 아십니까? 누가복음 16장에서 예수님은 부자의 비유를 말씀하시는데 그 부자는 나사로라 불리는 거지에게 자신은 죽었지만 자신의 형제들에게 지옥에 관해 말해달라고 부탁합니다."

이때 이것은 다음의 질문을 명확히 드러낸다. "사랑하는 사람이 지옥에 있는데 우리는 어떻게 천국에서 행복해질 수 있겠습니까?" 첫째, 하나님은 무한히 긍휼하신 분이신데 여기에서 우리는 하나님보다 더 긍휼한 사람이라는 심각한 가정을 한다. 더욱이 하나님은 천국에서 행복하시지만, 그분은 모든 사람이 그곳에 있지 않을 것을 아신다. 또한, 만일 우리가 우리의 사랑하는 사람이 천국에 있지 않다는 사실을 알기 때문에 천국에서 기뻐할 수 없다면, 우리의 행복을 다른 사람의 손에 맡긴 것이다. C.S. 루이스(Lewis)는 자신의 책 『천국과 지옥의 이혼』(The Great Divorce)의 한 장면에서 이러한 상황에 대한 심오한 통찰을 제공한다.

> "세상 지상의 사람들 중에는, 한 영혼이라도 멸망당하는 사람이 있다면 어떻게 구원받은 사람들이 온전히 기뻐할 수 있겠느냐고 말하는 이들이 있거든요."
>
> "실제로 그렇지 않다는 걸 알 텐데."
>
> "하지만 어떤 면에서는 그래야 하는 거 아닌가 하는 생각이 듭니다."
>
> "그 말은 아주 자비롭게 들리지만, 그 배후에 무엇이 있는지 봐야 해."
>
> "배후에 뭐가 있지요?"
>
> "세상을 위협하는 사랑 없이 자아에 갇혀 있는 사람들의 요구, 자기들이 행복해지는 데(자기네가 제시하는 조건대로) 동의할 때까지는 세상 어느 누구도 기쁨을 맛보아서는 안 된다는 요구, 자기들이 최종 권력을 휘둘러야 한다는 요구, 지옥이 천국에 거부권을 행사할 수 있게 해 달라는 요구가 있지." [90]

예를 들면, 심히 배고프면서도 음식을 선물로 받기를 거절하는 사람은 그 만찬을 즐기고 있는 선량한 사람의 행복을 금해서는 안 된다.

또한, 현재의 가족이 죽어 더이상 그리스도를 생각해 볼 수 있는 기회조차 갖지 못하기 전에 믿지 않는 친구들이 지금 내린 결정으로 가족들이 그리스도께 나올 수 있는 열쇠가 될 수 있음을 그들이 이해하도록 도울 수 있다(히 9:27). 더욱이, 그들의 결정은 가족 구성원들의 미래 세대의 삶에 중대한 영향을 끼칠 수 있을 것이다. 한때는 그리스도와 자신의 현재 가족 사이에서 망설이다가 마침내 그리스도를 선택하기로 결정한 사람들에 관해 알고 있는 예를 드는 것도 도움이 된다.

 되짚어 보기

1. 다른 사람에게 복음을 증거할 때 걸림돌을 만나면 우리는 스스로에게 질문해야 한다. 그들에게 있는 제 1의 걸림돌은 기독교를 정확하게 이해하는 것에 대한 걸림돌인가 아니면 기독교를 수용하는 것에 대한 걸림돌인가? 이 질문에 대한 답이 당신이 그들에게 복음을 증거할 때 당신의 다음 발걸음을 결정한다는 것을 기억하라.

2. 오늘날 세상에서 기독교 신앙에 대한 바람직하고 타당한 답을 제시하기 위해서, 우리가 전하려고 하는 일반적인 원리를 그들이 받아들이도록 우선적으로 예화나 이야기를 사용할 필요가 있다. 그럴 때만이 우리는 그 내용을 이해하고 있다는 전제하에 신학적인 입장들을 언급할 수 있다.

3. 사람들이 얼마나 자주 자신의 개인적인 기준에 근거해서 하나

님과 그의 의의 기준을 반대하는지에 대해 주의해 본 적이 있는가? 그렇게 함으로써, 하나님이 자신들이 생각하는 그런 분이어야 한다는 생각에 근거해서 그분을 시험해 보려 하지 않는가? 그러한 사람들의 영적인 진보를 위해서, 우리가 말한 것이 그들의 마음을 움직이기 전에 그들이 이러한 몇 가지 가정을 재검토하도록 도와야 한다.

4. 우리가 예배하는 하나님에 관한 정확한 이해와 하나님과의 관계 속에서 우리가 누구인가에 관한 정확한 이해는 하나님과 성경에 관해 들을 수 있는 많은 질문과 도전에 정확하게 답할 수 있는 토대가 된다.

 적용하기

1. 하나님이 누구이신지에 대한 사람들의 잘못된 선입견들을 알아내기 위해서 그들이 하나님에 대해 제기하는 반대 의견들을 주의 깊게 들으라. 하나님에 대한 이러한 판단을 그 자신 스스로 알 수 있도록 반대하는 사람과 함께 이러한 전제들을 탐구하라. 하나님의 성품에 대한 잘못된 생각을 바로잡는 것은 하나님과 성경을 이해하는데 어려움을 겪는 사람에게 가치 있는 통찰력을 줄 것이다.

2. 하나님의 초월적이고 범접하기 어려운 거룩함에 관해 말씀하는 성경구절들을 찾아보라(예를 들어, 사 6:1~7; 합 1:13; 히 12:28~29).

그리스도를 통해서만 주시는 화해의 놀라운 소식을 다시 볼 수 있도록 이 지식을 활용하라.

Chapter **9**

전도에 영향을 미치는
공통적인 오해를 종식시키기

데이브 : 우리가 단지 믿음을 갖는 것이 중요하다고 생각하니, 아니면 어떤 대상을 믿느냐가 중요하다고 생각하니?

학생 : 저는 여러 종류의 믿음이 있다고 생각해요. 선생님이 사랑에 대한 믿음, 종교에 대한 믿음, 하나님에 대한 믿음, 가족에 대한 믿음을 가질 수 있다고 생각해요. 일반적으로 믿음은 매우 중요하다고 생각하는데 운명 또는 믿음, 그것이 무엇이든 믿어야 해요.

데이브 : 바울은 고린도전서 15장에서 "만일 그리스도께서 죽은 자 가운데서 살아나지 않으셨다면, 우리의 믿음은 헛될 것이다."라고 말씀하셨어. 그렇다면 그리스도인에게 있어 중요한 것은 믿음 그 자체가 아니라 믿음의 대상이라는 것에 동의하니?

학생 : 뭐라고 말해야 할지 모르겠네요…. 저에게는 많은 믿음의 대상이 있기에 저는 일반적으로 믿음을 갖는다는 생각을 좋아해요. 저는 그러한 목표나 선생님이 찾고 있는 것이 무엇이든지 그것에 도달하는 것이 중요하다고 말하고 싶지 않아요. 그러나 일반적으로 믿음이 매우 중요하다고 말할 따름이에요.

데이브 : 엘리베이터에 대한 믿음이 있니?

학생 : 예, 어떤 것이든 탈거에요.

데이브 : 그렇지만 네가 엘리베이터에 타기 전 네가 가고자 하는 층에 서는지 보고 확인하지 않니?

학생 : 아니요…. 저는 그냥 타요.

데이브 : 그렇지만 네가 엘리베이터에 발을 들여 놓기 전에 가려고 하는 층에 서는지 확인하는 것은 좋다고 생각하지 않니?

학생 : 좋은 생각이지요.

데이브 : 그래서 믿음을 가지고 있을 뿐 아니라, 바른 대상에 믿음을 두

는 것이 중요해.

학생 : 맞아요. 선생님의 말에 동의해요.

전도의 열매는 오늘 우리가 살고 있는 세상의 풍조에 의해 영향을 받는 것을 부인할 수 없다. 그러나 우리 중 많은 사람들은 세상이 생각하는 방식이 평범한 그리스도인들의 생각에도 파괴적인 영향을 끼치고 있는 이런 위기를 깨닫지 못할 수 있다. 크리스천 변증학자인 J. P. 모어랜드(Moreland)는 그의 책 『그리스도를 향하는 지성』(Love your god with all your mind)에서 다음과 같은 진지한 질문을 던진다. "한 사람이 20년 또는 30년 동안 복음주의 교회의 활발한 교인이었으면서도 교회의 역사와 신학, 깊이 있게 성경을 공부하는 방법과 그에 필요한 도구들, 후기 기독교 사회에서 말씀을 전하고 기독교를 변증하는 데 필요한 기술과 정보를 거의 모른다는 것이 어떻게 가능한가?"[91]

이런 문제는 부분적으로 그리스도인들이 자신들의 믿음을 이해하는 데에 영향을 끼친 몇 가지 공통적인 오해 때문에 일어났다. 그러나 이러한 오해 중에 어떤 것은 다른 사람들에게 복음을 증거할 때 예비전도를 올바르게 인식하고 사용하는 데에도 영향을 끼쳤다. 가장 일반적인 오해 중 세 가지는 다음과 같다.

1. 성경적인 믿음이 뜻하는 것은 무엇인가(믿음이란 반드시 대상이 있어야 한다)?
2. 어떤 사람이 그리스도께 나아오는 데 이성이 하는 역할은 **무엇인가**(사실을 믿음[belief that]/관계를 갖는 믿음[belief in])의 구별?
3. 베드로전서 3:15에서 대답할 것을 항상 준비하라는 것이 의미하는 바

는 무엇인가?

우리는 올바른 이해가 다른 사람들에게 복음을 증거하는 데 어떻게 도움이 될 수 있는지 나타내 보이면서 위의 질문들을 설명할 것이다.

성경적인 믿음이란 무엇인가?

성경적인 믿음은 사실로 증명될 수 없는 어떤 것을 믿는 것이어서 믿음을 맹목적으로 받아들여야 한다고 보는 사람들이 있다. 하지만 성경적인 믿음은 믿는 사람의 믿음뿐 아니라 믿음의 대상 또한 포함한다. 오늘날 많은 그리스도인들은 이 간단한 진리도 이해하지 못하고 있다. 폴스터 조지 바나(Pollster George Barna)는 다음과 같이 말한다. "거듭난 그리스도인 네 명 중 한 명(약 26%)은 모든 종교가 같은 교훈을 가르치고 있기 때문에 어떠한 믿음을 따르든 그것은 중요한 문제가 아니라고 믿는다."[92] 그러나 사도 바울은 "그리스도께서 만일 다시 살아나지 못하셨으면 우리가 전파하는 것도 헛것이요 또 너희 믿음도 헛것이며"(고전 15:14)라고 말했다.

따라서 우리의 믿음은 믿음의 대상이 타당한 만큼만 타당성을 갖는다. 중요한 것은 믿음 그 자체가 아니라, 믿음의 대상이다. 바울은 우리가 무엇을 믿고 무엇을 신뢰하는지에 관해 주의할 것을 경고한다. 우리가 어떤 것을 믿는데 신실하다는 이유만으로 우리의 믿음이 어떤 가치를 갖는 것은 아니기 때문이다. 어느 누구도 믿어서는 안되는 수많은 어리석은 것들이 진리처럼 가르쳐지고 있다. 그 신앙을 지지하는 증거가 없다면 그것에 따라 살지 않는 지혜가 있어야 한다.

우리 대부분은 먼저 담당의사가 능력 있는 의사라는 증거를 갖지 못한다면 심장 수술을 받으려고 하지 않을 것이다. 이와 비슷하게 우리가 믿고자 하는 것을 진리로 받아들이고 그것에 우리의 삶을 헌신하기 전에 그 진리가 주장하는 것을 확인해 보아야 한다.

믿음에 가치를 부여하는 것은 믿음의 대상이다. 믿음에 신빙성을 주는 것은 그 대상의 신뢰성에 대해 우리가 가지고 있는 증거이다. 믿음에 대한 성경적인 관점을 분명하게 이해한다면, 예비 전도를 위한 대화가 전도하는 데 더욱 필요함을 알게 될 것이다. 왜냐하면 믿음의 내용이 중요한 것이지 단순히 믿음이 있다는 것이 중요한 것은 아니기 때문이다.

믿음과 이성의 관계

그리스도인들은 성경적인 믿음이 무엇인가에 관해 오해하고 있을 뿐만 아니라, 믿음과 이성의 관계에 대해서도 오해하고 있다. 더 구체적으로, '어떤 사람이 그리스도께 나오는 데 이성이 하는 역할은 무엇인가?' 라는 질문에 대답하는 방법을 알지 못하기 때문에 많은 그리스도인들이 회의주의, 상대주의, 다원주의, 포스트모더니즘의 영향력에 대응할 준비가 되어있지 않은 것이다.

성경은 믿음과 이성 사이의 적절한 관계를 이해하도록 돕는다. 먼저, 성경은 어디에서도 성경적인 믿음이 '맹목적'인 믿음이라고 암시하지 않는다. 다른 곳에서도 언급했듯이 예수님 자신도 믿음을 가지도록 사람들을 믿도록 부르실 때 이성과 증거를 사용하셨다. 구약과 신약 저자들은 하나님이 존재하시며 하나님이 예수 그리스도의 인격 안에 자신을 계시하신다는 주장을 지지하는 탄탄한 증거를 제시한다. 기독교를 다른 종교들과 구분 짓게 하는 중요한 요소들 중 하나는 기독교가 예수 그리스도의 부활이라는 역사 속의 단 하나의 사건 위에 서 있다는 사실이다. 만약 부활이 일어나지 않았다면, 기독교는 아무 가치도 없게 될 것이다. 만약 부활이 사실이라면(그것에 대한 증거는 너무나 많다)[93] 기독교는 참된 진리이다.

더욱이, 성경적인 믿음은 맹목적인 믿음이 아니라 이성적인 믿음이다. 성경으로부터 발췌한 다음의 간단한 예들은 이러한 진리를 지지하는 증거를 제시한다.

- 이스라엘을 위한 하나님의 축복과 공급하심. 이스라엘에게 베푸신 축복은 오직 하나님 한 분만을 유일하게 경배해야 한다는 사실을 더욱 강하게 옹호한다. 이스라엘은 민족들이 그들의 마음을 하나님께로 향하도록 깨닫게 하며 모든 인류를 구원하고자 하시는 하나님의 주권적인 계획을 이루실 하나님의 변증이었다(창 12:3; 시 67:7).
- 하나님의 선지자 모세(출 7:5)와 엘리야(왕상 18:20~38)에 의해 행하진 기적들.
- 예수님과 사도들에 의해 행해진 기적들(요 20:30~31; 행 5:12~16; 고후 12:12; 히 2:1~4).

우리는 뜻을 다하여 하나님을 사랑하라고 명령받았다. 마가복음 12:29~30에서 예수님은 구약을 인용하시면서 "이스라엘아, 들으라. 주 곧 우리 하나님은 유일한 주시라. 네 마음을 다하고 목숨을 다하고 뜻을 다하고 힘을 다하여 주 너의 하나님을 사랑하라 하신 것이요."라고 말씀하신다. 그러므로 성경적인 믿음은 증거에 의해 지지되는 믿음이다(요 21:25; 요일 1:1~2).

그러나 어떤 사람은 "기독교는 믿음의 비약이라고 생각했었는데요?"라고 말할 수 있다. 그렇지 않다. 믿음은 '비약'도 아니고 '어둠속의 맹신'도 아니다. 이것은 빛 – 충분한 증거의 빛 – 속에서 한 걸음씩 내딛는 믿음이다.

다음의 예화를 생각해 보자. 어떤 건물의 맨 위층까지 오르고 싶은 한 사람이 있다. 엘리베이터 버튼을 누르자 두 대의 엘리베이터 문이 열렸다. 첫 번째 엘리베이터 내부는 바닥이 보이지 않을 정도로 어두웠고 아무도 거기서 내리지 않았다. 두 번째 엘리베이터는 밝았고 키가 큰 남자가 안에서 나왔다. 어느 것이 더 안전한 엘리베이터인가? 어느 것이 당신을 맨 위층까지 안전하게 데려다 줄 수 있으리라고 신뢰할 만한 증거를 가지고 있는가? 맞다. 두 번째 엘리베이터에 타는 것이 믿음의 발걸음을 내딛는 것이다. 그러나 이것은 좋은 증거의 빛 안에서 내딛는 믿음의 발걸음이다. 첫 번째 엘리베이터는 어둠 속에서의 맹신이다. 기독교는 두 번째 엘리베이터와 같다.

증거 – 심지어 좋은 증거 – 가 있을 때조차도 믿음이 있어야 한다. 그러나 하나님은 내가 알고 있는 것을 나에게 계시하셨기 때문에 내가 모르는 것에 대해서도 하나님을 신뢰할 수 있다. 성경적인 믿음은 내가 충분한 지식을 갖고 있지는 않지만 내가 믿고 있는 분이 신뢰할 만하다는 적절한 증거를 갖고 있는 영역에서 하나님을 신뢰하는 것을 의미한다.

이것은 어떤 사람들에게는 현명하지 않게 보일 수도 있다. 그러나 매일 우리가 내리는 결정들이 충분히 알지 못하는 사람, 원칙, 사물에 대한 믿음에 의거하여 내려진다. 우리는 어느 정도의 믿음 또는 신뢰가 없이는 길을 건넌다든지, 차를 몰고 간다든지, 의자에 앉는다든지, 또는 등을 켜기 위해 스위치를 누를 수 없다.

이와 같이, 성경적인 믿음은 어느 정도는 알 수 있지만 완전하게는 알 수 없는 영역에서도 하나님을 신뢰하는 것을 의미한다. 하나님의 존재는 이성만으로 알 수 있지만(롬 1:20), 이 하나님이 성삼위로 영원히 존재한다는 사실은 이성만으로는 결코 알 수 없다. 그리스도인은 그분에 대해 알고 있는 것에 기초해 하나님은 신뢰할 만한 분이라는 사실을 믿을 수 있는 충분한 이유를 갖고 있기 때문에 완전히 이해할 수 없는 영역에서도 하나님을 신뢰할 수 있다.

더 나아가, 성경적인 믿음은 이성을 초월하지만 이성을 무시하지 않기 때문에 단계적 믿음이다. 하나님은 이성만으로 완전히 이해하거나 또는 깨달을 수 없는 우리의 능력을 벗어난 것들을 그분의 말씀 속에 계시하셨지만, 그것들은 이성을 거스르지 않는다. 예를 들어, 삼위일체 교리는 신비하지만 모순되지 않는다. 하나님은 성부, 성자, 성령 삼위의 위격을 지니신 한 본체이시다. 그렇지만 한 인격 안에 세 분의 인격이 존재한다거나 또는 한 본체 안에 세 분의 본체가 존재한다고 생각하는 것은 잘못된 것이다.

비슷하게, 성육신 교리는 하나님이 신의 속성에서 인간의 속성으로 그의 본질을 바꾸심으로 인간이 되신 것을 의미하지 않는다. 대신에 삼위일체의 제2격이 인간의 모습을 입으심으로 신성과 인성을 가지시지만 본질은 여전히 하나님이신 것이다.[94] 그러므로 예수님은 하나님이시고 사람이시지만, 그분의 신성과 인성은 한 위 안에 있는 두 개의 다른 본성으로 남아 있기 때문에 같은 의미는 아니다. 이것은 신비롭지만 모순은 아니다.

그래서 성경적인 믿음은 증거와 이성을 포함하지만, 이성을 무시하지 않으면서 이성을 초월한다. 성경은 하나님의 생각이 우리의 생각보다 높다고 선포하지만(사 55:9), 하나님은 자신이 어떤 분이신지 계시하셨으며, 여러 방법으로 자신의 신실하심을 보여 주셔서 우리가 완전히 이해하지 못하는 영역에서도 그분을 신뢰할 수 있도록 하셨다. 그러므로 성경적인 믿음은 '증거가 충분하지 않더라도 내가 믿을 수 있는 타당한 이유를 갖고 있는 것이 참되다는 것을 신뢰하는 것'으로 정의를 내릴 수 있다.

어떤 사람은 "그러면 사람들이 그리스도께로 나아오는 데 이성이 하는 역할은 무엇입니까?"라고 물을 수 있다. 이 질문에 답하기 위해서는 '사실을 믿는 믿음'(belief that)과 '관계를 갖는 믿음'(belief in) 사이에 있는 구별을 명확히 하는 것이 중요하다. 예를 들어, 야고보는 귀신들도 하나님이 존재하신다는 '사실을 믿는다'고 지적하지만(약 2:19), 우리는 귀신들이 하나님을 '믿지' 않는다는 것을 안다. 그들은 하나님에 대한 이성적 지식을 가지고 있지만, 하나님을 믿는 관계적 '믿음'(belief in)은 가지고 있지 않다.

실제로 이 구별은 어떤 사람에게 복음을 증거할 때, 그리스도에 관해 결정해야 할 두 가지 선택을 가리키고 있음을 의미한다. 첫째로 예수님이 하나님이시라고 주장하신 대로 그가 하나님이시라는 '사실을 믿을 만한' 충분한 증거가 있다면 그 사람은 결정해야 한다. 이것이 받아들여진다면, 그 다음에 더욱 어려운 결정이 뒤따른다. 그것은 그리스도를 '믿음으로' 써 그분께 믿음과 신뢰를 둘 것인지의 여부이다. 어떤 사람은 예수님이 정말로 하나님이시라는 것을 믿을 수 있는 타당한 이유를 알고 있지만 그분을 여전히 믿지는 않는다.

엘리베이터 예화로 돌아가 보자. 사려 깊은 사람은 그 엘리베이터를(in) 믿고 믿음의 발걸음을 떼기 전에 그 엘리베이터가 자신이 오르고자 하는 곳에 데려다 줄 수 있다는 사실의(that) 타당한 증거를 확보하고 있다. 이와 같이, 분별 있는 사람은 그리스도 안에(in) 믿음을 두기 전에 하나님이 존재하시며(that) 그리스도는 그의 죄를 위해 죽으셨고 다시 사신 하나님의 아들이라는 사실의(that) 충분한 증거를 갖고 있어야 한다. 그것이 사실이라고 하는 우선하는 증거 없이 그것을 믿는(in) 믿음은 맹신이다.

가끔 사람들이 "예수님을 믿기만 하세요."라고 말하는 것을 듣는다. 그러나 분별 있는 사람은 "어떤 예수요?"라고 묻는다. 자유주의의 예수는 죽은 자 가운데서 살아나지 않았다. 여호와의 증인의 예수는 창조된 존재인 천사장 미가엘이다. 그리고 몰몬교의 예수는 영의 존재로서 루시퍼의 영의 형제이다. 이러한 예수의 모습 중 어느 것도 우리를 구원할 수 없다 한 사람의 믿음은 그 믿음의 대상의 수준에 따른다. 나사렛의 역사적 예수이시며, 우리의 죄를 위해 죽으시고 죽음에서 다시 사신 영원하신 하나님의 아들이신 분을 믿는 믿음만이 우리를 구원할 수 있다(롬 10:9; 고전 15:1~8).

변증론은 '관계를 갖는 믿음'에 대한 질문이 아니라 '사실을 믿는 믿음'에 대한 질문과 관계가 있다. 예를 들어, 어떤 사람이 증거에 기초해 어떤 한 사람을 훌륭한 배우자가 될 수 있겠다고 충분히 믿을 수는 있지만, 그것으로 그 사람과 "결혼하겠어요."라고 말하도록 강요당하지는 않는다. 그것은 의지의 결정이지 단순히 지적인 결정이 아니기 때문이다.

그러므로 기독교에 대한 증거는 그 증거가 아무리 찬탄하다 할지라도, 사람들이 그리스도를 믿도록 만들 수 없다. 증거는 '관계를 갖는 믿음'이 아니라 '사실을 믿는 믿음'에 대한 질문과 관계가 있기 때문이다. 그리스도를 믿는 믿음은 우리 죄의 대가를 치르시기 위해 십자가 위에서 죽으신 그리스도를 믿고 이러한 진리에 따라 삶을 사는 것을 뜻한다. 성경적인 믿음은 예수님이 메시아라는 사실에 지적으로 동의하는 것 그 이상을 포함하고 있다. 이것은 또한 예수 그리스도 안에 자신을 계시하신 우주의 하나님을 신뢰하고 매일 헌신하는 것을 의미한다(요 1:12). 진정한 성경적인 믿음은 또한 우리의 내면을 철저히 바꾸어 삶 속에서 하나님의 변화시키는 능력을 드러낸다(롬 12:2; 빌 2:13).

'사실을 믿는 믿음'과 '관계를 갖는 믿음'의 구별은 우리가 어떻게 복음을 전할 것인가에 대해 중요한 영향을 끼친다. 변증론으로 어떤 사람을 설득해서 하나님의 나라에 들어오게 할 수 없다. 성경은 그가 그리스도를 영접하려면 성령이 그 사람의 삶 속에서 반드시 일하셔야 한다고 가르친다. 예수님은 요한복음 6:65에서 "내 아버지께서 오게 하여 주지 아니하시면 누구든지 내게 올 수 없다."라고 말씀하셨다. 그러므로 믿음과 이성은 사람들에게 효과적으로 그리스도를 전하도록 함께 작용해야 한다. 변증론은 어떤 사람이 예수님이 메시아라는 '사실을 믿도록' 도울 수 있지만, 그분을 '마음에 영접하도록' 억지로 강요할 수는 없다.

그럼에도 불구하고 변증론은 다음과 같은 여러 가지 이유로 중요한 역할을 할 수 있다.

- 변증론은 성령께서 자유롭게 죄를 깨닫게 하시고 죄인을 회개시킬 수 있도록 믿음을 방해하는 지적 걸림돌들을 제거하게 한다.
- 변증론은 신자의 믿음이 합리적이라는 확신을 줄 수 있다.
- 변증론은 기독교 진리의 확실성을 강하게 제시함으로써 그리스도인이 전도할 수 있도록 준비시켜 주고 또 지원해서 전도하도록 돕는다.

바울이 "유대인의 회당에 들어가 말하니 유대와 헬라의 허다한 무리가 믿었다"(행 14:1). 그 후에 그는 루스드라에서 이방인들이 '변명할 수 없도록' 일반계시로부터 증거를 제시하면서(롬 1:19~20) 하나님이 자신을 '증언하지 아니하신' 것이 아님(행 14:17)을 강조하며 그들을 설득했다. 또한 바울은 정기적으로 회당에 갔고 '성경을 가지고 강론하며 뜻을 풀어 그리스도가 해를 받고 죽은 자 가운데서 다시 살아나야 할 것을 증언'(행 17:2~3)했다. 그 결과 "그 중의 어떤 사람 곧 경건한 헬라인의 큰 무리와 적지 않은 귀부인도 권함을 받고 바울과 실라를 따랐다"(행 17:4). 나중에 아레오바고에서 철학자들에게 해명하면서 자연에서 증거를 언급했고(행 17:26~29), 그 결과로 "몇 사람이 그를 가까이하여 믿으니 그 중에는 아레오바고 관리 디오누시오와 다마리라 하는 여자와 또 다른 사람들도 있었다"(행 17:34).

분명하게 하나님은 변증론을 사용하셔서 사람들이 그리스도를 믿도록 하셨으며 이 변증론은 오늘날 우리의 전도에 중요한 역할을 할 수 있고 또 해야 한다. 그러나 변증론의 효력은 우리가 이것을 어떻게 사용할 수 있고 또 사용할 수 없는지를 민감하게 이해하는 것에 달려있다. 그러나 우리는 믿음과 이성 사이에 실제적인 대립이 없다고 결론지을 수 있다.[35]

대답할 것을 준비하는 것

베드로전서 3:15은 우리 속에 있는 소망에 관한 이유를 묻는 자에게 대답할 것을 항상 준비하라고 말씀한다. 믿음에 관한 곤란한 질문을 던지는 사람을 전혀 만나지 않을 수도 있지만, 만일 어떤 사람이 묻는다면 대답할 준비가 되어있어야 한다.

후기 기독교와 반기독교 문화의 환경 속에서 시간이 지날수록 점점 더 그리스도인들은 곤란한 질문에 대답하도록 요청받게 될 것이다. 이러한 현상에 대한 암시 중 하나는 래비 재커라이어스가 공동집필한 『하나님을 누가 만들었을까?』(Who Made God? And Answers to Over 100 Other Tough Questions of Faith, 사랑플러스역간)라는 책의 성공에서 나타난다. 이것은 다른 책에서 가치 없어 보이는 자료를 모은 것임에도 불구하고 많은 사람들이 난해한 질문들을 받아왔고 그 답을 해주어야 했기 때문에 첫 판이 날개 돋친 듯 팔려나갔다.

어떤 사람들은 이것을 우리가 믿지 않는 사람들에 의해서 제기된 질문에 답하기만 하면 된다는 것을 의미한다는 잘못된 인식을 가지고 있다. 그러나 '대답할 것을 항상 준비하는 것'은 어떤 사람이 질문하기만을 기다리는 것 이상을 의미한다. 헬라어(헤토이모스)에서 '준비하되'에 대한 단어는 그리스도가 다시 오시는 것과 관련되어 사용되었다(마 22:44; 눅 12:40). 그래서 베드로전서 3:15에서 '준비하되'는 믿지 않는 사람들의 질문과 반대를 예상하는 것을 의미한다.

만일 베드로전서 3:15를 고린도후서 10:5, 고린도전서 9:22과 관련지어 살펴본다면, 그리스도인으로서 우리의 책임은 믿지 않는 친구들이 제기할 수 있는 질문과 반대 의견을 신중하게 예상하는 것임이 분명해진다. "대답할 것을 준비하는 것은 유용한 바른 정보를 갖는 문제일 뿐만 아니라, 우리가 믿고 있는 진리를 나누고자 하는 준비성과 열의가 있는 태도이기도 하다."[96] 더 나아가 특별한 질문을 받든지 안받든지 까다로운 질문들에 대해서도 적절한 답을 줄 수 있도록 준비되어야 한다. 이것이 사도행전 17장에서 사도 바울이 다신교도들에게 말할 때 사용한 방법이었다. 그는 반대 의견이나 관심이 제기되기를 기다리지 않았다. 그는 공세를 취하고 그들의 믿음안에 있는 모순을 지적했다(행 17:23~29).

우리도 이와 비슷하게, 아이가 뙤약볕 아래서 놀고 집에 돌아왔을 때 엄마가 그 아이의 필요를 예상하고 시원한 주스를 준비하여 기다리고 있듯이 믿지 않는 사람들의 질문과 영적 관심을 예상해야 한다. 이것은 다른 사람에게 복음을 전할 때 개발해야 할 마음의 태도이다. 우리는 그들이 구체적인 질문을 하든지 안하든지 그들 앞에 놓여있는 걸림돌을 없애고 그리스도께로 발걸음을 내딛도록 도와야 할 책임이 있다.

'준비되는' 것이 무엇인지 그 의미를 분명하게 하는 것은 중요하다. 만일 고린도전서 3:6과 9:22에서 암시하는 것과 같이 믿지 않는 친구들이 매일 예수님께 한 걸음 더 다가서도록 하는 것이 우리의 책임이라던, 그리고 말로 표현하든지 그렇지 않든지 그리스도를 믿는 데 놓여 있는 잠재적 걸림돌을 제거함으로써 변증의 임무를 다하는 것이 타당하다면, 이것은 복음을 전하는 방법에 극적인 전환점을 가져올 것이다. 친구들과 매번 마주칠 때마다 그들이 그리스도를 신뢰하지 못하도록 막는 주요한 걸림돌이 무엇인지 분별하도록 힘써야 할 것이다. 대화할 대마다 잠재적으로 우리의 대화를 영적인 방향으로 나아가게 할 수 있는 생각을 불러일으키는 질문을 던짐으로써 다리를 놓을 기회를 찾을 것이다. 믿지 않는 친구들과 대화하는 매 순간 그들이 십자가로 가는 여정에서 맞닥뜨릴 수 있는 걸림돌을 예상하고 제거하도록 힘써야 한다. 이 모든 것은 세상에서 예수 그리스도의 제자가 되는 우리의 책임에서 보충적인 것이 아니라 근본적인 것으로 이해되어야 할 것이다.

만일 베드로전서 3:15이 그리스도를 우리의 삶 속에 주로 삼는('그리스도를 주로 삼아 거룩하게 하고') 방법들 중 하나가 대답할 것을 항상 준비하는 것을 의미한다면, 그리고 대답할 것을 항상 준비하는 것이 그들이 말로 표현한 관심사에 대답하는 것뿐만 아니라 그들의 영적 여정에 영향을 미칠 수 있는 걸림돌을 예상하는 것이라면, 믿지 않는 친구들이 예수님께 한 걸음 더 다가서도록 매일 기회를 찾지 않은 채 어떻게 우리의 삶 속에 진정으로 그리스도를 주로 삼을 수 있겠는가?

하나님께서 시세를 아는 잇사갈의 자손들처럼(대상 12:32) 우리가 살고 있는 이 시대를 잘 이해할 수 있게 하시고 우리가 무엇을 해야 할지 알게 하시기를 기원한다.

되짚어 보기

1. 그리스도인들이 믿음에 관해 품고 있는 세 가지 중요한 오해를 분명히 밝히는 것이 복음을 전해야 함을 깨닫게하고 변증론을 사용하려는 마음을 갖게 한다는 것에 동의하는가?

2. 만일 그리스도를 믿는 데 걸림돌이 되는 것을 없애기 위해 변증론을 사용하는 것이 타당하다면, 이것이 말로 표현되든지 안 되든지 복음을 전하는 방법에 극적인 전환점을 갖게 한다는 것을 기억하라. 친구들과 만날 때마다 그들이 그리스도를 신뢰하지 못하게 막고 있는 걸림돌들을 분별할 수 있도록 힘써야 하며, 그리스도께로 한 걸음 더 다가서게 하는 생각을 불러일으키는 질문들을 던짐으로써 다리를 놓을 기회를 찾아야 한다.

3. 베드로전서 3:15에서 믿지 않는 사람들이 우리에게 기독교 신앙에 대해 묻는 질문에 대해 대답할 것을 항상 준비하라고 명하신 것을 우리는 알고 있다. 우리 중 다수는 이 명령을 문자 그대로 순종하려한다. 그러나 이 명령의 정신에 순종하고자 한다면 실제적으로 이것은 무엇을 의미하는가?

4. 믿음에 가치를 부여하는 것은 믿음의 대상이며, 믿음에 신빙성을 부여하는 것은 그 대상이 신뢰할 만하다는 것을 입증하는 증거라면, 이러한 신앙을 반영하기 위해 복음을 증거하는 데 우리가 바꿀 수 있고 바꿔야 하는 것은 무엇인가?

🪶 적용하기

1. 그리스도인들이 믿음에 관해 품고 있는 몇 가지 오해들이 다른 사람들에게 복음을 전하는 과정에서 예비전도에 대한 인식과 사용에 영향을 미쳤다는 저자의 의견에 동의하는가? 그렇다면, 당신의 교회에 있는 다른 그리스도인들의 마음에 있는 이러한 오해를 종식시키기 위해 무엇을 할 수 있겠는가?

2. 다른 사람들에게 복음을 증거할 때 믿음과 이성의 독특한 역할에 대해 더 분명히 이해했으므로 나는 오늘 이후로 _____ _____ 을/를 실천하겠다.

3. 베드로전서 3:15의 "대답할 것을 항상 준비하되"가 의미하는 바에 비추어 볼 때 변증하는 것과 복음 전도의 임무와 관련하여 그리스도를 당신의 삶의 주로 삼기 위해 실제적으로 무엇을 할 수 있는가?

4. 당신 주위에 있는 그리스도를 아직 모르는 사람들을 위해 긍휼히 여기는 마음을 품게 해 달라고 주님께 기도하라. 또한 성령님이 힘과 지혜의 원천이 되시기를 기도하라. 이제 온유함과 진리를 아는 지식을 가지고 전 세계로 가서 당신이 알게 된 구주를 삶과 말로써 다른 사람들과 나누고 그들이 매일 그분께 한 걸음 더 다가서도록 도우라.

결론

더 많은 사람들이 그리스도께로 오는 것을 보고 싶다면, 현 시대를 정말 잘 이해해야 한다. 이것은 오늘날 세상에서 '예비전도'가 전도 훈련의 매우 중요한 한 부분이며 초점이 되어야 한다는 것을 의미한다. 이 책에 제시된 여러 가지 원리들을 활용한다면 복음 전도가 의무일 뿐만 아니라 정말로 즐길 수 있는 것이며 친구들, 가족, 함께 일하는 사람들, 지인들의 삶에 큰 변화를 일으켜 줄 수 있다고 생각한다.

그러나 어떤 분들에게는 책에서 제시한 모든 단계와 과정이 조금은 당혹스러울 수 있다고 생각한다. 책에서 제시한 모든 것들의 대부분 또는 일부라도 할 수 있을지 모르겠다고 느낄 수 있다. 그럴 경우 이 과정이 실망스럽지 않으리라는 것을 확실하게 하기 위해서 서론에서 우리가 말한 것들을 살펴보는 것이 도움이 될 것이다.

첫째로, 특히 그리스도인을 향해 점점 냉정해지는 문화 속에서 다른 사람들과 영적인 대화를 나누는 기술은 시간과 연습이 필요하다는 것을 기억해야 한다. 또한 다른 사람에게 복음을 증거할 때에는 걷기에 앞서 걸음마 하는 것을 배워야 하고 확신을 갖고 달리기에 앞서 걷는 법을 배워야 함을 기억해야 한다. 자전거 타기를 처음 배우는 과정에서 무릎에 상처가 나는 경험을 여러 번 하듯이, '마음을 여는 전도대화' 모델을 배우는 과정에서도 우리는 몇 가지 '사고'에 직면할 수 있다. 그러나 상처가 생기는 것이 자전거를 타고자 하는 목적을 막을 수 없듯이, 예비전도과정에서 사소한 방해물들을 만날지라도, 더 많은 열매를 맺을 수 있는 새로운 기술을 배우는 것을 단념해서는 안 된다.

효과적인 예비전도를 위해서 먼저 가장 기본적인 것에 초점을 맞추어야 한다. 첫 번째, 복음을 전하는 것이 과정임을 기억하면서(고전 3:6), 일반적으로 전도가 의미하는 것이 무엇인지를 다시 정의해야 한다. 매일 우리가 하는 말과 살아가는 모습으로 믿지 않는 친구들이 예수 그리스도께로 한 걸음씩 더 다가가도록 도울 수 있다.

두 번째로, 때때로 생각을 불러일으키는 질문과 탐색 질문을 던져 사람들이 스스로 진리를 발견하도록 하는 것이 더 효과적이다(딤후 4:3~4).

또한 우리의 관계형성과정 접근법이 전체적임을 확실하게 하기 위해서 그 과정이 적어도 네 종류의 다른 대화법으로 구성되어 있음을 알아야 한다. 그것은 듣기대화, 조명하기대화, 드러내기대화, 다리놓기대화이다. 각각의 요소는 우리가 믿지 않는 친구들의 삶 속에서 해야 하는 특정한 역할과 상응한다. 그것은 음악가, 화가, 고고학자, 건축가이다. 항상 듣기대화로부터 시작해야 하지만 우리의 초점을 어디로 향해야 할지는 그 사람의 영적인 수준과 성령의 인도하심에 달려있다는 것을 기억해야 한다. 이와 같이, 예비전도를 연습하는 것은 과학이라기보다 예술에 더 가깝다.

더욱이, 효과를 극대화하기 위해 질문의 3D를 유념할 필요가 있다. 우리의 목적은 그들이 방어(defensiveness)를 최소화하고, 우리의 이야기를 더 듣기 원하는 갈망(desire, 호기심)을 갖게 하면서, 그들의 신앙 속에 있는 의문점(doubt, 불확실성)을 드러내는 질문을 던지는 것이어야 한다.

또한 십자가에 다리를 놓는 것을 돕는 방식으로 그들의 질문에 대답할 필요가 있다. 그래서 대화 중에 제기되는 각 질문 이면에 있는 진정한 문제나 또는 질문을 찾음으로써 한 사람이 그리스도께로 한 걸음 더 다가가도록 돕는 역할을 할 수 있다.

그러나 이러한 단계들이 복음 증거의 효과를 증가시키는 데 도움이 되지만, 우리에게는 방법이 그렇게 중요하지 않음을 절대로 잊어서는 안 된다. 왜냐하면 복음 전도에 있어 우리의 문제는 방법론에 있지 않고 성숙에 있기 때문이다. 당신은 하나님을 향한 마음이 있으며 하나님이 가장 소중히 여기는 것(잃어버린 영혼들)을 가장 소중히 여기고 있는가? 만일 우리가 하나님의 마음을 품는다면, 하나님의 나라와 그의 목적을 증진시키기 위해 믿지 않는 친구들과 대화를 나눌 때 할 수 있는 모든 가능한 일을 할 것이다. 그때 가장 중요한 것은 당신과 내가 하나님을 향한 더 큰 마음과 열정 그리고 우리 주위에 있는 잃어버린 자들을 향한 지대한 관심을 갖는 것이다.

우리는 왜 잃어버린 자들에게 복음을 전하기 위해서 더 큰 열정을 갖지 않는가? 내가(데이비드 가이슬러) 대학생이었을 때 학생회관 옆 벤치에 앉아서 사람들이 지나다니는 것을 보곤 했다. 어느 날, 그 누구라도 이 사람들에게 그리스도에 관해 말하지 않는다면, 그들은 영원토록 하나님과 분리된 채로 살 수 밖에 없다는 분명한 사실을 깨닫는 순간 나는 울기 시작했다. 그러나 지금 나는 그때 가졌던 잃어버린 자들을 향한 긍휼함과 하나님을 향한 열정을 갖고 있지 못한 듯하다. 그렇게 된 것은 적어도 세 가지 이유가 있다고 생각한다. 아마 당신도 동감하는 것이 있을 것이다.

첫째로, 우리 중에는 기독교의 진리를 전적으로 확신하지 못하는 이들이 있을 수 있다(요 8:32). 한번은 어떤 대학생과 대화를 나눈 적이 있는데 그는 자신이 그리스도인이지만 자신의 믿음을 다른 사람들에게 적극적으로 나누고 있지 않음을 인정했다. 나는 그 이유를 물었고 그는 "저는 예수님이 길이요, 진리요 생명이심을 믿지만 제가 다른 친구들에게 예수님에 대해 말할 만큼 아직 확실히 믿고 있지는 않아요."라고 대답했다.

불행히도 많은 그리스도인들이 믿음의 가장 기초적인 부분에 대해 의문을 갖고 있다. 최근에 퓨 리서치사(Pew Forum on Religion & Public Life)에서 실시한 통계는 미국에서 복음주의 교회에 참석하고 있는 사람들 중 57%가 많은 종교들이 영원한 생명으로 인도할 수 있다고 답했음을 밝히고 있다.[97] 우리는 많은 사람들이 예수님에 관한 성경 이야기에 의문을 갖는 시대를 살고 있으므로 이러한 사실에 놀라서는 안 된다. 몇 년 전 『다 빈치 코드』(The Da Vinci Code)라는 책과 영화가 인기를 끌면서 이러한 일이 벌어지는 것을 보았다. 그 다음 『예수와 유다의 밀약: 유다복음』(The Lost gospe, of uotas)안에서 예수님에 관한 이야기가 다른 것으로 대체되는 것을 보았다. 우리는 전통적인 그리스도인 이야기가 『예수의 잃어버린 무덤』(The Lost tomb of Jesus)에 나오는 가설에 의해 도전 받는 것을 목격했다. 그리고 필립 풀만(Philip Pullman)의 인기작인 그의 『황금 나침반』 3부작(『황금 나침반』, 『마법의 검』, 『호박색 망원경』)은 '기독교와 교회 그리고 하나님에 대한 직접적인 공격' 이다.[98]

그 결과로 많은 믿지 않는 사람들이 기독교의 전통적인 이해에 의문을 제기할 뿐만 아니라 심지어는 일부 그리스도인들도 견고한 증거에도 불구하고 자신들의 믿음에 관해 의문을 제기한다. 나는 의구심을 가진 그 대학생에게 "만일 의문이 있다면 찾고자 하는 답을 찾으세요. 그리스도인들로서 우리는 진리를 두려워할 필요가 없어요."라고 말했다. 예수님은 제자들에게 "진리를 알지니 진리가 너희를 자유롭게 하리라."(요 8:32)라는 교훈을 주셨다. 사도 바울은 그리스도 부활의 사실이 우리 믿음의 중심임을 상기시킨다. 만일 부활이 일어나지 않았다면 기독교는 믿을 만한 가치가 없다(고전 15:12~20). 누가도 이와 비슷하게 자신의 복음서에서 '이는 각하가 알고 있는 바를 더 확실하게 하려 함'(눅 1:4)이라는 목적을 갖고 누가 복음을 썼다고 상기시킨다.

그러므로 우리는 그리스도인으로서 하나님을 향한 섬김과 헌신 속에서 앞으로 나아가는 것을 방해하는 난처한 질문들에 대한 답들을 찾아야 한다. 왜냐하면 우리가 예수님이 자신이 주장하신 바로 그분이심을 확신하고 더욱 놀라운 방법으로 나와 친구들의 삶 속에서 나타나는 그분의 능력을 볼 때, 우리의 영향권 안에 있는 사람들에게 더욱 강권적으로 복음을 전할 수 있기 때문이다. 만일 우리가 예수님이 하실 수 있는 것을 진정으로 이해한다면, 우리도 베드로와 요한처럼 예수님에 관해 경험한 것을 말하기를 멈출 수 없을 것이다(행 4:20). 우리는 두 사이에서 머뭇거리지 말고 우리의 절대 경배를 받기에 합당하신 분에게 우리의 삶을 의탁하라는 엘리야 선지자의 충고에 귀를 기울여야 한다(왕상 18:21).

하나님을 향한 열심을 더 키워가고 잃어버린 자들을 더 긍휼히 여기는 마음을 갖기 위해서 우리는 먼저 우리가 선포하는 진리의 메시지에 확신을 가져야 한다.

둘째로, 우리는 하나님으로부터 받은 용서의 정도를 깨닫지 못하고 있다(눅 7:47). 이것은 그리스도를 떠난 우리가 누구인지를 잊어버렸기 때문에 일어날 수 있다. 우리 중 얼마나 많은 사람들이 우리가 범한 죄가 영원한 형벌에 해당하고 하나님으로부터 분리를 의미한다는 사실을 확실히 알고 있는가? 불행히도, 그리스도인들로서 우리는 모두가 하나님의 기준에 이르지 못하며(롬 3:23), 우리의 모든 의로움은 하나님에게 있어 '더러운 옷과 같다'(사 64:6)는 성경의 가르침을 잊고 있다.

심지어 그리스도인으로서 우리는 그리스도를 떠난 우리의 영적 상태에 대해서 우리 자신뿐만 아니라 하나님께 항상 정직하지 않을 수도 있다. 우리 중에 얼마나 많은 사람들이 삶 속에서 하나님의 기적적인 은혜를 떠나서 히틀러가 저지른 것과 같은 범죄를 저지를 수 있다는 것을 깨닫고 있는가? 이것을 이해하기 전까지는 인간의 전적 타락과 죄의 깊이를 이해할 수 없을 것이다. 그리고 우리의 죄의 깊이를 이해하기 전까지는 우리가 그리스도를 믿었을 때 부어주신 하나님의 용서의 깊이를 온전히 인식하지 못할 것이다.

누가복음 7장에서 예수님은 바리새인이었던 시몬과 식사를 하고 계셨고, 그에게 눈물로 예수님의 발을 적시고 머리카락으로 닦으며 그 위에 향수를 부었던 죄 많은 여인에 관해서 말씀하셨다. 예수님은 화가 나있는 바리새인에게 "그의 많은 죄가 사하여졌도다. 이는 그의 사랑함이 많음이라. 사함을 받은 일이 적은 자는 적게 사랑하느니라."(눅 7:47)고 말씀하셨다.

우리가 얼마나 많이 용서받았는지 기억하지 못한다면, 이것은 주님을 섬기는 우리의 열정과 마음에 영향을 끼치게 될 것이다. 하나님이 우리를 얼마나 많이 용서해 주셨는지 알면 하나님이 우리를 얼마나 사랑하시는지 이해하게 된다. 그러면 의무나 억지가 아닌 사랑의 마음으로 그분을 자유롭게 섬기게 될 것이다. 우리는 하나님이 소중히 여기시는 것을 소중히 여길 것이며 하나님으로부터 받은 그 사랑 때문에 다른 사람들을 사랑할 수 있는 넉넉한 마음을 갖게 될 것이다. "우리가 사랑함은 그가 먼저 우리를 사랑하셨음이라"(요일 4:19)

또한 의무나 억지로가 아니라 그분이 우리를 위해 행하신 것에 대한 넘치는 감사로 하나님을 섬기기 때문에 오랫동안 하나님을 섬기게 될 것이다. 얼마나 많이 용서 받았는지 아는 만큼 하나님이 얼마나 우리를 사랑하시는지 알게 될 것이다.

셋째로, 우리는 임무의 긴급성을 잊고 있다. 정직하게 돌아보자. 많은 이들이 인생의 시련으로 너무나 지쳐서 겨우 하루를 살아가는 것을 승리한 것으로 여긴다. 편협한 시각으로 우리의 직접적이며, 일시적이며, 물질적인 관심에 집중함으로 인해, 더 큰 그림과 더 영원한 관점을 놓치기 쉽다. 우리는 다른 사람들에게 복음을 나누는 일이 얼마나 긴급한 일인지 잊고 있다.

예수님은 과장된 표현으로 "또한 만일 네 오른손이 너로 실족하게 하거든 찍어 내버리라. 네 백체 중 하나가 없어지고 온 몸이 지옥에 던져지지 않는 것이 유익하니라."(마 5:30)고 당부하신다. 우리 몸에서 팔이나 다리 하나를 잃어버리는 것이 심각한 결과인 것처럼 영원토록 하나님으로부터 분리되는 것은 이보다 훨씬 더 심각한 상태이다. 그러므로 우리가 할 수 있는 가장 큰 사랑의 행동은 오늘 삶을 변화시킬 수 있는 능력이 있으며 미래와 내일의 소망을 보장하는 복음을 다른 사람들에게 전하는 것이다.

왜 하나님을 향한 더 큰 결심과 잃어버린 사람들을 향한 열정을 갖는 것에 대해 갈등하는가? 그것은 기독교의 진리를 확신하지 못하고 있기 때문일 수 있다. 또한 우리가 용서받은 정도를 깨닫지 못했기 때문일 수 있다. 마지막으로 임무의 긴급성을 잊고 있기 때문일 수 있다. 일단 이러한 장벽들이 극복되고 하나님께서 당신을 향한 더 큰 열심과 잃어버린 자들에게로 가고자 하는 열정을 심어주신다면 예비전도에 대해 이 책에서 제시한 방법들은 복음을 전하기 위해 더 열린 문들을 닫을 수 있을 것이다.

하나님이 우리 모두를 도우셔서 더 창조적으로 복음을 증거하게 하시고 더욱더 많은 사람들이 복음의 메시지에 귀를 기울이고 반응할 수 있기를 기도한다. 또한 오늘과 내일, 그리고 평생에 걸쳐 복음을 나눌 수 있는 방법들을 더 열심히 찾아서 그것들을 활용할 수 있기를 기도한다.

복음 전도와 변증론 자료 목록

책과 기타 자료

Level 1

당신은 이제 방금 '마음을 여는 전도대화'를 시작했다. 당신에게 필요한 기독교 신앙의 기초에 관한 자료를 소개한다. 그리고 그리스도인이 아닌 당신의 친구에게 도움이 되는 보다 이해하기 쉬운 자료들도 있다. 별표(*)가 있는 항목은 그리스도인이 아닌 친구에게 도움이 되는 자료이다.

교리	*The Essentials of the Faith*, 14 DVDs, Norman Geisler, www.International.Legacy.org * 『이것을 믿는다』, 폴 리틀 * 『기독교의 기본 진리』, 존 스토트
관계전도	『예수를 전염시키는 사람들』, 빌 하이벨스 *Larry Moyer's How-To Book on Personal Evangelism*, Larry Moyer 『빛으로 소금으로』, 레베카 피펏
변증학	*Living Loud*, Norman Geisler and Joseph Holden
예수님은 누구신가?	* 『예수는 누구인가』, 조시 맥도웰 * *Is Jesus God?*, John Maisel (www.meeknessandtruth.org에서 볼 수 있다.) * *Jesus: God, Ghost, or Guru?*, Jon Buell
공통 질문	* *Know Why You Believe*, Paul Little

Level 2

당신은 정기적으로 당신의 믿음을 나누어왔고 점점 더 깊이 있는 질문들을 해왔기에 조금 더 깊이 있는 자료들이 필요하다.

교리	*Conviction Without Compromise*, Norman Geisler and Ron Rhodes *A Survey of Bible Doctrine*, Charles Ryrie *Charts of Christian Theology and Doctrine*, Wayne House
관계전도	*Living Proof*, Jim Petersen *Evangelism Made Slightly Less Difficult*, Nick Pollard *Finding Common Ground*, Tim Downs *True for You, But Not for Me*, Paul Copan
변증론	『기독교변증 총서 1~4』, 조시 맥도웰 『진리의 기독교』, 노만 가이슬러/프랭크 튜렉 *When Skeptics Ask*, Norman Geisler
예수는 누구인가?	* 『예수는 역사다』, 리 스트로벨 * *Jesus Among Other Gods*, Ravi Zacharias 『그리스도의 십자가』, 존 스토트
공통 질문	*Who Made God? And Answers to Over 100 Other Tough Questions of Faith*, Ravi Zacharias and Norman Geisler *I'm Glad You Asked*, Kenneth Boa and Larry Moody * 『순전한 기독교』, C. S. 루이스 * 『특종! 믿음 사건』, 리 스트로벨
믿음과 이성	『그리스도를 향하는 지성』, J. P. 모어랜드
난해한 성경본문을 다루는 책들	*The Big Book of Bible Difficulties*, Norman Geisler and Thomas Howe

	Hard Sayings of the Bible, Peter Davids, F. F. Bruce, Manfred Brauch, and Walter Kaiser
세계관을 다루는 책	『기독교 세계관과 현대사상』, 제임스 사이어
다윈주의를 다루는 책들	『다윈주의 허물기』, 필립 존슨 『심판대의 다윈: 지적 설계 논쟁』, 필립 존슨 *A Politically Incorrect Guide to Darwinism and Intelligent Design*, Jonathan Wells *Evolution: The Fossils Still Say No!*, Duane Gish
몰몬교를 다루는 책들	*Reasoning from the Scriptures with Mormons*, Ron Rhodes *Speaking the Truth in Love to Mormons*, Mark Cares
여호와의 증인을 다루는 책들	*Reasoning from the Scriptures with Jehovah's Witnesses*, Ron Rhodes *Jehovah's Witnesses Answered Verse by Verse*, David Reeds
뉴에이지를 다루는 책	*The Infiltration of the New Age*, Norman Geisler and J. Yutaka Amano
이슬람을 다루는 책	*Reaching Muslims for Christ*, William Saal
무신론을 다루는 책들	*A Shattered Visage: The Real Face of Atheism*, Ravi Zacharias *Can Man Live Without God?*, Ravi Zacharias

Level 3

당신은 잃어버린 영혼들에게 다가가려고 당신의 삶을 헌신하기 시작했고 어려운 복음 증거 상황에 지속적으로 부딪히고 있다.

교리	*Systematic Theology*(4 vols), Norman Geisler 『성경의 주요교리–살아있는 능력의 말씀』, 루이스 스펄리 샤펠
관계전도	*Telling the Truth*, D. A. Carson
예수는 누구인가?	* *The Case for the Resurrection of Jesus*, Gary Habermas and Michael Licona *The Resurrection of Jesus*, Gary Habermas
변증론	*Why I Am a Christian*, Normal Geisler and Paul Hoffman *Twelve Points That Show Christianity Is True*, 12 DVD lectures, Normal Geisler, www.InternationalLegacy.org *Reasonable Faith*, William Lane Craig *Handbook of Christian Apologetics*, Peter Kreeft and Ronald Tacelli
지적 설계에 대한 확증	*The Design Revolution*, William Dembski
포스트모더니즘에 답하기	*The Gagging of God*, D. A. Carson
상대주의를 다루는 책들	*Relativism*, Francis Beckwith and Gregory Koukl 『인간폐지』, C. S. 루이스 *Truth in Religion*, Mortimer Adler
공통질문	*When Critics Ask*, Norman Geisler and Thomas Howe *When Skeptics Ask*, Norman Geisler and Ronals Brooks

이단을 다루는 책들	*Kingdom of the Cults*, Walter Martin *The Changing World of Mormonism*, Sandra Tanner
중국민간신앙을 다루는 책들	*A Biblical Approach to chinese Traditions and Beliefs*, Daniel Tong *Faith of Our Fathers*, Chan Kei Thong
이슬람을 다루는 책	*Answering Islam: The Crescent in Light of the Cross*, Norman Geisler and Abdul Saleeb
뉴에이지를 다루는 책	*Apologetics in the New Age*, Norman Geisler and David Clark
환생을 다루는 책	*The Reincarnation Sensation*, Norman Geisler and J. Yutaka Amano
세계관을 다루는 책	*Worlds Apart: A Handbook on World Views*, Norman Geisler and William Watkins
세계종교	*The Compact Guide to World Religions*, Dean Halverson *Neighboring Faiths*, Winfried Corduan

Level 4

변증론   『기독교 변증학』, 노만 가이슬러

알아두면 도움이 되는 변증 웹사이트

- 과학, 기술, 사회 등에 관한 정보: www.arn.org
- 이단, 세계 종교, 종교운동 등에 관한 변증자료: www.apologeticsindex.org
- 성경에 대한 질문: www.biblequery.org
- 그리스도인의 답변: www.christiananswers.net
- 기독교 자료 관련 사이트(Hank Hanegraaff): www.equip.org
- 윌리엄 레인 크레이그: www.leaderu.com/offices/billcraig
- 복음전도 자료: www.evangelismtoolbox.com
- 노만 가이슬러: www.normgeisler.com
- 리더십 대학: www.leaderu.com
- Meekness and Truth 사역(David Geisler): www.meeknessandtruth.org
- Probe 사역(Kerby Anderson): www.probe.org
- Reason to Believe(Hugh Ross): www.reason.org
- Stand to Reason(Greg Koukl): www.str.org
- 이단 관련 자료: www.watchman.org
- 래비 재커라이어스 국제 사역: www.rzim.org
- 모슬렘들을 위한 사역: www.answering-islam.org; www.gnfcw.com
- 힌두교도들을 위한 사역: www.karma2grace.org

부록 I

예비전도 대화 전략

친구들, 가족, 직장 동료, 지인들에게 다가가기 위한 전략 개발하기

대상자 이름			
＊1단계(들어라) 사람들이 부르는 노래에서 '음정이 틀린 부분'을 들어라. **자신에게 물어라** • 그들은 무엇을 믿는가? • 그들은 어떤 세계관의 틀을 가지고 있는가? • 그들의 마음은 예수님이 무엇을 주시기를 바라는가? • 그들의 관점에서 당신이 들을 수 있는 '음정이 틀린 부분' (모순점 또는 불일치점)은 무엇인가?	나는 무엇을 듣고 있는가? 음정이 틀린 것 예 1) 예 2)	나는 무엇을 듣고 있는가? 음정이 틀린 것 예 1) 예 2)	나는 무엇을 듣고 있는가? 음정이 틀린 것 예 1) 예 2)

불일치점의 형태
● 신앙 vs 마음의 열망
  – 그들은 한 가지를 믿지만 그들의 마음은 다른 것을 바라고 있다.
● 신앙 vs 행동
  – 그들은 어느 한 가지를 믿지만 사는 방식 또는 행동하는 방식은 자신들이 믿는다고 말하는 것과 다르다.
● 신앙 vs 신앙
  – 그들은 어떤 면에서 상충하는 두 개 또는 그 이상의 신앙의 내용을 가지고 있다.
● 불합리한 신앙
  – 그들의 신앙은 모순되고 단지 말만 하므로 의미가 없다.
	예 3)
	
	예 4)
		예 3)
		
		예 4)
			예 3)
			
			예 4)

그들과 대화하면서 내가 집중해야 할 "음정이 틀린 부분" 한 가지는 무엇인가?			

✱2단계(조명하라) 사람들이 스스로 진리를 알 수 있도록 도우라. ● 명확하지 않은 용어의 의미를 드러내는 것. ● 그들의 불확실한 것을 분명하게 하는 것. 아래의 내용을 질문함으로써 당신이 한 질문의 효과를 측정하라. ● 의문점(불확실한것)을 드러냈는지가 ● 방어를 최소화했는지 ● 더 듣고 싶은 갈망(호기심)이 생기게 했는가	당신 자신에게 물어라· 어떤 용어를 명확하게 해야 하는가? 얼마나 정확하게 질문 해야 하는가? 한 가지 육성 질문: 대화를 계속 이어가도록, 관심을 갖게하는 한 가지 생각을 불러 일으키는 질문	당신 자신에게 물어라: 어떤 용어를 명확하게 해야 하는가? 얼마나 정확하게 질문 해야 하는가? 한 가지 육성 질문: 대화를 계속 이어가도록, 관심을 갖게하는 한 가지 생각을 불러 일으키는 질문	당신 자신에게 물어라: 어떤 용어를 명확하게 해야 하는가? 얼마나 정확하게 질문 해야 하는가? 한 가지 육성 질문: 대화를 계속 이어가도록, 관심을 갖게하는 한 가지 생각을 불러 일으키는 질문

＊3단계(드러내라) 복음을 가로막는 실제적인 걸림돌들을 드러내라.(즉, 그들의 지나온 삶을 살펴보고 어떻게 지금의 신앙을 갖게 되었는지 찾아보라.) ● 그것이 타당한지 결정하라. ● 걸림돌의 성격을 알아내라. ● 감정적인 응어리를 드러내라. ● 질문들 또는 문제들을 드러내라. ● 가장 큰 걸림돌을 드러내라. ● 의지적인 요소를 드러내라.	자신에게 물어라: 주요 걸림돌 실제적인 걸림돌을 드러내는 질문들의 예:	자신에게 물어라: 주요 걸림돌 실제적인 걸림돌을 드러내는 질문들의 예:	자신에게 물어라: 주요 걸림돌 실제적인 걸림돌을 드러내는 질문들의 예:

★4단계(다리를 놓으라) 그리스도에 대한 긍정적인 사례를 만들고 그들이 그리스도를 믿도록 초청할 수 있는 기회를 찾으라. (1~3단계에서 수집한 정보들 중 예비전도로부터 전도로 나아가는데 도움이 되는 가장 중요한 정보는 무엇인지 생각해 보라.)	자신에게 물어라: 공통점을 어떻게 만들까?(친구의 관심과 나의 관심이 일치하는 지점은?)	자신에게 물어라: 공통점을 어떻게 만들까?(친구의 관심과 나의 관심이 일치하는 지점은?)	자신에게 물어라: 공통점을 어떻게 만들까?(친구의 관심과 나의 관심이 일치하는 지점은?)
• 균형을 찾으라. • 공통점을 찾으라. • 다리 놓기. • 개요를 암기하라. • 목표를 기억하라. • 전도로 전환	다리를 놓기 위해 어떤 지지물을 사용해야 하나?	다리를 놓기 위해 어떤 지지물을 사용해야 하나?	다리를 놓기 위해 어떤 지지물을 사용해야 하나?

	친구에게 복음을 증거 하는데 어떤 가교(감성 또는 이성)가 가장 효과적일까?	친구에게 복음을 증거 하는데 어떤 가교(감성 또는 이성)가 가장 효과적일까?	친구에게 복음을 증거 하는데 어떤 가교(감성 또는 이성)가 가장 효과적일까?
	다리를 놓기 위한 전략:	다리를 놓기 위한 전략:	다리를 놓기 위한 전략:

복음제시
골로새서 4:2~4

당신 자신을 위해 기도하라	기회를 위해 기도하라	동역자들을 위해 기도하라
당신 주위의 사람들에게 하나님의 진리를 전할 때에 탁월한 복음 증거자가 될 수 있도록 지혜와 힘을 달라고 하나님께 간구하라.	다른 사람들에게 복음의 씨앗을 심을 수 있도록 열린 문을 주시도록 기도하라.	직장동료, 거래처 사람들, 손님들, 친구들, 학교친구들, 가족을 위해 기도하되, 하나님이 그들의 마음을 움직여 주시도록 간구하라.

부록 II

예비전도 대화 훈련

1 단계
- 그들의 신념이 어디에서 비롯된 것인지 분별하기 위해 주의 깊게 들어라.
- 사람들이 우리에게 '부르는 노래의 음정이 틀린 것'을 들어라.
- 뜻을 분명히 하도록 하라.

✱ 자신에게 물어라.
- 그들은 무엇을 믿는가?
- 그들은 어떤 세계관의 틀을 가지고 있는가?
- 그들의 마음은 예수님이 줄 수 있는 어떤 것을 갈망하는가?
- 내가 들은 음정이 틀린 것은 무엇인가?
- 그들의 신념 체계에 앞뒤가 맞지 않는 것은 무엇인가?

✱ 그들에게 물어라.
- 저는 이해하고 있다고 생각합니다. 당신이 말하고 있는 것은 … 입니다. 맞습니까?

✱ 불일치점의 유형
- 신앙 vs 마음의 열망
  그들은 한 가지를 믿지만 그들의 마음은 다른 것을 바라고 있다.
- 신앙 vs 행동
  그들은 한 가지를 믿지만 살거나 행동하는 방식은 그들이 믿는 것과 다르다
- 신앙 vs 신앙
  그들은 어떤 면에서 두 개 또는 그 이상의 서로 모순되는 신앙의 내용을 가지고 있다.
- 불합리한 신앙
  그들의 신앙은 모순되고 단지 말만 하므로 의미가 없다.

✱ 예문

> 불교 신자는 자아를 비워야 열반에 이르는데 도달할 수 있다고 믿는다. 그러나 사람들은 실제로 그렇게 하는 것이 정체성에 대한 모든 자각을 잃어버리는 것을 뜻하기 때문에 그들의 자아를 비우기를 원하지 않는다.
>
> 모슬렘은 천국에 가기 위해서 그의 선행이 악행을 상쇄할 정도로 뛰어나야 한다고 믿는다. 그러나 어떤 사람은 하루에 다섯 번 기도하는 것조차 하지 않을 수 있다.
>
> 무신론자/자유사상가는 하나님이 존재하지 않는다고 믿는다. 그러나 그들도 진리, 사랑, 미와 같은 비물질적인 것들을 믿지 않고 삶을 살아가기란 쉽지 않다.
>
> 극단적인 포스트모더니즘 주창자는 절대적으로, 절대적인 것은 없다고 믿는다(거대담론은 없다).

2 단계

사람들이 스스로 진리를 분명하게 알 수 있도록 도우라.

✱ 그들에게 질문하라.
- 분명하지 않은 용어들의 의미를 알아내는 질문
- 불확실한 것들을 드러내는 질문
- 그릇된 신앙을 드러내는 질문

✱ 아래의 내용을 질문함으로써 당신이 한 질문의 효과를 측정하라(질문하기의 3D).
- 의문점(불확실한 것)을 드러냈는가?
- 방어를 최소화했는가?
- 더 듣고 싶어 하는 갈망(호기심)이 생기게 했는가?

모든 불일치점을 지적하기보다 가장 두드러진 불일치점에 초점을 맞출 것을 기억하라.

✱ 추가 보충예문
- 당신이 … 을 말할 때 무엇을 의미합니까?
- … 이 어떻게 가능합니까?

- 그들이 자신의 신앙에 대해 제기해 볼 수 있는 한 가지 핵심 질문이 무엇인지 당신 자신에게 물어라.
- 그들이 즉시 방어하는 태도를 취하게끔, 그들을 어렵게 할 수 있는 방식으로 질문을 하고 있는지 당신 자신에게 물어라.
- 그들이 나중에 대화를 계속하기 원하고 예수님에 대해 더 듣기 원하는 방식으로 영적인 대화를 마무리하고 있는지 당신 자신에게 물어라.
- 대화를 더 나누기 위해 마음을 열 수 있도록 초점을 맞출 수 있는 한 가지 핵심 사항은 무엇인지 당신 자신에게 물어라.

※ 예문

당신이 "나는 _____(무신론자, 자유사상가, 불가지론자) 입니다." 라고 말할 때 0 것은 무엇을 뜻합니까?

종교들 중 어떤 것들은 서로가 모순이 되는데 모든 종교들이 같다는 것이 어떻게 가능합니까?

예수님은 죄 없는 삶을 사셨고, 예언을 성취하셨으며, 죽은 자들로부터 부활하셨다는 확실한 증거가 있는데 어떻게 한 인간일 뿐이라고 말할 수 있습니까?

스스로 완벽한 삶을 살고 있다면, 왜 굳이 당신을 구원해 줄 예수님이 필요한지 궁금합니다.

예수님이 당신의 종교적 신앙에 어떻게 부합됩니까?

당신의 생각 속에서 _____ 와/과 _____ 두 가지 모두가 어떻게 부합되는지 궁금합니다.

당신은 부처가 매우 관심을 가졌던 '욕망의 문제' 에 관해서 예수님이 가르치신 것을 알고 있습니까?

빈 무덤에 대한 사실을 어떻게 자연스런 방식으로 설명할 수 있겠습니까? 그런데도 많은 사람들이 주장하듯이 예수님이 그저 한 인간이었을 뿐이라고 믿을 수 있습니까?

3 단계
- 복음을 가로막는 실제적인 걸림돌들을 들추어라(즉, 그들의 지나온 삶을 살펴보고 어떻게 지금의 신앙을 갖게 되었는지 찾아보라).

✱ 자신에게 물어라
- 걸림돌/방해물은 무엇인가?
    - 문제가 실제적인 관심사인가 아니면, 연막에 가려 있는가?
    - 걸림돌이 지적인 것인가 아니면 감정적인 것인가, 아니면 둘 다인가?
    - 그들이 품고 있는 구체적인 감정의 응어리는 무엇인가?
    - 제기된 질문 이면에 또 다른 질문이나 문제가 있는가?
    - 그들이 그리스도인의 믿음을 갖는데 가장 큰 걸림돌은 무엇인가?
    - 그들이 대답을 얻고 싶어 하도록 동기부여 할 수 있는 것은 무엇인가?
    - 의지적인 걸림돌이 있는가?

그들의 지나온 삶과 감정의 응어리를 분명히 드러내려면
- 잘못된 신앙이나 왜곡된 개념/신학적인 원리들을 분명히 드러내는 질문을 하라.
- 예화를 사용하라.

✱ 두 종류의 걸림돌
- 기독교 이해에 대한 걸림돌
    - 모든 종교들의 신앙에는 차이가 있을 수 없다는 사고(다원주의)
    - 죄의 본질을 이해하지 못함
    - 구원은 선행이 아니라 은혜로 받는다는 것을 이해하지 못함
    - 죄의 문제를 하나님의 존재와 연결시키지 못함
- 그들의 죄성과 이기심(렘 17:9)
- 생계를 꾸리고 물질적인 소유물을 얻는 것에 대한 지나친 관심
- 하나님께 이르는 유일한 길을 가지고 있다고 생각하는 그리스도인들에 대해 부정적인 감정
- 종교적인 성격의 모든 것에 대한 무관심
- 위선적인 그리스도인들
- 기독교는 서양 종교이고 동양 문화에는 어울리지 않는다는 믿음

✸ 드러내는 질문의 예
- 그래서 당신이 말하는 것은 ~ 한 뜻입니까?
- 종교적인 주제들에 관한 진리를 깨달을 수 있다면, 당신은 그것을 알고 싶습니까?
- 당신이 이해할 수 있는 방식으로 질문에 답해 드린다면, 당신이 하나님과 기독교에 대한 신앙을 더욱 진지하게 생각하는데 도움이 되겠습니까?
- 기독교에 관해 당신이 가지고 있는 모든 문제들 중에서 지금 기독교를 받아들이지 못하게 하는 한 가지 문제는 무엇입니까?
- 당신의 종교적 전통(불교, 힌두교, 이슬람 등)에서 기독교를 받아들이지 못하게 하는 가장 커다란 걸림돌은 무엇이라고 생각하십니까?

4 단계
- 그리스도에 대한 긍정적인 사례를 만들고 그들이 그리스도를 믿도록 초청할 수 있는 기회를 찾으라.

✸ 자신에게 물어라
- 당신의 접근법에서 바른 균형점은 무엇인가(객관적 증거 vs 주관적 경험)?
- 당신이 하는 토론에서 공통점을 찾을 수 있는 지점은 어디인가(즉, 당신의 믿음과 그들의 믿음이 일치하는 지점)?
- 이성적 가교나 감성적 가교를 세워야 할 때 고려하면서 공통이해의 항목을 사용하는 다리를 놓기 위한 전략은 무엇인가?
- 목표를 잃어버리지 않으면서 다리를 놓는 데 유념해야 할 것은 무엇인가?
- 어떤 종류의 대화가 복음을 나눌 수 있게 하는 전환점의 문을 열어주는가?

✸ 보충 예문

그들이 먼저, 내 삶 속에서의 그리스도의 능력이 나타난 증거를 볼 필요가 있는가? 또는 예수님의 생애가 다른 종교 지도자들과 비교할 때 얼마나 기적적이고도 유일한지 그들이 이해할 필요가 있는가?

우리의 신앙과 그들의 신앙 사이에 있는 일치점을 찾아야 한다.

그들이 알아채지 못한 것들일지라도, 이 항목들은 공통이해 위에 세워질 수 있다.

'행하라' vs '행해졌다' 사이에 있는 차이점을 당신에게 설명해 준 사람이 있었는가?

✱ 다리를 놓는 질문의 예

- 감성적 가교의 예

    '당신을 창조하셨을 뿐 아니라 당신이 그를 사랑하는 아버지로 여기기를 원하시는 하나님과 관계를 맺는 것' 또는, '비인격적이면서 당신에 대한 그의 사랑과 관심을 결코 확신할 수 없는 하나님과 관계를 맺는 것' 사이에서 선택권이 당신에게 주어진다면 당신은 어떤 것에 더 호감이 가십니까?

- 이성적 가교의 예

    부처는 길을 가리킨다고 주장했고, 마호메트는 하나님의 선지자라고 주장했지만, 예수 그리스도는 죄 없는 삶을 사셨고, 예언을 성취하셨으며, 십자가에서 죽으셨지만 죽음에서 살아나셨을 뿐 아니라 자신을 하나님이라고 주장하신 유일한 종교 지도자임을 아십니까?

- 이성적 가교의 예

    만일, 당신이 생의 종말을 맞이했고, 그때 예수님과 다른 위대한 종교 지도자들을 만났으며, 그 지도자들이 각각 다른 길을 제시했다면, 당신은 누구의 충고를 따르겠습니까? 이미 죽었다가 살아나신 분의 충고를 받아들이지 않겠습니까?

복음제시

부록 Ⅲ

사람들의 신앙 안에 있는 불일치점 듣기

아래 나열된 사람들의 신앙의 예에서 나타나는 네 가지의 '음정이 틀린 부분' 또는 불일치점 중 해당하는 것을 찾아보라.

1. 신앙 vs 마음의 열망
2. 신앙 vs 행동
3. 신앙 vs 신앙
4. 불합리한 신앙

✱ 예 1
   A. 저는 절대적으로 옳거나 틀린 것은 있을 수 없다고 믿어요.
   B. 저는 다른 사람들을 예의 바르고 공손히 대하는 것이 중요하다고 믿어요.
   → 여기서 음정이 틀린 부분은 무엇인가? _____

✱ 예 2
   A. 저는 인간에게 제일 중요한 것은 물질적인 필요가 채워지는 것이라 믿어요.
   B. 우리 모두는 진리, 사랑, 지식, 정의, 중요성을 갈망하고 있어요.
   → 여기서 음정이 틀린 부분은 무엇인가? _____

✱ 예 3
   A. 하나님은 우리로부터 너무 멀리 계셔서 그분에 대해 어떤 것도 알 수 없어요.
   → 여기서 음정이 틀린 부분은 무엇인가? _____

✱ 예 4
   A. 천국에 도달하기 위해서는 나의 선행이 악행을 상쇄할 정도로 뛰어나야 한

다고 믿어요.
여기서 음정이 틀린 부분은 무엇인가? _____

B. 저는 매번 하루에 다섯 번씩 기도하지 않아요.
→ 여기서 음정이 틀린 부분은 무엇인가? _____

✲ 예 5
A. 실존이란 사람들이 만들어 낸 것에 불과하고 존재하지도 않으며 실제로 있지도 않는 것이라고 믿어요.
B. 우리 모두는 진정한 삶을 살기를 갈망하고 있으며 의미 있고 목적 있는 삶을 살기 원해요.
→ 여기서 음정이 틀린 부분은 무엇인가? _____

✲ 예 6
A. 저는 그리스도인이에요.
B. 저는 예수님이 왜 십자가에서 죽으셔야 했는지 확실히 모르겠어요.
→ 여기서 음정이 틀린 부분은 무엇인가? _____

✲ 예 7
A. 성경은 신뢰할 만하다고 믿어요.
B. 예수님은 하나님께 나아가는 여러 길들 중 하나에 불과하다고 믿어요.
→ 여기서 음정이 틀린 부분은 무엇인가? _____

✲ 예 8
A. 저는 영어로는 말 한 마디 못해요(이 사람은 이 말을 영어로 표현하고 있다.-역자 주).
→ 여기서 음정이 틀린 부분은 무엇인가? _____

✲ 예 9
A. 저는 천국이든 지옥이든 죽음 이후의 삶을 믿지 않아요.
B. 모든 테러리스트들은 무고한 사람들을 죽인 것에 대해 처벌 받게 될 것이라고 믿어요.
→ 여기서 음정이 틀린 부분은 무엇인가? _____

✱ 예 10
 A. 성경은 신뢰할 만해요.
 B. 선행이 구원의 필수 조건이라고 믿어요.
   → 여기서 음정이 틀린 부분은 무엇인가? _____

✱ 예 11
 A. 종교는 정말로 필요하다고 생각지 않아요.
 B. 가끔 기도하지만 어떠한 응답도 없다고 느껴요.
   → 여기서 음정이 틀린 부분은 무엇인가? _____

✱ 예 12
 A. 항상 절대적인 명제를 공언하는 것을 피하세요.
   → 여기서 음정이 틀린 부분은 무엇인가? _____

✱ 예 13
 A. 옳고 그름에 대해 어떠한 결론도 내리지 말아야 한다는 것을 절대적으로 확신해요.
   → 여기서 음정이 틀린 부분은 무엇인가? _____

✱ 예 14
 A. 불교 신자는 자아를 비울 때에만 열반의 경지를 성취할 수 있다고 믿는다.
 B. 실제로 불교 신자들은 그렇게 하는 것이 정체성에 대한 모든 자각을 잃어버리는 것을 뜻하기 때문에 그들의 자아를 비우기를 원하지 않는다.
   → 여기서 음정이 틀린 부분은 무엇인가? _____

✱ 예 15
 A. 관용하지 않는 사람들을 제외하고, 다른 종교적 신앙을 가지고 있는 사람들에게는 항상 관용해야 합니다.
   → 여기서 음정이 틀린 부분은 무엇인가? _____

✱ 예 16
 A. 모슬렘들은 알라가 다가가기에는 너무 멀리 떨어져 있어서 영적 지도자

인 이맘(이슬람 교단의 지도자)들도 알라에게 다가갈 수 없다고 믿는다.
B. 모슬렘들은 하나님을 더 깊이 있고 더 개인적인 방법으로 알기를 갈망한다.
→ 여기서 음정이 틀린 부분은 무엇인가? _____

✴ 예 17
A. 저는 예수가 위대한 선지자에 불과하다고 생각해요.
B. 마호메트는 예수를 포함한 이전 선지자들을 대신해서, 자신이 마지막이자 가장 위대한 선지자이고 하나님의 마지막 계시를 포함한다고 믿어요. 그렇지만 코란은 예수가 동정녀에게서 태어났고 죄 없는 삶을 살았고, 마호메트는 한 여인에게서 태어나 죄 있는 채로 죽었다고 가르치고 있어요.
→ 여기서 음정이 틀린 부분은 무엇인가? _____

✴ 예 18
A. 옳고 그른 것이란 없다고 믿어요.
B. 저는 선한 삶을 살려고 노력해요.
→ 여기서 음정이 틀린 부분은 무엇인가? _____

✴ 예 19
A. 당신은 모든 것에 대해 회의적이어야 합니다.
→ 여기서 음정이 틀린 부분은 무엇인가? _____

✴ 예 20
A. 저는 무신론자입니다.
B. 저는 직장에서 하는 일의 성공을 기원하기 위해 가끔 절에 갑니다.
→ 여기서 음정이 틀린 부분은 무엇인가? _____

✴ 예 21
A. 불교 신자로서 우리는 어떤 것도 갈망해서는 안 된다고 믿어요.
B. 저는 적어도 한 달에 한 번 로또 복권을 사요.
→ 여기서 음정이 틀린 부분은 무엇인가? _____

✴ 예 22
A. 저의 본성은 기본적으로 선하다고 믿어요.

B. 제 동료가 저보다 먼저 승진하는 것이 싫어요.
→ 여기서 음정이 틀린 부분은 무엇인가? _____

* 예 23
A. 절대적으로 옳거나 그른 것은 있을 수 없습니다.
B. 2차 세계대전 동안 일본 군인들이 수백만의 중국인들과 아시아인들을 학살한 것은 정말로 못된 짓이었어요.
→ 여기서 음정이 틀린 부분은 무엇인가? _____

* 예 24
A. 많은 힌두교인들은 비인격적인 신을 믿어요.
B. 힌두교인들은 하나님을 더 깊이 그리고 더 개인적인 방법으로 알고자 하는 갈망이 있어요.
→ 여기서 음정이 틀린 부분은 무엇인가? _____

* 예 25
A. 모든 인간은 죽음 후에 환생한다고 믿어요. 만일 그들이 나쁜 짓을 했으면, 동물로 태어날 거예요.
B. 전세계 인구수가 점차 늘어남에 따라 범죄도 증가 추세에 있다고 믿어요.
→ 여기서 음정이 틀린 부분은 무엇인가? _____

✽ 해답

예 1: 신앙 vs 신앙

예 2: 신앙 vs 마음의 소원

예 3: 불합리한 신앙

예 4: 신앙 vs 행동

예 5: 신앙 vs 마음의 소원

예 6: 신앙 vs 신앙

예 7: 신앙 vs 신앙

예 8: 불합리한 신앙

예 9: 신앙 vs 신앙 그리고 신앙 vs 마음의 열망

예 10: 신앙 vs 신앙

예 11: 신앙 vs 행동

예 12: 불합리한 신앙

예 13: 불합리한 신앙

예 14: 신앙 vs 마음의 열망

예 15: 불합리한 신앙

예 16: 신앙 vs 마음의 열망

예 17: 신앙 vs 신앙

예 18: 신앙 vs 행동(또는 신앙 vs 마음의 열망)

예 19: 불합리한 신앙

예 20: 신앙 vs 행동

예 21: 신앙 vs 행동

예 22: 신앙 vs 행동

예 23: 신앙 vs 신앙

예 24: 신앙 vs 마음의 열망

예 25: 신앙 vs 신앙

부록 Ⅳ

기독교 신앙에서 음정이 틀린 부분이라고 주장되는 것들

✱ 성경적 모순에 대해 음정이 틀린 부분이라고 주장되는 것들

성경 안에 모순된다고 주장되는 것들을 다 검토하기에는 지면이 허락지 않는다. 『성경 난제에 대한 책』(The Big Book of Bible Difficulties: Clear and Concise Answers from Genesis to Revelation, Normal L. Geisler and Thomas Howe)은 약 800여개의 모순이라고 주장되는 것들을 싣고 있는데, 그것들 중 어느 것도 모순인 것이 없다는 것을 밝혀냈다. 이 책은 성경이 왜 틀리지 않았는지에 대한 이유를 제시하고(왜냐하면 성경은 하나님의 말씀이고 하나님은 틀릴 수 없다) 또한 비평가들이 성경이 틀렸다고 추측하는 가장 흔한 잘못들을 제시하고 있다. 어거스틴의 격언이 이러한 상황에 잘 적용된다. "만일 우리가 성경에 있는 어떤 분명한 모순 때문에 당황스러워할 때, 이 책의 저자가 틀렸다고 말해서는 안 된다. 그 대신에 (1) 사본이 잘못 되었거나 (2) 번역이 틀렸거나 아니면 (3) 당신이 이해하지 못한 것이다"(어거스틴, Reply to Faustus 11.5).

진실은 비평가들이 잘못한 것이지 성경이 아니라는 것이다. 몇 개의 예가 이 점을 충분히 설명할 수 있다.

가인은 결혼할 여인들이 없었을 때 결혼했다. 하나님은 아담과 이브를 창조하셨고 그들은 두 아들 가인과 아벨을 낳았다. 가인이 아벨을 살해한 후(창 4:8), 그는 한 여인을 만났고 그 여인과 결혼했다(창 4:17). 비평가들은 인간 창조에 대한 성경 기사가 잘못되었음에 틀림없다는 생각을 갖고서 가인의 아내가 어디에서 왔는지 의심한다. 그러나 아벨의 죽음과 가인이 아내를 얻은 것 사이에 얼마나 많은 시간이 경과했는지 성경은 말하지 않는다. 아담은 칠백년을 살면서 다른 '아들들과 딸들'을 낳아서(창 5:3~5) 가인이 결혼할 수 있는 충분한 수의 여성들이 있었다.

생명은 빛 없이 존재할 수 없다. 성경은 셋째 날에 생명이 창조되어 존재했다고 말하고 있으며(창 1:13), 과학자들에 의하면 수백억 년 후라고 하는 창조 넷째 날에 태양이 만들어졌다(1:14~15). 그러나 지구의 오랜 나이에 관한 대부분 과학자들의 주장이 틀릴 수 있는 가능성이 있으므로, 비평가들이 잘못되었다고 말할 수 있다. 왜냐하면 창세기가 첫째 날에 빛이 있었다고 단언하기 때문이다. 태양이 하늘에 분명히 보인 것은 그 후의 일이다(아마도 수증기가 증발하듯이).

예수의 십자가 위에 있었던 죄패의 내용을 사복음서가 다 다르게 소개하고 있다. 비평가들은 네 개의 내용이 다 사실일 수 없다고 주장한다. 그러나 비평가들은 부분적인 보고를 틀린 보고라고 그릇되게 가정했다. 부분적인 보고가 반드시 틀린 보고는 아니다. 각각의 복음서는 죄패의 일부 내용(중요한 부분)을 소개한다. 즉 '유대인의 왕'이라고 주장했던 사람이 십자가에 달렸다는 것을 말한다. 사복음서는 예수 외에는 누구도 이러한 호칭을 받지 않았으며, 예수님이 '유대인의 왕'이라고 말한다.

마태복음 28:5은 예수님의 시체를 안치한 무덤에 한 천사가 있었다고 말씀하지만 요한은(요 20:12) 거기에 두 천사가 있었다고 말한다. 이것 역시 모순이 아니다. 왜냐하면, 둘이 있는 곳 어디든 항상 하나가 있었기 때문이다. 이것은 결코 잘못된 것이 아니다! 마태는 오직 한 천사만 거기에 있었다고 말하지 않았다. 비평가들은 모순이라고 지적하기 위해서 한 단어(오직)를 넣었어야 했다.

마태복음 27:5는 유다가 '스스로 목매어 죽은지라'고 말씀하지만 사도행전 1:18은 '몸이 곤두박질하여 배가 터져 창자가 다 흘러나온지라'고 선언한다. 이렇게 다른 점은 다음과 같이 가능한 시나리오에 의해 쉽게 해결된다. 유다가 목매어 죽은 후에 그의 시체가 발견되었고, 사람들에 의해 밧줄이 잘려졌다(당시 율법에 의하면 시체를 만지는 일은 금지되었으므로). 그 시체는 바위에 떨어졌으며 그와 동시에 배가 터졌다.

여호수아 10:13은 '태양이 머물고'라고 말한다. 그러나 현대 과학은 태양이 지구를 중심으로 도는 것이 아니라고 알려준다. 여호수아서에서 '해 돋는 곳'에 관해서도 말하고 있지만(1:15), 이것은 모순되지 않는다고 생각된다. 현대 기상학자들조차도 '해 뜨는 것'과 '해 지는 것'에 대해 말한다. 어떤 과학자도 "여보,

지구가 아름답게 돌고 있는 것을 보세요!"라고 말하지 않는다. 사실은 성경도 현대 과학자들처럼 일상에서 관찰한 단어를 말한다. 관찰자의 관점에서는, 태양은 떠올라 하늘 저편으로 이동하여 지기도 한다.

열왕기상 11:1은 일부다처지를 인정하지만, 성경의 다른 곳에서는 일부일처제를 지지한다(고전 7:2; 딤전 3:2). 그러나 여기서 비평가들은 성경이 기록한 모든 것을 성경이 허락한 것이라고(성경이 기록한 모든 것을 승인한다고) 가정함으로써 잘못된 판단을 하고 있다. 성경은 사탄의 거짓말을 기록하지만(창 3:4; 참고 요 8:44) 거짓말을 인정하지는 않는다(출 20:16). 이와 같이, 성경은 다윗의 간음을 기록하지만(삼하 11장), 이것을 인정 하는 것은 아니다(출 20:14).

열왕기상 4:26은 솔로몬이 병거의 말 외양간이 40,000이었다고 말한다. 그러나 역대하 9:25은 고작 4,000이었다고 말한다. 여기서 40,000이라는 숫자가 하나님이 감동하신 원본 성경에 있었다는 증거는 없다(딤후 3:16). 이와 같은 필사자의 실수(0을 하나 더함)는 쉽게 일어날 수 있다. 그러나 그러한 것들은 흔하지 않고 성경의 교리에 어떠한 영향을 주지도 않는다. 만일 비평가들 중에서 복권 추첨에서 "당신은 백억에 당첨되었습니다."라는 잘못된 말을 들었다 해도, 자신의 돈을 챙기지 않을 비평가는 결코 없을 것이다. 사사로운 실수에도 불구하고 그 메시지는 100퍼센트 이해할 것이다.

정리하면, 영감으로 기록된 성경의 본문에서 잘못된 모순을 증명해 낸 사람은 지금까지 아무도 없었다. 잘못은 성경을 비평하는 사람들에게 있지 성경 자체에 있지 않다.

✽ 도덕적 모순으로 음정이 틀린 부분이라고 주장되는 것들

대부분의 무신론자들은 하나님이 전능할 수 없고 모든 면에서 완벽하실 수 없기에 세상에 악을 허락했다고 주장한다. 그들의 주장은 다음과 같은 논리적인 형태를 갖는다.

1. 만일 하나님이 전능하신 분이라면, 그분은 악을 물리치실 수 있었다.
2. 만일 하나님이 선 그 자체시라면(all-good), 그분은 악을 물리쳤을 것이다.

3. 그러나 악은 소멸되지 않고 여전히 남아있다.
4. 그러므로 전능하고 완벽한 하나님은 있을 수 없다.

이러한 논쟁에 있는 문제점은 분명하다. 전제 3은 완전하지 않다. 이것은 다음과 같이 표현되어야 한다. "악은 아직까지 소멸되지 않았다." 전제 3을 이렇게 수정한다면 전제 4의 결론에 이를 수 없다. 왜냐하면 하나님이 악을 아직까지 소멸하지 않으셨다는 것은 악을 절대로 소멸하지 않을 것이라는 것을 의미하지 않기 때문이다.

사실, 악을 소재로 삼은 논쟁은 하나님의 존재를 반증하지 않는다. 오히려, 이것은 하나님의 존재를 증명한다. 이전에 무신론자였을 때 C. S. 루이스가 분명하게 말했듯이 세상에는 악과 불의가 있기 때문에 우리는 하나님이 없다고 주장할 수 없다. 왜냐하면 의로운 것이 무엇인지 모른다면 어떤 것이 불의한지를 알 수 없기 때문이다. 그리고 만일 정의에 관한 도덕법이 있다는 것을 안다면 거기에는 반드시 도덕법의 수여자(하나님)가 있어야 한다. 그러므로 악의 존재는 하나님의 존재를 반증하기보다는 하나님의 존재를 증명한다.

✱ 기독교 신앙에서 특별히 음정이 틀린 부분이라고 주장되는 것

삼위일체 교리. 한 본체(essence) 안에 성부, 성자, 성령 삼위의 위격이 존자한다는 것 믿지 않는 많은 사람들에게 정말로 모순처럼 보인다. 모슬렘들은 이것을 세 명의 신을 지닌 다신주의의 한 형태라고 믿는다. 그러나 이것은 그리스도인들이 믿는 바가 아니다. 왜냐하면 그들은 한 하나님이 계시지만 한 하나님 안에 위격이 복수로 있다고 주장하기 때문이다.

다른 사람들은 이것이 비모순의 법칙(the law of noncontradiction)의 위반이라고 믿는다. 하나님이 어떻게 세 분이시면서 동시에 한 분이 되실 수 있는가? 답은 '하나님은 가능하시다' 는 것이다. 왜냐하면 그분은 다른 의미에서 한 분이시며 동시에 세 분이시기 때문이다. 그분은 본질상 한 분이시지만 위격에 있어서 세 분이시다.

많은 모슬렘들은 코란은 하나님과 하나이지만 또한 동시에 하나님과 구별된다고 믿는다. 이와 같이, 사람의 마음에서 표현되는 생각, 아이디어, 말은 하나이지만 그것들은 구별이 된다. 하나님은 사랑이시며, 사랑은 사랑하는 자 사랑받는 자 그들 사이에 있는 사랑의 영을 포함한다. 그럴지라도, 하나님은 한 본체 안에 세 위격을 지니신 분이시다. 또 다른 해석에 의하면, 하나님은 한 본체(*what*) 안에 세 분(*whos*)이시다. 한 분(*who*) 아버지, 한 분(*who*) 아들, 한 분(*who*) 성령이 계시지만 한 분 하나님의 본체(*what*)가 계신다.

하나님은 한 본체 안에 세 위격이시라는 것을 믿는 것은 실제로 모순이 아니지만, 확실히 신비이다. 그러나 만일 우리가 하나님은 한 본체 안에 세 분의 본체가 존재한다거나 또는 한 본질 안에 세 본질이 존재한다고 고백한다면 이것은 모순이 될 수 있다. 그래서 하나님은 동시에 한 분이시며 여러 위격을 가지신 분이신 반면, 그분은 같은 의미에서 한 분이시며 여러 위격이 아니시다. 하나님은 본질 면에서 한 분이시지만 그의 위격 면에서 여러 분이시다(삼위일체 교리에 관해 분명히 알기 원한다면 (Norman L. Geisler, *Baker Encyclopedia of Christian Apologetics*[Grand Rapids, MI: Baker Book, 1997], 732를 보라).

부록 V

비그리스도인들에게 할 수 있는 핵심 질문들

✱ 무신론자에게 물을 수 있는 질문

1. 당신은 하나님이 없다고 절대적으로 확신합니까? 만일 확신할 수 없다면, 하나님이 존재한다는 것이 가능하지 않을까요? 만일 하나님이 존재한다는 것이 가능하다면, 그 증거를 보고 싶어 하지 않는 이유는 무엇인가요?

2. 당신은 지적으로 설계된 것들은 그것들을 만든 설계자가 있어야 한다는 것에 동의하십니까? 만일 그렇다면, 우주에 있는 지적 설계에 대한 증거는 우주의 설계자에 대한 증거가 될 수 있다는 것에 동의하십니까?

3. 무에서 유가 나올 수 없다는 것에 동의하십니까? 만일 그렇다면, 우주가 존재하지 않은 상황에서 우주가 생겼다는 것은 우주를 초월한 원인의 증거가 되지 않을까요?

4. 우리의 마음, 중력, 자력, 바람 같은 것들은, 단지 우리의 눈으로 볼 수 없다는 이유만으로 존재하지 않는다고 말할 수 없다는 것에 동의하십니까?

5. 단지 우리의 눈으로 하나님을 볼 수 없기 때문에 그분이 존재하지 않는다고 단정지어 말할 수 없다는 것에 동의하십니까?

6. 우주의 기원에 대한 빅뱅이론의 견지에서 볼 때, 아무도 무에서 유를 창조하지 않았다는 것이 더 합리적입니까? 아니면 어느 누군가 무에서 유를 창조했다고 믿는 것이 더 합리적입니까?

7. 유(something)가 현재 존재한다는 것에 동의하십니까? 만일 유가 현재 존재하고, 유는 무로부터 나올 수 없다고 믿는다면, 유는 항상 존재해왔다는 사실에 또한 동의하십니까?

8. 한 권의 백과사전을 만드는 데 지적 존재가 있어야 한다면, 하물며 1,000권 정도의 백과사전과 맞먹는 정보로 꽉 찬 단세포 동물을 만드는데 지적인 존재가 있어야 하지 않겠습니까?(리처드 도킨스와 같은 무신론자조차도 많은 양의

정보가 첫 단세포 동물 안에 들어 있다고 시인한다)[99]

9. 결과가 그것의 원인보다 더 클 수 없다면(가지고 있지 않은 것을 줄 수 없으므로), 물질(matter)이 마음(mind)을 생성해냈다는 무신론자들의 주장보다 마음이 물질을 생성했다는 것이 더 맞지 않을까요?

10. 뭔가 잘못된 것이 있습니까? 그렇다면, 도덕법 없이 어떻게 알 수 있을까요?

11. 만일 모든 법에 반드시 그 법을 만든 사람이 있다고 한다면, 도덕법에는 도덕법을 만든 분이 있다고 말하는 것이 부당합니까?

12. 연구실에서 모형우주를 만드는 데에 지성이 있어야 한다면, 우주를 만드는 데에 초 지성(super-intelligence)이 있어야 한다는 것에 동의하십니까?

13. 숲속에서 발견한 작은 유리공을 만드는 데 원인이 있다는 것에 동의하십니까? 그리고 그 공을 더 크게 만드는 것이 원인에 대한 필요를 제거하지 않는다는 것에 동의하십니까? 만일 그렇다면, 모든 것 중에서 가장 큰 공(우주)에도 원인이 있어야 하지 않을까요?

14. 만일 유한한 온 우주를 초월한 원인이 있다면, 이 원인은 유한함을 초월한 존재, 즉 유한하지 않거나 무한한 존재가 아닐까요?

15. 지성체 중시설(anthropic principle, 우주는 처음부터 생명의 출현을 위해 잘 조정되고 준비되어 있었다는 원리)에 비추어 볼 때, 인간의 삶을 미리 계획한 지적 존재가 있었다고 말하는 것이 타당하지 않을까요?

✱ 불가지론자에게 물을 수 있는 질문

1. 불가지론자의 두 부류 중 당신은 어느 부류에 속합니까?

    1) 어떤 것도 확실히 알 수 없다고 말하는 강한 불가지론자

    2) 어떤 것도 확실히 모른다고 말하는 약한 불가지론자(그러나 충분한 증거가 있다면 알 수 있다.)

2. 만일 당신이 강한 불가지론자라면, 자신이 어떤 것도 확실히 알 수 없다고 어떻게 확실히 아십니까?

3. 만일 당신이 약한 부류의 불가지론자라면, 하나님이 존재한다는 사실을 확

실히 알 수 있다고 하는 것이 가능하지 않습니까(만일 우리가 충분한 증거를 가지고 있다면)?

4. 열린 생각을 가진 사람은 기꺼이 모든 증거를 살펴보려고 해야 한다는 것에 동의하십니까? 만일 그렇다면, 하나님의 존재에 대한 증거를 살펴보실 의향이 있습니까?

✱ 모슬렘에게 물을 수 있는 질문

1. 당신은 하루에 다섯 번 기도합니까? 만일 모슬렘에게 요구되는 최소한의 규정도 이행하지 않는다면, 천국에 어떻게 갈 수 있다고 확신할 수 있습니까?

2. 복음서는 여러 차례 예수님이 하나님으로 경배 받으셨다는 것을 증거하는데(마 8:2; 14:33; 28:9; 눅 24:52; 요 9:38; 20:28~29) 예수님을 어떻게 위대한 선지자로 여길 수 있습니까?

3. 만일 성경이 잘못 되었다면, 어떤 부분이 잘못 되었는지 어떻게 알 수 있나요?

4. 마호메트가 성경을 읽으라고 말했으며(수라 5:68; 10:94) 마호메트 당시의 성경이 오늘날 우리가 가지고 있는 성경과 본질상 같다는 것을 입증하는 사본이 있는데 성경이 어떻게 잘못되었다고 할 수 있을까요?

5. 당신은 예수님이 결코 자신을 하나님이라고 주장하지 않았고 단지 선지자라고만 주장했다고 믿기 때문에, 예수가 하나님이라고 주장한다고 가르치는 성경이 잘못 되었다고 생각합니다. 그런데 코란은 "어느 누구도 그의 말씀을 바꿀 수 없다"(수라 6:115; 다음 구절도 참고하라 6:34; 10:64)고 말하며, 성경은 하나님의 선행 계시라고 말하는데(수라 2:136; 4:163), 성경이 잘못 되었다고 말하는 당신은 어떻게 코란을 믿을 수 있습니까?

6. 만일 살인이 종교적인 이유에서 잘못된 것이라면, 코란은 왜 믿지 않는 사람들을 죽이라고 명령하고 있습니까(수라 9:5, 29; 47:4)?

7. 알라가 현세에서 포도주와 여인들을 금하라고 했는데, 어떻게 천국이 포도주와 여인들로 가득 찬 곳으로 묘사될 수 있습니까(수라 78:32)?

8. 예수님은 죄가 없으시며(수라 3:45~46; 19:19~21), 동정녀에게서 태어나셨고(수라 3:47), 메시아로 불렸으며(수라 3:45), 죽은 자를 살리는 것과 같은

기적을 행하셨고(수라 5:110), 육체로 천국에 올라가셨다고(수라 4:158) 코란이 단언하지만, 마호메트는 이러한 것들 중 어떤 것도 행하지 않았습니다. 그런데 모슬렘들은 왜 마호메트가 예수님보다 더 뛰어나다고 믿습니까?

9. 만일 많은 모슬렘들이 코란이 하나님의 영원한 말씀이지만 하나님과는 다르다고 믿고 있다면, 왜 예수님은 하나님의 영원한 아들이시지만 하나님과 다르다고 믿을 수 없을까요?

10. 만일 알라가 자신이 기뻐하는 것을 무엇이든지 할 수 있다면, 왜 자신의 선자자인 예수가 십자가에서 죽고 다시 부활하도록 할 수 없었을까요?

✱ 힌두교인에게 물을 수 있는 질문

1. 어떤 힌두교인들은 선과 악을 초월한 한 실재가 있다고 믿으면서도 왜 그들은 여전히 악이 실재한다고 믿는 것처럼 살고 있는지 그 이유를 설명하실 수 있습니까?

2. 만일 환생이 전생에서 어떻게 살았는가의 결과라면, 첫 번째 환생이 어떻게 시작되었을까요?

3. 이생에서 고통 받는 사람들이 전생에서 행한 것에 대한 코응을 받고 있는 것이라면, 왜 동정심을 가지며 억압되고 헐벗은 사람들을 돕는 것일까요? 그러한 도움이 그들의 업보를 제대로 행하지 못하게 하고 더 치러야 할 보응을 지체시키는 것은 아닐까요?

4. 만일 악이 실재하지 않는다면, 악에 대한 환영은 어떻게 시작됩니까? 왜 그 환영이 보편적으로 나타날까요? 그리고 그것이 왜 실재하는 것처럼 보일까요?

5. 만일 우리가 절대자와 하나라는 것을 발견하기 위해 깨달음의 변화 과정을 거쳐야 한다면, 절대자는 변하지 않으며 결코 그러한 과정을 거치지 않는데 어떻게 우리가 절대자가 될 수 있을까요?

✱ 불교 신자에게 물을 수 있는 질문

불교 신자와 이야기 할 때 그들이 무엇을 믿는지 알고 있다고 추측하는 대신 질문을 던지는 것이 중요하다. 불교 신자 개개인의 믿음은 종종 부처의 가르침과는 다르다. 더욱이 매일 삶에서 갈등하는 것에 도움을 받고자 부처에게 기도하는 것과 같은 여러 종교의 신앙을 혼합한 민간 신앙이 포함되어 있다. 아래에 몇 가지 분명하게 하는 질문, 실존주의적 질문, 질문할 때 고려해야 할 후속 질문들을 소개한다.

⇒ 불교 신자를 위한 분명하게 하는 질문
1. 당신은 개인적으로 왜 불교 신앙을 가지게 되었습니까?
2. 불교는 우리가 누구인가에 대해 무엇을 가르칩니까?
3. 우리가 죽은 후에 어떤 일이 있을 것이라고 생각합니까?
4. 불교는 개인적으로 어떤 소망을 줍니까?

⇒ 불교 신자를 위한 실존주의적 질문
1. 불교의 가르침이 개인적으로 당신에게 어떤 도움이 됩니까?
2. 이러한 가르침이 어떤 문제를 해결합니까?
3. 불교는 개인적으로 당신에게 어떤 소망을 줍니까?

⇒ 불교 신자를 위한 후속 질문
1. 다른 종교를 넘어 한 종교만 선택해야 하는지 알 수 있는 방법이 있습니까?
2. 불교가 진리인지 어떻게 확증합니까?
3. 만일 불교에서 욕심이 잘못된 것이라고 가르친다면, 불교 수행은 로또 복권에 당첨되고 싶어 하는 당신의 소원과 어떻게 부합합니까?
4. 업보의 법칙(law of karma)은 악과 고통의 문제에 대한 해결을 연기하는 것이고 그 문제를 결코 풀지는 못하지 않습니까?
5. 만일 그리스도의 죽음이 하나님의 정의로운 법이 요구하는 대가를 다 만족시켰다면, 대가를 더 치러야 할 필요가 있을까요(롬 3:25~26; 히 2:17; 요일 2:2; 4:17~18)?
6. 만일 죽음 후에 자신과의 연속성이 없다면, 다음 세상에서 상을 받는

사람이 어떻게 동일한 사람이라고 할 수 있습니까?

7. 만일 다른 육신을 입고 태어난 사람이 동일인이 아니라면, 왜 어떤 사람이 다른 사람에 의해 남겨진 전생의 빚을 갚아야 합니까?

8. 궁극적인 도덕법이 있다면 그 법을 준 궁극적인 도덕법 수여자도 있어야 하는 것이 맞지 않습니까?

9. 궁극적인 도덕법이 없다면, 우리는 왜 불교의 십법계, 팔정도, 행위에 기초한 환생을 따라야 할까요?

10. 불교는 우리가 실제로 하나님의 한 면을 지니고 있으며 어떤 면에서 개인적으로 실재보다 조금 못하다고 가르치는 것이 사실입니까? 만일 그렇다면, 이러한 형이상학적 기억상실증이 어떻게 일어날 수 있으며 우리의 모든 경험에 파고들어 지배할 수 있습니까?

11. 우리가 이러한 판단을 할 수 있도록 하는 실재의 배후를 알 수 없다면, 감각의 세상이 허상에 불과하다는 것을 어떻게 알 수 있습니까?

12. 모든 욕망을 제거하는 목표에는 모든 욕망을 제거하고자 하는 욕강도 포함되어 있지 않습니까?

13. 만일 우리가 모든 욕망을 없애버려야 한다면, 자녀를 갖고자 하고, 이웃을 돕고자 하며, 삶을 즐기고, 열반을 경험하고자 하는 욕망은 어떻습니까?

14. 모든 욕망을 없애려고 하는 것보다 홀로 성취하실 수 있는 하나님께로 마음의 소원의 방향을 바꾸는 것이 훨씬 낫지 않습니까(마 4:4; 5:6; 6:33)?

✱ 도교 신봉자/민간신앙을 믿는 자를 위한 질문

1. 누가 선에 대한 기준을 세웠습니까? 당신이 그 기준에 도달한다는 것이 가능할까요?

2. 다음 생에서 당신은 무엇이 될까요? 당신이 그곳에 있을 것이라고 확신하십니까?

3. 최종 목적지와 운명에 대해 누가 당신에게 확신을 줄 수 있습니까?

4. 하늘이 원하는 분명한 길이 있어서 당신이 하늘을 기쁘게 할 수 있다고 생각하십니까?

5. 일 년에 한 번 죽은 조상들에게 제사를 드리는 것이 충분하다고 생각합니까?

6. 당신의 조상이 환생할 때까지 얼마나 오랫동안 제사를 지내야 하는지 아십니까?

7. 지전을 드리지 않아도 되는 때를 언제 알 수 있습니까?

8. 지상에 있는 자신의 후손들이 시간과 돈을 허비하지 않도록 알려 줄 어떤 방법이 있어야 되지 않을까요? 그렇지 않다면, 지전은 당신과 상관없는 누군가의 주머니로 들어갈 것이며, 당신은 그러한 사실에 대해서조차도 모르게 될 것입니다.

9. 오직 한 분 유일하신 하나님이시며 위대한 중국 황제들도 숭상했던 상제(Shang Ti, Supreme God으로 중국의 한나라 종교제도에서 유래-역자 주)에 대해 듣고 싶습니까?

참고 문헌

* 책

Aldrich, Joseph C. *Life-style Evangelism: Crossing Traditional Boundaries to Reach the Unbelieving World*. Portland, OR: Multnomah Press, 1981.

Baker, David Reed. *Jehovah's Witnesses Answered Verse by Verse*. Grand Rapids, MI: Baker Books, 1986.

Barna, George. *Evangelism That Works: How to Reach Changing Generations with the Unchanging Gospel*. Ventura, CA: Regal Books, 1995.

Carson, D.A., ed. *Telling the Truth: Evangelizing Postmoderns*. Grand Rapids, MI: Zondervan, 2000.

Chan, Edmund. *Growing Deep in God*. Singapore: Covenant Evangelical Free Church, 2002.

Chopra, Deepak. *The Seven Spiritual Laws of Success*. San Rafael, CA: Amber-Allen Publishing and New World Library, 2007. 『성공을 부르는 일곱 가지 영적 법칙』(슈리 크리슈나 다스 아쉬람).

Clark, David K. *Dialogical apologetics: A Person-Centered Approach to Christian Defense*. Grand Rapids, MI: Baker Books, 1993.

Collins, Francis. *The Language of God: A Scientist Presents Evidence for Belief*. New York: Free Press, 2007. 『신의 언어: 유전자 지도에서 발견한 신의 존재』(김영사).

Colson, Charles, and Nancy Pearcey. *How Now Shall We Live?* Wheaton,

IL: Tyndale House Publishers, 1999.

Copan, Paul. *"True for You, But Not for Me" : Deflating the Slogans that Leave Christians Speechless.* Minneapolis: Bethany House Publishers, 1998. 『진짜 예수는 일어나 주시겠습니까: 예수의 역사적 사실과 신앙적 의미에 관한 논쟁』(누멘).

Dawkins, Richard. *The God Delusion.* Great Britain: Transworld Publishers, 2006. 『만들어진 신』(김영사).

Dembski, William. *The Design Revolution: Answering the Roughest Questions About Intelligent Design.* Downers Grove, IL: InterVarsity Press, 2004.

Downs, Tim. *Finding Common Ground: How to Communicate with Those Outside the Christian Community··· While We Still Can.* Chicago: Moody Publishers, 1999.

Geisler, Norman L. *Baker Encyclopedia of Christian Apologetics.* Grand Rapids, MI: Baker Books, 1999.

_____. *Christian Apologetics.* Grand Rapids, MI: Baker Books, 1976. 『기독교 변증학』(성광문화사).

_____. *Creation in the Courts.* Wheaton, IL: Crossway, 2007.

_____. *False Gods of Our Time.* Eugene, OR: Harvest House Publishers, 1985.

_____. *Knowing the Truth About Creation*: How It Happened and What It Means for Us. Ann Arbor, MI: Servant Books, 1989.

_____. *Miracles and the Modern Mind*: A Defense of Biblical Miracles. Grand Rapids, MI: Baker Books, 1992.

_____. *Systematic Theology*. Vol. 4. Minneapolis: Bethany House Publishers, 2005.

_____, and Kerby Anderson. *Origin Science: A Proposal for the Creation-Evolution Controversy*. Grand Rapids, MI: Baker Books, 1987.

_____, and Peter Bocchino. *Unshakable Foundations*. Minneapolis: Bethany House Publishers, 2001.

_____, and William E. Nix. *A General Introduction to the Bible*. Chicago: Moody Publishers, 1986.

_____, and Frank Turek. *I Don't Have Enough Faith to Be an Atheist*. Wheaton, IL: Crossway, 2004. 『진리의 기독교』(좋은 씨앗).

_____, and William D. Watkins. *Worlds Apart: A Handbook on World Views*. 2d ed. Eugene, OR: Wipf and Stock Publishers, 2003.

Greeson, Kevin. *The Camel: How Muslims are coming to Faith in Christ*. Richmond, VA: WIGTake Resources, 2007.

Guinness, Os. *Fit Bodies, Fat Minds: Why Evangelicals Don't Think and What to Do About It*. Grand Rapids, MI: Baker Books, 1994.

Habermas, Gary R. *The Resurrection of Jesus*. Grand Rapids, MI: Baker Books, 1980.

Halverson, Dean, ed. *The Compact Guide to World Religions*. Minneapolis: Bethany House Publishers, 1996.

Hoyle, Fred. *The Intelligent Universe*. New York: Holt, Rinehart and Winston, 1983.

Hume, David, *A Letter From a Gentleman to His Friend in Edinburgh.* Edited by E.C. Mossner and J. V. Price. Edinburgh: University Press, 1967.

Hybels, Bill, and Mark Mittelberg. *Becoming a Contagious Christian.* Belief. Peabody, MA: Hendrickson Publishers, 2000. 『예수를 전염시키는 사람들』(두란노).

Johnson, Phillip E. *Darwin on Trial.* Downers Grove, IL: InterVarsity Press, 1993. 『심판대의 다윈: 지적 설계 논쟁』(까치).

Kaufmann, Walter. *Critique of Religion and Philosophy.* 3rd ed. Princeton, NJ: Princeton University Press, 1979.

Kumar, Steve. *Christianity for Skeptics: An Understandable Examination of Christian Belief.* Peabody, MA: Hendrickson Publishers, 2000.

Lewis, C.S. *Mere Christianity.* New York: Collier Books, 1952. 『순전한 기독교』(홍성사).

_____. *Miracles: A Preliminary Study.* New York: Macmillan Publishing Company, 1960.

Lipstadt, Deborah. *Denying the Holocaust: The Growing Assault on Truth and Memory.* New York: Free Press, 1993.

McCallum, Dennis, ed. *The Death of Truth.* Minneapolis: Bethany House Publishers, 1996.

McDowell, Josh. *The new Evidence That Demands a Verdict.* Nashville: Thomas Nelson Publishers, 1999. 『기독교 변증총서 1~4』(순출판사).

Moreland, J.P. *Love Your God with All Your Mind*: The Role of Reason in the Life of the Soul. Colorado Springs: NavPress, 1997. 『그리스도를 향하

는 지성』(죠이선교회출판부).

_____. *Scaling the Secular City: A Defense of Christianity*. Grand Rapids, MI: Baker Books, 1987.

Newman, Randy. *Questioning Evangelism: Engaging People's Hearts the Way Jesus Did*. Grand Rapids, MI: Kregel Publications, 2004.

O'Leary, Denyse. *By Design or by Chance? The Growing Controversy on the Origins of Life in the Universe*. Minneapolis: Augsburg Press, 2004.

Petersen, Jim. *Living Proof: Sharing the Gospel Naturally*. Colorado Springs: NavPress, 1989.

Pollard, Nick. *Evangelism Made Slightly Less Difficult*. Downers Grove, IL: InterVarsity Press, 1997.

Phillips, Timothy R., and Dennis L. Okholm, eds. *Christian Apologetics in the Postmodern World*. Downers Grove, IL: InterVarsity Press, 1995.

Poole, Garry. *Seeker Small Groups: Engaging Spiritual Seekers in Life-Changing Discussions*. Grand Rapids, MI: Zondervan, 2003. 『구도자를 위한 소그룹』(국제제자훈련원).

Sire, James W. *The Universe Next Door: A Basic Worldview Catalog*. 3rd ed. Downers Grove, IL: InterVarsity Press, 1997. 『기독교 세계관과 현대사상』(한국기독학생회출판부).

_____. *Why Should Anyone Believe Anything at All?* Downers Grove, IL: InterVarsity Press, 1994.

Veith, Gene Edward, Jr. *Postmodern Times: A Christian Guide to Contemporary Thought and Culture*. Wheaton, IL: Crossway Books, 1994. 『현대사상과 문화의 이해: 포스트모더니즘에 대한 기독교적 조명』(예영커뮤

니케이션).

Zacharias, Ravi. *A Shattered Visage: The Real Face of Atheism*. Brentwood, TN: Woglemuth and Hyatt, Publishers, 1990.

_____. *Can Man Live Without God?* Dallas: Word Publishing, 1994.

_____, and Kevin Johnson. *Jesus Among Other Gods: The Absolute Truth of the Christian Message*. Nashville: Thomas Nelson Publishers, 2000.

✱ 잡지 기사

Jastrow, Robert. An interview in *Christianity Today*, 6 August 1983, 15.

✱ 웹 기사

Barna, George. *Born Again Christians*, 2000, www.barna.org.

Bright, William, Quoted in *Jesus and the Intellectual*, www.billbright.com/intellectual/purpose.html(accessed 15 April 2006).

Craig, William Lane. "A Classic Debate on the Existence of God." November 1994 University of Colorado(Boulder) www.com/offices/billcraig/docs/craig-tooley0.html(accessed 2 February 2006).

Geisler, David N. "Problems and Pathways to the Gospel in a Postmodern World." Meekness and Truth Ministries. www.meeknessandtruth.org/tools.htm(accessed 19 March 2006).

✱ 출간되지 않은 기사

Koons, Robert. "Effective Apologetics." Colorado Springs: International Students Incorporated Training, June 1998.

*제1장 포스트모더니즘 세상에서 예비전도의 필요성

1) Sheryl Crow, "Every Day Is a Winding Road," *Sheryl Crow*(Santa Monica, CA: A&M Records, 1996).

2) Gene Edward Veith, *Postmodern Times: A Christian Guide to Contemporary Thought and Culture*(Wheaton, IL: Crossway Books, 1994), 16, 『현대사상과 문화의 이해: 포스트모더니즘에 대한 기독교적 조명』(예영커뮤니케이션).

3) J.P Moreland, *Love Your God with All Your Mind*(Colorado Springs: NavPress, 1997), 21, 『그리스도를 향하는 지성』(죠이선교회 출판부).

4) 유대인 역사학자 요세푸스의 글에서 이것을 명료히 볼 수 있다. 예를 들어, 10세기에 발견된 4세기의 아라비아 텍스트는 "아마도 그는 선지자들이 놀라운 기적에 대해 이야기했던 그 메시아였을 것이다."(Josh McDowell, *The new Evidence That Demands a Verdict*(Nashville: Thomas Nelson Publishers, 1999), 57, 『기독교변증총서 1~4』(순출판사) 인용) 요세푸스, AJ, 18.3.3의 원래 의도를 반영한다. 유대인의 탈무드에서도, 악마의 힘에 의해서 했다고 했지만 예수님이 기적을 행하셨다고 승인하고 있는 것을 볼 수 있다(Josh McDowell, *The New Evidence*, 58에 인용된 Sanhedrine 43a를 보라).

5) Deborah Lipstadt, *Denying the Holocaust: The Growing Assault on Truth and Memory*(New York: Free Press, 1993)를 보라.

6) Nick Pollard, *Evangelism Made Slightly Less Difficult*(Downers Grove, IL: InterVarsity Press, 1997), 31.

7) 이 점에 대해 더 자세한 설명을 보기 원하면 Paul Copan, *True for*

You, But Not for Me: Deflating the Slogans that Leave Christians Speechless(Minneapolis: Bethany House Publishers, 1998), 『진짜 예수는 일어나 주시겠습니까?: 예수의 역사적 사실과 신앙적 의미에 관한 논쟁』(누멘)을 보라.

8) Ravi Zacharias and Kevin Johnson, *Jesus Among Other Gods*(Nashville: W. Publishing Group, 2000), 11.

9) 포스트모더니즘 친구들에 의해 큰 그림을 설명할 수 있는 포괄적인 이야기가 있다고 생각하지 않는 사람들을 의미한다(기독교를 포함해서). [Jean-Francois Lyotard, *The Postmodern Condition: A Report on Knowledge*(Minneapolis: University of Minnesota Press, 1984), xxiv]. 그들도 역시 기독교의 배타적인 신앙을 철저하게 오만하거나 완고하지 않다면 적어도 공격적이라고 생각하는 경향이 있다.

10) 마음을 여는 전도대화에 대한 우리의 오디오/파워포인트 발표를 듣기 원하면 웹사이트 www.meeknessandtruth.org를 보라.

11) 짐 피터슨이 이 접근법을 거의 20년 전에 그의 책 Living Proof에서 제안했는데도, 불행히도 이 개념은 최근까지 알려지지 않았다. Jim Petersen, *Living Proof*(Colorado Springs: Navi Press), 148를 보라.

12) Tim Downs, *Finding Common Ground: How to Communicate with Those Outside the Christian Community While We Still Can*(Chicago: Moody Press, 1999), 32.

13) 나는 온유와 진리 사역(Meekness and Truth Ministries)을 시작했던 2000년에 이 정의를 발전시켰다.

14) 모교회, Hill Country Bible Church Northwest, Austin, TX에서 동역자로 함께 일했으며 본래 이 접근법을 시작했던 글렌 맥고티(Glenn McGotty)로부터 복음을 증거하는 거울 개념에 대해 많은 것을 배웠다. 글렌이 개발한 교회 모델과 그들이 가지고 있는 다른 사람들을 훈련하기 위한 자료들에 대해

더 많은 것들을 배우려던 웹사이트 www.DIALOGRoadmap.org를 보라.

15) Norman L. Geisler and Patrick Zukeran, *The Apologetics of Jesus*(Grand Rapids, MI: Baker Books, 2009)에서 이 문제를 더 충분히 다루고 있다.

16) 복음을 전할 때 그리스도인의 증거를 통합하는 것에 대한 성경적 지지에 대해 www.meeknessandtruth.org에 게시된 논문 "Problems and Pathways to the Gospel"을 보라.

17) 예를 들어, 그리스도인 철학자요 신학자인 필립 D. 케네슨(Philip D. Kenneson)은 "나는 객관적 진리나 상대주의를 믿지 않습니다. 더구나 나는 당신이 객관적 진리나 상대주의를 믿기를 원하지 않습니다. 왜냐하면 두 번째 개념에 기우는 것이 많은 그리스도인들의 귀중한 시간과 에너지를 낭비하는 한편, 첫 번째 개념은 교회와 세상에 복음을 증거하는 것을 부패시키고 있기 때문입니다."라고 말한다 [Philip D. Kenneson, "There's No Such Thing as Objective Truth, and It's a Good Thing, Too" in Timothy R. Phillips and Dennis L. Okholm, eds. *Christian Apologetics in the Postmodern World*(Downers Grove, IL: InterVarsity Press, 1995), 156].

✱제2장 마음을 여는 전도대화에 대한 소개

18) 고 프란시스 쉐퍼(Francis Schaffer)는 다른 사람들에게 복음을 증거하는 비슷한 접근법을 개발했다. 그러나 그는 '마음을 여는 전도대화' 모델의 모든 요소들을 가르치지 않았다. 그리고 그는 불행히도 빌 브라잇(Bill Bright) 박사가 4영리를 전수 가능한 개념으로 만든 것처럼 재생산하여 다른 사람들에게 가르치기 위한 하나의 과정으로 만들지 않았다.

19) 브렛 욘(Brett Yohn, 침례교 학생 사역 대표, 네브래스카 대학)이 본래 지금 우리가 마음을 여는 전도대화라고 부르는 "Think model" 과정을 묘사하기 위해서 화가, 고고학자, 그리고 기술자에 비유해서 표현했다. 우리는 지금 듣기, 조명하기, 드러내기, 그리고 다리놓기의 네 가지 독특한 역할을 묘사하기 위해서 음악가, 화가, 고고학자 그리고 건축업자에 비유하여 표현한다.

20) David Reed Baker, *Jehovah's Witnesses Answered Verse by Verse*(Grand Rapids, MI: Bakers Books, 1986), 113.

21) 같은 책.

22) 적극적인 해체주의에 대한 더 많은 설명을 원한다면, Nick Pollard. *Evageism Made Slightly Less Difficult*(Downers Grove, IL: InterVarsity Press,1997), 43을 보라.

23) 이 모델을 사용하여 당신이 복음을 전하려는 사람들을 위한 전략을 짜는 것을 돕기 위해 부록 Ⅰ과 Ⅱ를 보라.

24) 닉 폴라드에 따르면, "적극적인 해체주의 과정은 개개인이 이미 가지고 있는 진리의 요소들을 인식하고 확인하지만, 그것은 또한 그들이 흡수했던 코호한 세계관의 부적합함을 그들 스스로 발견하도록 돕는다. 그 목적은 '결국 내가 믿는 것이 옳은지 확실히 모르겠군. 예수님에 관해서 더 알아봐야 겠어'라고 말하는 마음의 반응을 일깨우는 것이다"(Nick Pollard, *Evangelism Made Slightly Less Difficult*, 44).

25) 사람들이 질문을 할 때, 그들의 질문에 대답하기보다, 그 질문을 그들에게 되돌아가게 해서 그들이 그것에 대한 책임을 느끼게 하기 때문에 이것을 부메랑 원리라 부른다.

✻ 제3장 음악가의 역할 배우기

26) 뜻밖에(contingent)는 있을 수 없었는데 있게 된 것을 의미한다. 그것은 존재한다. 그러나 존재하지 않을 수 있었다. 무엇인가 뜻밖이든지, 의존적이든지, 한정적이든지 변하는 것은 그것의 존재에 대한 원인이 필요하다. 우연성과 의존성에 대해 더 토론하기 원한다면 이 책을 보라. Norman L. Geisler, "Cosmological Argument," in *Baker Encyclopedia of Christian Apologetics*(Grand Rapids, MI: Baker Books, 1999), 164~65.

27) 파스칼은 말했다. "한때는 진정으로 행복한 사람이라고 공언했지만, 지금 남아있는 것은 그것의 비어 있는 흔적과 자취критical 갈망과 무력감이 아니고 무엇이란 말인가? 이 무한한 심연은 오직 무한하고 결코 변치 않는 대상; 바꾸어 말하면, 하나님 그분에 의해서만 채워질 수 있기 때문에, 아무도 도울 수 없는데도, 도울 수 없는 것들에게서 도움을 받으려고 갈구하며, 그는 헛되이 주위에 있는 모든 것으로 채우려고 노력한다."(파스칼, 팡세 #425).

28) Francis Collins, *The Language of God: A Scientist Presents Evidence for Belief*(New York: Free Press, 2007) 38, 『신의 언어: 유전자 지도에서 발견한 신의 존재』(김영사).

29) Ravi Zacharias, *Jesus Among Other Gods*(Nashville: Thomas Nelson, 2000), 78.

30) 위의 책, 71~72.

31) Robert Jastrow, *God and the Astronomers*(New York: W. W. Norton, 2000), 14, 115.

32) Christianity Today지에서 취재, 1983년 8월 6일, 15.

33) 플리니(Pliny the Younger)(62?~c.113) 지방관은 서기 106년에 트라잔(Trajan) 황제와 서신을 교환하면서 다음과 같이 보고했다. "진정한 그리스도인은 어떤 사악한 행동에 대해서가 아니라, 결코 사기행위, 도둑질, 간음을 하지 않으며, 결코 그들의 말을 왜곡하지 않고, 목숨을 담보로 심문을 받을 때 다른 사람들의 신뢰를 저버리지 않을 것을 그들 스스로 엄숙하게 맹세했습니다."

✳ 제4장 화가의 역할 배우기

34) 예비전도에서 이 말을 사용하는 것의 중요성을 가르쳤던 사람은 글렌 먹고티(Glenn McGorty)이다. 글렌은 모교회(Hill Country Bible Northwest, Austin, TX)에서 "거울 모델"이라 불리는 예비전도 접근법을 개발하는데

도움을 주었다. 이 모델은 "대화(Dialog)"란 교육과정으로 발전되었다. 이 접근법에 대해 더 알기 원한다면 www.DIALOGRoadmap.org를 찾으라.

35) 지적 설계(Intelligent Design) 주창자 필립 존슨(Philip Johnson)은 진화란 말이 얼마나 유연성 있게 사용될 수 있는 말인지 지적한다. Phillip E. Johnson, *Darwin on Trial*(Downers Grove, IL: InterVarsity Press, 1993), 9, 『심판대의 다윈: 지적 설계 논쟁』(까치).

36) William A. Dembski, *The Design Revolution*(Downers Grove, IL: InterVarsity Press, 2004), 271.

37) Norman Geisler, *Creation and the Courts*(Wheaton, IL: Crossway Books, 2007), 8장을 참조하라.

38) 더 많은 예를 보려면 Norman L. Geisler And William E. Nix, *A General Introduction to the Bible*(Chicago: Moody Publishers, 1986), 408.을 참조하라.

39) 이 내용은 실제로 대학생들이 설문조사에서 밝힌 것들이다.

40) 더 많은 정보를 얻기 위해서는 www.livingwaters.com을 방문하라.

41) 십계명을 통해 수천 명의 사람들의 주의를 끈 레이 컴포트(Ray Comfort)는 "몇백만이 십계명을 안다고 할지라도, 대부분의 사람들은 세 개나 네 개 정도만 말할 수 있습니다. 그리고 실제로 계명의 영적인 본질을 이해할 수 있는 사람들은 거의 드뭅니다."라고 말한다. 2008년 12월 레이 컴포트로부터 받은 개인 이메일.

42) 수라 5:48 "당신들(그 책의 사람들)에게, 우리는 그것 앞에 있었던 경전을 확증하는, 그리고 그것을 안전하게 지킨 진리의 경전을 보냈습니다. 그러므로 알라가 계시한 것에 의해 그것들 사이를 판단하십시오. 그리고 당신들에게 계시된 진리로부터 벗어나는 헛된 욕망에 따르지 마십시오."

43) A.D. 117~138 John Rylands(요한복음 일부); A.D. 100~150 Chester Beatty 파피루스 사본; A.D. 125~175 Bodmer II (p66); A.D. 125~175 p104(마태복음 일부); A.D. 300전에 30개의 더 많은 사본; (A.D97/98에서 A.D.200까지)초대교회 작가들은 성경의 많은 구절들을 언급했다.

44) 마태복음 8:2-문둥병자; 마태복음 28:9-무덤에서의 여자들; 마태복음 14:33-제자들; 마태복음 28:17 그리고 누가복음 24:52-예수님이 부활하신 이후의 제자들; 요한복음 9:38-맹인; 요한복음 20:28~29-도마가 그를 '나의 주님, 나의 하나님' 이라 불렀다.

45) Deepak Chopra, *The Seven Spiritual Laws of Success* (CA: New World Library, 2007), 58~69, 『성공을 부르는 일곱 가지 영적 법칙』(슈리크리슈나다스아쉬람).

46) 사도행전 17:28~29의 바울의 논증은 그들이 나무로 신들을 만들었으면서, 어떤 의미로 그들은 더 나무로 만든 신들이 그들을 창조했다고 믿었다는 것이다.

✱ 제5장 고고학자의 역할 배우기

47) 숨겨진 걸림돌들을 분명히 드러내기 위한 방법에 관해서 더욱더 알기 원한다면, 온유와 진리 사의 웹사이트(www.meeknessandtruth.org)에서 Evangelism Tools Library 아래 있는 데이비드 몬토야(David Montoya)의 출판되지 않은 논문, "Dealing with Both Minds and Hearts: Answering the Questions Behind the Questions"을 읽으라.

48) Edmund Chan, *Growing Deep with God*(Covenant, 2002), 48.

✱ 제6장 건축가의 역할 배우기

49) 긍정적인 해체 접근법에서, 우리가 동의하는 것도다 훨씬 더 많은 것에 동의하지 않을지라도 우리가 동의하는 것을 확인하고 있다는 것을 기억하라.

50) Richard Dawkins, *The God Delusion*(Great Britain: Transworld Publishers, 2006), 73. 『만들어진 신』(김영사).

51) 위의 책, 80. 예를 들어, 어떤 사람이 "나는 영어로 한 마디 말도 할 수 없어요"라고 말할 수 있는 것처럼 누군가 절대적으로 절대적인 것은 없다고 말할 수 있다. 확실히 둘 다 말할 수 있지만 둘 다 의미 있는 말은 아니다.

52) 공통점의 예를 제시한 졸업한 학생의 출간되지 않은 논문.

53) Fred Hoyle, *The Intelligent Universe*(New York: Holt, Rinehart and Winston, 1983), 176. 저자는 "윌리엄 포우러(William Fowler), 로버트 왜고너(Robert Wagoner), 그리고 나 자신과 함께 공동 작업하여 더욱 발전적인 모습을 갖게 된 우리의 결과물 오늘날까지도 빅뱅이론에 대한 가장 강력한 증거가 되었는데 특히도 그 논증은 정상우주론 진영을 주창하는 회원들에 의해 제기되었다."고 말한다.

54) 대부분의 선도자적인 과학자들은 우주가 150억년보다 더 오래 될 수 없다는 것을 인정한다. 이것은 진화과정으로 오늘날 우리가 관찰하는 생명의 복잡성을 형성하기에 충분한 시간이 아니다.

55) 수많은 경우에 믿음이 없는 대학생들이 이러한 일련의 질문을 받았을 때 놀랍게도 그들은 어떤 종교적인 관점들이 잘못된 것임에 틀림없음을 인정했다.

56) Ravi Zacharias, *Jesus Among Other Gods*(Nashville: Thomas Nelson Publishers, 2000), 12.

57) 조지 바나(George Barna)는 "(서양에서)중생한 그리스도인 네 명 중 한 명(26%)은 다른 종교 지도자들 모두 같은 교훈을 가르치고 있기 때문에 당신이 어떤 믿음을 따르는가 하는 것은 그리 중요한 문제가 아니다."라고 말한다.

58) Kevin Greeson, *The Camel: How Muslim Are Coming to Faith in Christ*(Richmond, VA: WIGTake Resources, 2007), 40. 코란은 Isa(코란의 예수님)가 거룩하고(수라 3:42~48); Isa는 죽음을 이긴 능력이 있으

시며(수라 3:49~54); Isa는 천국에 이르는 길을 아시며 바로 그 길(수라 3:55)이라고 가르친다.

59) 각 행의 처음 글자를 맞추어 된 CAMEL은 수라 3:42~55절에서의 요점과 부합한다. 선택(Chosen) 3:42~44; 알림(Announcement) 3:45~47; 기적 (Miracle) 3:48~49; 영생(Eternal Life) 3:50~55.

60) Norman Geisler and Frank Turek, *I Don't Have Enough Faith to Be an Atheist*(Wheaton, IL: Crossway, 2004), 1~15장, 『진리의 7 독교』 (좋은 씨앗).

61) 더 자세한 것은 N. Geistler, *Baker Encyclopedia of Christian Apologetics*를 참조하라.

62) 행하라 vs 행해졌다에 대한 내용은 Bill Hybels and Mark Mittelberg, *Becoming a Contagious Christian*(Grand Rapids, MI:Zondervan, 1994), 『예수를 전염시키는 사람들』(두란노)를 보라.

✱제7장 다른 세계관을 가진 사람에게 질문하는 기술

63) Nick Pollard, *Evangelism Made Slightly Less Difficult*(Downers Grove, IL.: InterVarsity Press, 1997), 71.

64) Norman L. Geisler and William D. Watkins, *Worlds Apart: A Handbook on World Views, 2nd ed.*(Eugene, OR: Wipf and Stock Publishers, 2003), 11~12.

65) Pollard, 47.

66) Paul Copan, *True for You, But Not true for Me*(Minneapolis: Bethany House Publishers, 1998), 26.

67) Pollard, 35~36.

68) 같은 책, 31~32.

69) 같은 책, 41.

70) 같은 책, 77.

71) Geisler and Warkins, 266.

72) Norman L. Geisler, *Christian Apologetics*(Grand Rapids, MI: Baker Books, 1976).

73) 이러한 견해에 대한 옹호는 위의 책 9~13장을 보라.

74) 부인할 수 없음의 원리에 대해 명확히 알기 위해서 위의 책, 143~44를 참조하라.

75) 프란시스 쉐퍼는 이 점에 대해서 좋은 예화를 들고 있다. Norman L. Geisler, *False Gods of Our Time*(Eugene, OR: Harvest House Publishers, 1985), 85~86.

제8장 우리가 말하고자 하는 것을 멈추지 않고도 반대 의견에 대답하는 기술

76) Nick Pollard, *Evangelism Made Slightly Less Difficult*(Downers Grove, IL.: InterVarsity Press, 1997), 70.

77) 이 예화는 글렌 맥고티(Glenn McGorty)가 힐 컨트리 바이블(Hill Country Bible)교회에서 시행한 전도훈련을 위한 Mirror Mode 과정에서 사용된 것을 상황에 맞게 여기에 소개한다.

78) Ravi Zacharias, *Jesus Among Other Gods*(Nashville: Thomas Nelson Publishers, 2000), 9.

79) 이 개념은 Dean Halverson, ed., *The Compact Guide to World Religions*(Minneapolis: Bethany House Publishers, 1996), 62에서 가져왔다.

80) 롬 1:18~32은 사람들이 하나님에 관한 지식을 가지고 있지만 하나님으로부터 등을 돌렸다고 말씀한다. 그 결과로, 그들은 자신들을 정죄할 충분한 지식을 가지고 있지만, 구원하시는 하나님에 관한 충분한 지식을 가지고 있지 않다.

81) 회의론자인 데이비드 흄(David Hume)조차도 유는 원인 없이 생길 수 있다고 주장하지 않았다. David Hume, *A Letter from a Gentleman to His Friend in Edinburgh*, ed. E.C. Mossner and J.V. Price(Edinburgh: University Press, 1967)을 보라.

82) 이 점을 더 분명히 알고 싶다면 Geisler, *Baker Encyclopedia of Christian Apologetics*, 291을 보라.

83) C.S. Lewis, *Mere Christianity*(New York: Collier Books, 1952), 45, 『순전한 기독교』(홍성사).

84) 없음(absence)과 결핍(privation)사이에는 차이가 있다. 돌이 본다고 기대하지 않기 때문에 돌이 보지 못한다는 것은 볼 수 있는 눈이 없다는 것과 같다. 그러나 시력은 인간이 가진 특징이기 때문에 사람이 보지 못한다는 것은 결핍이라고 말할 수 있다.

85) 악의 문제에 대한 모든 주요한 문제와 제시된 해법의 논의는 Norman L. Geisler, *The Roots of Evil*(Eugene, OR: Wipf and Stock Publishers, 2002)을 보라.

86) 이것에 대한 그 이상의 설명을 보고자 한다면, Geisler, *Baker Encyclopedia of Christian Apologetics*, 219를 보라.

87) 윌리엄 레인 크레이그(William Lane Craig)는 마이클 툴리(Michael Too-

ley)와의 논쟁에서 이 점을 다루었다. 1994년 11월에 콜로라도 대학(볼더)에서 이루어진 '하나님의 존재에 대한 대표적인 논쟁'을 보라. www.com/offices/billcraig/docs/craig-tooley0.html(2006년 2월 2일에 접속함).

88) Norman L. Geisler, *Systematic Theology, vol. 4*(Minneapolis: Beathany House Publishers, 2005), 10장을 보라.

89) Geisler, *The Roots of Evil*, 59.

90) C.S. 루이스, 『천국과 지옥의 이혼』, 김선형 옮김(홍성사, 2003), 163.

*제9장 복음 전도에 영향을 미치는 공통적인 오해를 종식시키기

91) J.P. Moreland, *Love Your God with All Your Mind: The Role of Reason in the Life of the Soul*(Colorado Springs: NavPress, 1997),188, 『그리스도를 향하는 지성』(죠이선교회 출판부).

92) George Barna, "Born Again Christians," 2000, www.barna.org.

93) Gary R. Habermas, *The Resurrection of Jesus*(Grand Rapids, MI: Baker Books, 1980)를 참조하라.

94) 이 문제에 대한 토론은 Norman L. Geisler, *Baker Encyclopedia of Christian Apologetics*(Grand Rapids, MI: Baker Book, 1997), 732를 보라.

95) 믿음과 이성의 역할에 대해 더 포괄적인 설명을 원한다면 Geisler, *Baker Encyclopedia of Christian Apologetics*, 239~43을 보라.

96) N. Geisler, *Baker Encyclopedia of Christian Apologetics*, 37.

*결론

97) 퓨 리서치사(Pew Forum on Religion &Public Life), http://pewforum.

org/news/display.php?NewsID=15915.

98) Janie B. Cheaney, "Very Dark Material," World, 27 January 2001.

✱부록 5 그리스도인이 아닌 사람들에게 할 수 있는 핵심 질문

99) 진화론자 리처드 도킨스(Richard Dawkins)는 "아메바는 브리태니커 백과사전 1,000권과 같은 양의 많은 정보를 DNA에 가지고 있다."라고 시인한다. Richard Dawkins, *The Blind Watchmaker* (New York: W. W. Norton and Co., 1996), 116, 『눈먼 시계공』(사이언스북스).

CONVERSATIONAL EVANVGELISM
copyright ⓒ 2009 by Norman and David Geisler
Published by Harvest House Publishers
Eugene, Oregon 97402
www.harvesthousepublishers.com

2011년 1월 19일 초판 인쇄
2011년 3월 11일 초판 2쇄 발행

지은이 : 노만 가이슬러 · 데이비드 가이슬러
옮긴이 : 김문수 · 정미아 (한국대학생선교회_MRD 감수)
펴낸이 : 김윤희
펴낸곳 : 순출판사
디자인 : CCC DIA
표지디자인 : 김은숙

주소 : 서울시 종로구 부암동 36-1
전화 : 02)722-6931~2
팩스 : 02)722-6933
등록 : ⓡ 제 1-2464호
등록년월일 : 1999.3.15

가격 : 13,000원

ISBN : 978-89-389-0235-1

잘못 만들어진 책은 바꿔드립니다.
본서의 판권은 순(筍)출판사에 있습니다. 무단 전재 및 복재를 금지합니다.